2016·

钱明辉 谭新政 主编

中国品牌发展报告

ANNUAL REPORT ON CHINA'S BRAND DEVELOPMENT(2016)

中外百年品牌发展比较

知识产权出版社
全国百佳图书出版单位

图书在版编目（CIP）数据

2016 中国品牌发展报告：中外百年品牌发展比较/钱明辉，谭新政主编．—北京：知识产权出版社，2016.2

ISBN 978-7-5130-4194-2

Ⅰ.①2… Ⅱ.①钱… ②谭… Ⅲ.①企业管理—品牌战略—研究报告—中国—2016 Ⅳ.①F279.23

中国版本图书馆 CIP 数据核字（2016）第 102229 号

内容提要

本书从发展品牌的重要意义入手，在梳理了我国品牌政策与国内外理论研究的基础上，结合国外优秀实践经验，针对我国百年品牌目前发展中的现状与问题展开分析，明确了存在的差距及原因，并根据具体问题有针对性地提出相应的改进措施。本书共包括四大部分：第一部分介绍了发展品牌对我国的重要意义并针对我国品牌政策文本进行解读；第二部分梳理了国内外百年品牌的理论研究成果及国际上的优秀实践经验；第三部介绍了我国品牌发展的现状、问题、原因与国际优秀实践的差距，并提出了振兴我国百年品牌的措施建议；第四部分是针对国内外繁荣百年老品牌的案例展开分析。

读者对象：品牌研究人员及相关从业人员。

责任编辑：王玉茂　　**责任校对**：谷　洋

封面设计：吴晓磊　　**责任出版**：刘译文

2016 中国品牌发展报告

——中外百年品牌发展比较

钱明辉　谭新政　主编

出版发行：知识产权出版社有限责任公司　　网　址：http：//www.ipph.cn

社　址：北京市海淀区西外太平庄 55 号　　邮　编：100081

责编电话：010-82000860 转 8541　　责编邮箱：wangyumao@cnipr.com

发行电话：010-82000860 转 8101/8102　　发行传真：010-82000893/82005070/82000270

印　刷：北京嘉恒彩色印刷有限责任公司　　经　销：各大网上书店、新华书店及相关专业书店

开　本：787mm×1092mm　1/16　　印　张：17.5

版　次：2016 年 2 月第 1 版　　印　次：2016 年 2 月第 1 次印刷

字　数：286 千字　　定　价：55.00 元

ISBN 978-7-5130-4194-2

编撰人员

主编：

钱明辉　谭新政

副主编：

黎炜祎　马瑞乙

编写组成员：

钱明辉　谭新政　黎炜祎　马瑞乙　邓睿濛

童楠楠　田　园　潘　迪　王　珊　王　彧

刘梦怡　刘文阳　徐志轩

前　言

2015年9月，应美国总统奥巴马邀请，中国国家主席习近平赴美进行国事访问。习近平主席访美期间，加多宝、保利、茅台、阳光凯迪、格力五大品牌首次以中国品牌之名在《纽约时报》联合刊发五个整版的广告，展现了中国特色、中国风格和中国气派，是中国品牌在全球顶尖媒体上的强势发声，一时间成为国际媒体关注的焦点。其中加多宝作为中国凉茶的代表品牌，以"筷子+刀叉"作为广告图案，巧妙地将中美两国国旗融入图片，以此寓意中美两国文化的深层融合。

品牌作为无形资源，是企业质量和信誉的保证，是企业核心价值的体现，是具有溢价能力的重要资源，优秀品牌形象的树立可以为企业带来长期的经济效益，品牌经济的发展可以帮助国家实现经济的持续健康增长。然而，根据知名品牌咨询机构 Interbrand 发布的2015年全球最具价值的百大品牌显示，中国仅有两家企业上榜，这与中国制造大国和商标大国的形象不符，说明我国目前仍处于品牌弱国的阶段。

自2014年习近平总书记在河南中铁工程装备集团有限公司考察时提出"推动中国制造向中国创造转变、中国速度向中国质量转变、中国产品向中国品牌转变"的"三个转变"重要指示以来，中国品牌的建设备受关注，如何将我国打造为一个品牌强国成为重要的工作任务。2015年的政府工作报告明确将"加强质量、标准和品牌建设"作为实现保持稳增长与调结构平衡的重要举措。由此可以看出，我国政府已经将发展品牌、建设品牌、推广品牌作为重要的发展方向。

百年品牌是指存续了百年以上的品牌，不仅具有品牌的全部属性，还传承了品牌的历史文化与价值精髓，它是品牌中的宝藏，民族的财富，国家的瑰宝。百年品牌在其发展壮大过程中经历了历史的洗礼与岁月的雕琢，见证了时代的更替与环境的变迁，在不同的时代环境背景下，坚持传承，勇于创新，不断超越，使得品牌历久弥新，成为企业中的常青树，不断散发品牌独有的精神魅力。百年品牌的发扬光大一方面可以为社会保留经典的历史记忆与独有技术；另一方面，其在屹立百年不倒的过程中不断的调整与发展经验也能为其他企业构建优质品牌提供借鉴。

中国有许多传承百年的经典品牌，比如已有 151 年历史的全聚德，有 122 年历史的同仁堂，有 120 年历史的稻香村，有 112 年历史的青岛啤酒和东来顺，还有诸如张小泉、老凤祥、狗不理等耳熟能详的老字号。但是，与依旧焕发着勃勃生机的百年老品牌相比，更多的中国老品牌却因为种种原因消逝在历史的进程中。

然而，与中国一衣带水的邻国日本却是世界上拥有长寿企业最多的国家。目前，全日本超过 150 年历史的企业竟有 2.17 万家之多，到 2020 年预计日本拥有超过 150 年历史的企业将接近 3.4 万家，日本企业的工匠精神与诚信态度，使其品牌历经风雨仍能不断前进。同样具有众多百年品牌的德国则以严谨的精神，使其产品在世界各地广受好评。美国和韩国等国家的百年品牌虽然不如日本和德国多，但是在鼓励、扶持、保护品牌不断发展的政策与环境构建中，也走出了各自独特而又有实效的道路。

为此，本书将国内外百年品牌进行对比研究，以期获得品牌长盛不衰的管理秘密。本书在介绍了发展品牌对我国具有重要价值的基础上，梳理了我国品牌政策，突出体现了发展品牌的必要性。同时，针对发达国家的优秀实践经验与国内外理论研究成果进行探索，结合我国现阶段品牌发展的现状、问题、差距、原因，为我国品牌持续健康发展提供有效路径。最后将国内外优秀百年品牌作为典型案例分析，进一步剖析优秀品牌的发展原则，助推我国品牌建设管理的扬帆起航。

本书一共包括了以下四个部分。

第一部分介绍了发展品牌对我国的重要价值，并梳理了我国品牌政策。

第 1 章主要介绍了随着市场经济的发展，在竞争机制的不断作用下，品牌日益成为先进技术和生产力的代表。当前，无论是发达的经济强国，还是新崛起的工业化国家，无不把发展品牌事业作为一项至关重要的战略任务来抓。以品牌为核心整合经济要素、带动经济发展的高级经济形态，已成为一个国家或地区综合实力与竞争力的重要体现。对我国而言，发展品牌事关国家经济的转型升级，有助于驱动中国制造向中国品牌转变，促进产业价值链的升级完善，增强经济发展的内生动力。同时，发展品牌还有助于我国企业又好又快的发展，是提升企业核心竞争力的关键，有助于提高企业市场价值，增强并维持企业生命力。此外，我国具有悠久和辉煌的商业历史，发展品牌还有助于弥补传统文化在商业领域的缺失，提高中国传统文化的民族认知水平，对我国传统文化的传承与创新具有重要作用。

第2章主要介绍了实施品牌战略，以品牌经济增强核心竞争力。市场是培育品牌的根本机制，但是品牌建设仅靠市场机制的自发作用还远远不够，政府的政策扶持和导向作用不可或缺。在我国，对品牌发展的重视由来已久。从品牌建设的历程来看，我国政府由主管部门发布的关于国家品牌建设的政策文件可以改革开放为分界点。尤其是改革开放以来，我国品牌建设取得了历史性突破，成就显著，品牌扶持的政策体系和工作机制不断完善。从各品牌政策发布的主体来看，主要有国务院、商务部、国家工商行政管理总局、国家质量监督检验检疫总局、国家发展和改革委员会等。同时，还有部分地方政府部门出台有关于本地区、本行业的品牌发展政策。而从品牌政策的具体内容来看，相关政策主要有以质量提升促进品牌建设的政策、加快实施品牌建设的指导意见、关于中华老字号品牌发展的政策以及面向具体行业品牌发展的政策文件等。

第二部分介绍了国内外百年品牌的理论研究内容与国际上发展品牌的成功实践经验。

第3章介绍了目前国内关于品牌学的研究尚未形成系统的理论体系，对于品牌的理论研究可以大致分成三个阶段，即输入和依附阶段、理论探索阶段和创新阶段。百年品牌是品牌学的重要组成部分，百年品牌的本身就是企业宝贵的资源财富。我国在百年品牌的理论研究中，主要是从老字号和企业的角度来对百年品牌理论进行解释探索。老字号的含义同百年品牌概念十分接近，具有鲜明的中华民族传统文化背景和深厚的文化底蕴，国内许多学者从品牌活化、品牌经营、品牌价值等角度对老字号的品牌经营开展了研究。还有学者从现实中百年企业发展的品牌策略、品牌管理、品牌发展问题来讨论，对百年品牌现状分析、提出对策，进一步丰富百年品牌理论的内涵。而在国外针对百年品牌的研究中可以发现，对于国外百年品牌的综合研究的文章极少，但是针对某一个国外百年品牌的研究数量还是比较丰富的。从雀巢和可口可乐两个品牌出发，对其研究数量、研究进程和研究内容进行了分析。通过比较分析发现，对于国外百年品牌的相关研究主要集中于其品牌策略、品牌传播和品牌延伸三个方面。

第 4 章主要介绍了韩国、日本、德国及美国四个品牌发达国家的优秀实践经验。韩国和日本作为亚洲的四小龙，亚洲经济的前驱者，并且与我国邻近，文化相似。韩国和日本百年品牌的发展经验对我国具有良好的借鉴意义。韩国以“身土不二”作为自身的行为准则，注重本国商品的发展，支持购买国货，为韩国百年品牌营造了良好的国内消费市场，同时伴随着政府的产业出口计划，积极对企业进行人才和技术的培养，促进了韩国企业走出去。日本将“精致文化”作为国家的精神追求，突出了日本企业立志于将品牌与产品做到最好，为客户提供最为细致的服务，这也是日本百年品牌能够屹立不倒的精神基础。而德国政府在过去 20 年中不断扶持企业进行出口品牌参展计划，规定凡德国企业，不论大小、所属行业和协会及所在地，只要展示德国产品，均可申请参加官方扶持的展览，参展公司也因此获得了质量可靠、精细周全、先进高档等“德国制造”印象。德国政府正是通过这种本土品牌扶持的政策使得德国“战车”得以整体推进。其中，以制造业为代表的德国品牌背后是其精益求精的“工匠精神”。美国没有具体、长远的以政府为主导品牌发展战略，但以其特有的立法、建立经济秩序等在内的制定游戏规则方式，给予美国品牌巨大保障与发展空间。美国企业对游戏规则的遵守使得全社会形成了良好的竞争环境，孕育出许多国际性的百年品牌。这些强势品牌的背后体现的是崇尚创新、重视品质的企业价值观和品牌文化。

第三部分主要介绍了我国品牌发展的现状、问题、原因、与国外的差距及改进措施。

第5章以2006年国家商务部《“中华老字号”认定规范（试行）》所认定的第一批“中华老字号”名单及第二批“保护与促进的中华老字号名录”共1133个为依托，参考各品牌的发展历史以及创立时间等因素，筛选出中国百年品牌434个，并采用国家统计局统计用产品分类标准以其主营业务及初始产品对其进行分类，建立中国百年品牌名录，并通过名录从我国百年品牌发展总体情况及我国典型地区百年品牌发展情况两个不同角度对我国百年品牌发展现状进行总结与分析。

第6章主要分析了我国百年品牌发展的问题。在现代观念和企业的冲击下，许多百年品牌正逐渐由曾经的辉煌走向没落，百年品牌发展中存在的问题也渐渐浮现在世人面前。“制造大国、品牌弱国”时刻凸显，中国知名品牌数量较少，品牌价值不高，具有国际竞争力的百年品牌稀缺。在理论体系方面，有关百年品牌的理论研究匮乏且混乱，没有形成系统的百年品牌建设与评价标准体系。在管理方面，国家各部委各自为政，在所属职责范围内对百年品牌建设进行指导，缺乏有效沟通交流，难以建立统一的管理机制。在企业层面，多数企业缺乏百年品牌建设与发展意识，企业的品牌打造流于形式，难以真正形成企业百年品牌战略。在教育方面，百年品牌教育体系薄弱，品牌管理专业人才缺乏。现实存在的种种问题制约了百年品牌的建设，阻碍了百年品牌的传播，对于我国形成具有国际竞争力的百年品牌战略产生了影响。

第7章主要依据我国品牌发展中存在的主要问题，总结出我国品牌发展不足的主要原因，包括政策体系的残缺，世界品牌强国都有完整的品牌战略思路和扶持政策体系，对百年品牌的发展起到了巨大的推动作用，相反我国对百年品牌的政策扶持力度还不够，在战略规划上没有明晰的方向和路径。产权制度不完善，现代企业产权制度的建立是市场经济是否成熟的重要标志。西方发达国家的百年品牌之所以能够在竞争日益激烈的现代社会中仍保持旺盛的发展势头，这与产权制度的完善，权、责、利的高度统一密不可分。创新精神的沉寂，我国百年品牌主要集中在餐饮、医药、食品、烟酒、服装等行业，以满足人们的日常生活需要为主，可替代性强。受传统文化影响，品牌的形象又比较中庸，个性不够鲜明，品牌之间的差别性不够明显。

第 8 章主要介绍了中国百年品牌和国外百年品牌的差距，从国际市场占有率、知识产权保护的差距、品牌营销建设的差距以及创新精神态度的差异四个方面分别展开了论述。第一节用相关数据阐明中外百年品牌国际占有率的差距，并从品牌学学科建设和品牌经理的培养两个方面分析了中国百年品牌与国外百年品牌国际市场占有率存在差距的原因。第二节从我国知识产权法律体系的建设和企业对于知识产权的重视程度两个方面进行了介绍，对比分析了中外百年品牌的差距，并引用了相关的数据和案例。第三节通过对李宁和耐克两个著名品牌营销的对比，分析中外品牌营销建设的差距。第四节首先从中外百年品牌的类型入手对其创新精神进行了对比、分析，其次引用相关数据深刻剖析中外创新思维和创新投入的差距。

第 9 章针对我国品牌政策体系残缺，产权制度不完善，创新精神沉寂，品牌学科发展和理论体系不完备等现状提出相应的改进措施。为振兴我国百年品牌，政府和相关管理部门应该强化统筹规划，建立健全品牌保护、培育、国际推广制度和政策，规范品牌评价体系，完善品牌服务体系，努力形成多方助推机制。政府应深化企业改革，完善现代产权制度，减少对企业的干涉，让所有权回归市场和经营者手中，解决企业所有者的后顾之忧。企业要注重观念更新，树立强烈的市场意识和创新意识，完善公司治理结构，建立长效的约束和激励机制，加快人事制度改革，完善经理人制度，改进落后的经营管理方式。企业要加强品牌管理，明确品牌定位，注重品牌体验，在继承其核心价值的同时，创新其品牌形象，以激活品牌优势。企业还应以顾客为导向，强化品牌传播，注重品牌的国际化扩张，增强品牌保护意识，重视品牌价值提升，进行合理的品牌延伸，引进优秀人才，制定合适的经营战略，国家应大力建设品牌学科，加强百年品牌的学术研究，为振兴百年品牌提供理论支持。

第四部分选择了国内外四个发展繁荣的百年品牌作为案例，深入探索优秀百年品牌长盛不衰的原因。

第 10 章主要讲述了老凤祥银楼和张裕葡萄酒两个百年老字号的发展

历程，它们在发展中都曾盛极一时，也都曾陷入低迷，然而到最后，它们都克服了挫折走向成熟。虽然有着类似的经历，但两家老店却怀着迥异的经营理念。老凤祥银楼走的是一条对产品精益求精路线，它对工艺的执着追求甚至到了苛刻的地步，而正是精致的产品与卓越的工艺，让老凤祥银楼至今仍然可以在珠宝市场雄据一方。而张裕葡萄酒除了对产品本身严格要求外，还十分注重品牌文化的宣传，自诞生之初，宣传基因便已渗透在其骨子里，历经百余年的沉淀，如今张裕葡萄酒的品牌文化如其酿制的葡萄酒般醇香。老凤祥银楼与张裕葡萄酒的百年发展的故事，对于当今中国企业的发展、品牌的打造有着宝贵的借鉴意义。本章在回顾两个百年品牌发展历程的基础之上，还总结了其低迷后得以复兴的经验，愿读者可借他山之石，琢己之玉。

第 11 章主要介绍了以德国西门子公司和日本资生堂公司为代表的海外百年品牌的发展历程，并分析其繁荣百年的具体原因，总结了在它们身上可以为国内品牌发展借鉴的具体经验，为我国塑造具有中国传统文化色彩的国际经典品牌提供参考信息。第一节重点介绍了德国西门子公司从 1847 年创立至今的超过 150 年的坎坷与辉煌，以及西门子家族与西门子品牌之间的紧密联系。分析了六个西门子公司能够延续百年繁荣的原因，分别是：西门子均衡的组织架构，西门子稳健的金融策略，西门子成功的股份制转型，西门子坚持的创新精神，西门子规模化的创新组织及西门子广泛的创新合作。最终总结了我国在建设百年品牌之路上应该借鉴西门子公司稳健的金融策略，良好的创新精神和高效的管理体系来保持品牌自身的强大生命力。第二节重点介绍了日本资生堂公司从一开始名不见经传的小药店华丽变身成享誉全球的化妆品品牌的发展历程。首先介绍了从 1872 年至今，资生堂的百年风雨历程。其次分析了资生堂走过百年历程依然能焕发生命力的原因，主要包括资生堂的产品创新，资生堂细致的市场划分及资生堂审美观念的导向。本节最后总结了几点我国品牌发展可以借鉴的经验，主要是注重创新精神的培养，采取合适的营销策略和进行消费者观念的引导；并且要保持我国品牌自身的特点，不能对经验完全照搬，要因地制宜才能发展出真正具有国际影响力的中国品牌。

2015 年 10 月，首次中华百年老字号品牌联盟大会在北京召开，会议致力于将古老的商业智慧与现在互联网时代的营商环境相对接，使百年老品牌不断超越自身，顺应时代需求，谋求创新发展。可以看出，随着我国对建设品牌的重视程度不断提升，在新生优秀品牌不断萌生的背景下，百年老品牌也在埋头苦干，深挖品牌价值，共同为我国品牌建设不断努力。作为一项受到中国人民大学“统筹推进世界一流大学和一流学科建设”专项经费支持的研究成果，希望本书中对品牌发展的探索与对百年品牌经典案例的剖析可以为我国品牌的发展提供新的思路，使我国的品牌发展能在新时代把握机遇，不断突破，做大做强，走向世界，实现打造一大批优秀民族品牌的中国梦！

编者

2016 年 1 月

目　录

第一部分　战略价值　政策引领

第二部分　理论源流　国际经验

第三部分　国内现状　问题对策

第一部分

战略价值　政策引领

第 1 章　发展品牌对我国的重要价值

品牌一词最早起源于 16 世纪早期区分桶装威士忌的特殊印记，当时仅仅作为一种没有其他含义的识别符号，用于辨识不同厂商的产品。随着市场经济的发展，在竞争机制的不断作用下，品牌精神开始受到人们的关注，成为先进技术和生产力的代表。无论是发达的经济强国，还是新崛起的工业化国家，无不把发展品牌事业作为一项至关重要的战略任务来抓。发展品牌事关产业的转型升级、企业的生产发展以及传统文化的传承保护，具有重要价值。

第 1 节　发展品牌对我国经济升级转型的价值

品牌经济是以品牌为核心，整合经济要素，带动经济发展的高级经济形态，是一个国家或地区综合实力和竞争力的重要体现。品牌建设事关国家经济的转型升级，党的十八大指出，要形成以技术、品牌为核心的竞争新优势；习近平主席强调，要推动中国制造向中国创造转变，中国速度向中国质量转变，中国产品向中国品牌转变。这深刻揭示了在我国经济发展的新阶段，打造品牌经济的重要性，指明了新常态下我国经济发展的历史方位。实施品牌战略，在实现经济增长方式的转变以及经济的转型升级中具有举足轻重的作用。

一是有助于驱动中国制造向中国品牌转变。当前，我国经济发展的国内外环境正在发生深刻变化。从国内来看，传统比较优势趋于弱化，经济步入中高速增长新常态；从国际来看，受 2008 年国际金融危机的影响，全球经济总需求不振。在国内经济步入结构调整的关键时期，加强品牌建设已成为打造经济升级版的必然选择。据了解，改革开放以来，福建企业从仿样加工到贴牌生产，再到打响自主品牌，经历了从无到有、从少到多、从弱到强的品牌发展历程，市场形势也从产品竞争、价格竞争、广告竞争过渡到质量竞争、品牌竞争。近年来，福建将品牌建设列入发展战略的重要内容，通过实施“品牌带动”战略，壮大产业集群优势，促进经济社会、企业的转型升级，取得了明显成效。对于国际市场而言，若要继续发挥出口对经济发展的支撑作用，必须加紧培育新的比较优势，因此发展一批知名品牌是形成新的比较优势的重要标志。

作为世界最大的发展中国家，我国经济生产总量早在2010年就已超越日本成为世界第二大经济体，但从GDP结构和品牌经济视角来看，中国还算不上经济强国。过去三十多年，“中国制造”遍布全球市场，200多种产品产量居世界第一位，但大部分缺少核心技术和品牌优势，在全球产业分工中处于“微笑曲线”底部，是典型的产品大国、品牌小国。从20世纪80年代开始，中国政府和企业先后培育和认定了7000多个优质产品、2000多个名牌产品、3000多个驰名商标和1100多个中华老字号。虽然也培育了一定数量的知名品牌，但具有国际竞争力和世界影响力的中国品牌却寥寥无几。在知名品牌咨询机构Interbrand发布的2015年全球品牌价值排行榜中，中国企业仅有华为和联想两家企业位列榜单。发展品牌战略，是“中国制造—中国创造—中国智造—中国品牌”科学发展路线的核心指导战略。

二是有助于驱动我国产业价值链的升级完善。品牌是由经济大国向经济强国转变的标志性符号，实施品牌战略是由量变到质变的经济复兴必由之路。产业价值链的完善是经济发展内部调整和升级的创新路径。“二战”以后，国际产业转移在东亚地区演变的结构形成了欧美地区主导基础研究和原创性设计，日本、韩国、新加坡和中国台湾主要是应用开发，中国和东盟国家负责组装式生产制造，最后欧美等发达国家进行品牌输出的分工格局。附加值较高的研发和销售环节均被发达国家主宰，中国制造业代工模式的背后是廉价打工仔的无奈。有调查显示，美国90%的出口额来源于品牌经济；一些欧洲国家人均收入靠前、生活富足悠闲，也在于拥有一批国际知名品牌，凭借品牌溢价功能获取超额利润。

我国出口商品大量属于贴牌和代工，自主品牌出口比重仅略高于 10%，赚的是“血汗钱”。应当看到，我国城乡区域发展和居民收入水平差距较大，高、中、低端产品将长期共存，但每个行业都需要一批高端品牌来引领，应加快从价值链低端向价值链高端的产业技术升级，促进以价格为主导向，以价值竞争为主导的品牌营销升级，进而带动产业结构不断优化升级。可见，品牌战略是产业结构调整的重要战略，只有将技术创新转化为附加值较高的经济效益，才能彻底转变经济发展方式和进行科学的产业结构调整。

同时，企业品牌与国家形象正相关，知名国际品牌是响亮的国家名片，对于提升国家影响力和文化软实力具有重要作用。一个国家或地区经济崛起的背后往往是一批品牌的强势崛起，韩国经济成功转型主要就是依赖现代、三星、LG 等一批优势品牌。一百多年前，德国产品被强制标记“德国制造”，目的是限制其低质商品进入英国市场。而今天，德国制造已成为高品质的代名词。当前，中国企业具备产量优势，也不乏优质产品，能为众多国际品牌代工，完全有能力打造国际一流品牌。当务之急是坚定不移走品牌经济发展之路，树立强烈的品牌意识，追求精品，讲究诚信，不断提升中国品牌形象和影响力，发挥品牌经济对产业优化升级的引领作用、对创新成果转化的驱动作用、对可持续发展的保障作用。这是实现新常态发展的必由之路。

三是有助于增强经济发展的内生动力。经济发展的新常态下，模仿型、排浪式消费基本结束，个性化、多样化消费渐成主流。增强消费在经济发展中的基础作用，需要通过创新供给激活需求，因而品牌消费潜力巨大。根据国际经验，一个国家人均国内生产总值达到 3000 美元时，就进入品牌消费时代。我国人均国内生产总值已达 7000 美元，加之互联网普及和电子商务快速发展，消费者对品质、时尚、服务的需求与日俱增，品牌消费日益成为消费主流。由于品牌经济发展滞后，目前我国多数行业低端过剩、高端短缺，高品质自主品牌供给不足，难以满足消费升级需要。2014 年，我国旅游贸易逆差估计超过 1000 亿美元，其中很大一部分是我国居民在海外的品牌消费。新常态还是质量效益进一步提升的阶段，必须加快转变经济发展方式，更加注重内涵式发展。发展品牌有助于主动顺应消费升级趋势，引导企业从产品经营转向品牌经营、从价格竞争转向提供价值服务，提振消费信心，满足消费需求，增强经济增长内生动力，拉动内需，以消费促发展、稳增长。

第 2 节　发展品牌对我国企业又好又快发展的价值

在微观层面上，品牌是企业以自身的商标、产品形象作为载体，经过长期的努力及持续的、大量的投入培育获得。通过品牌可以将企业形象、商业信誉、经营理念及市场开拓能力等充分、生动、集中地展示出来。在市场经济的竞争机制中，品牌起着关键的作用，从企业的角度看，品牌体现了一个企业的形象、信誉和素质，对企业又好又快的发展具有重要意义。

一是有助于塑造企业核心竞争力。从竞争的发展规律来看，市场竞争可以分为三个层次：首先是价格竞争；其次是质量竞争；最后是品牌竞争。目前的市场竞争已经进入了品牌竞争状态，消费者的消费模式已由“产品消费”转变为“品牌消费”，消费者不断增强品牌意识，尤其偏爱知名品牌，品牌消费占据消费者消费支出的比重不断提高。当今的市场差异化竞争越来越凸显，这种情况下，企业再沿用传统的价格竞争和质量竞争等传统竞争手段就很难在新的市场环境下获取竞争优势。我国企业由于缺少自主创新的国际品牌，加上我国经济快速发展使得劳动力成本优势在逐渐丧失，在国际金融危机下许多发达国家经济不景气以及国际贸易摩擦增多等原因的多重作用下，我国企业依靠国外的品牌，以给国外企业代工挣得廉价加工费的生存模式越来越难以为继。从市场竞争的表现来看，所有的市场竞争都表现为技术、质量和价格竞争等，但最终所有的竞争都必须通过品牌竞争来实现。品牌是一种无法复制的竞争力。在信息高速传播的今天，价值复制能力超越了以往的任何时刻，无论是技术、创新能力，还是管理者理念都可以被复制，但经历漫长的时间和无数事件而创立的品牌是无法复制的。因此，通过提升品牌的含金量和影响力来塑造知名品牌，已经成为企业打造核心竞争力的关键因素。

二是有助于提高企业市场价值。企业价值的创造来源于企业所拥有的各种资产。从经济学和管理学的角度来说，资产是对未来收益的要求权，在以前的工业经济时代，有形资产是企业创造价值的主要来源，但是在当今的知识经济时代，无形资产正在成为企业价值创造的主要驱动因素。企业无形资产的范围非常宽广，而品牌是无形资产的主要表现形式之一，被称为“品牌资产”，其是具体表现企业那些不可辨认的无形资产价值的重要载体。企业品牌有助于企业市场价值的增加，用托宾的q值理论来解释这个问题，我们可以看到：q值 = 企业的市场价值/企业的重置成本。企业无形资产的存在提高了企业的市场价值，而企业的品牌又使得企业许多的无形资产得到市场的认可和辨认，所以就极大地增大了q值。从经济学理论上讲，q大于1（且越大的话），意味着市场对企业的预期价值评价比市场对该企业现有资产存量的评价要高。此外，对一个企业的企业品牌的认识，同时也体现了对企业其他无形资产价值的认识。作为无形资产的主要表现形式，品牌还能够促进企业资产积累，一方面品牌作为企业的一项无形资产，能够直接增加企业的市场价值；另一方面，品牌能够间接地促进企业其他有形资产、无形资产的保值增值，品牌资产在企业专利、专有技术、商业信誉等无形资产的效用发挥起到助推作用。与此同时，品牌资产在实现企业有形资产的价值中也是不可或缺的。

三是有助于增强并维持企业生命力。品牌是企业赢利的关键，能够给企业带来巨大的效益，没有自主品牌的企业，在激烈的市场竞争中将无法立足。品牌，尤其是知名品牌，能够使企业迅速开拓新的市场，获得更多市场份额，获取高额利润。从产品价值链来看，产品生产环节只创造30%的价值，而另外70%的价值是由以品牌为核心的产品开发设计、产品营销等环节创造的，并且越是在国际市场上知名的品牌，其增值效应越加明显。企业在生产经营过程中，经常要面对来自竞争者的降价压力、价格战，致使企业陷入互相竞价的恶性竞争怪圈，导致市场萎缩、赢利减少。但是品牌却能够使企业远离价格战，跳出互相竞价恶性竞争的怪圈，使企业获得溢价优势，获取高额利润，可见，品牌意味着高附加值、高利润和高市场占有率。此外，品牌的“棘轮效应”可以大大降低企业运营成本，保障企业的持续发展。“棘轮效应”是信息经济学中的重要理论，其中“棘轮”一词源于机械设计原理，棘轮只能够顺转，而不能逆转。“棘轮效应”可以用来解释经济管理领域当中很多类似现象。对于一个覆盖多种产品（或系列）的品牌来说，当消费者对其中一种产品（尤其是新推出的产品）不够了解时，他往往会把他所了解的该品牌下其他产品的评价自然地转移到该产品上。因此，一个产品质量和功能有很好保障的企业，只要不同产品之间存在一定的市场重叠或有效的信息传递渠道，品牌延伸就可以实现同一品牌下不同产品之间的相互“支援”，吸引市场潜在顾客。

第 3 节　发展品牌对我国传统文化传承保护的价值

中国具有悠久和辉煌的商业历史。根据经济史学家安格斯·麦迪森的估算，中国的 GDP 早在 1500 年就排名世界第一位，并保持了 300 多年。那时，“中国制造”也以优质和高贵著称。现在，由于品牌弱势，中国传统优势行业在国际品牌的冲击下日渐衰落。有关数据显示，中国对外开放的 29 个行业中有 22 个行业的 50% ~90% 市场被外资品牌占领。一些蕴涵了丰富人文和厚重历史的中华老字号普遍面临着严峻的市场挑战，实施民族行业的品牌战略已迫在眉睫。这是因为，发展品牌对我国传统文化的传承和保护具有重要价值，具体表现如下：

一是有助于弥补传统文化在商业领域的缺失。发展品牌，尤其是发展中华老字号品牌，有助于弥补我国传统历史文化在商业领域的缺失。中华老字号品牌是我国商业文化中的宝贵财富。它们沿袭和继承了中华民族优秀的文化传统，具有鲜明的地域文化特征和历史痕迹。2006 年以来，商务部已经认定的“中华老字号”品牌有 1129 个，[1] 这些老字号涉及餐饮、医药、食品、零售、烟酒、服装等行业。它们中既有像龙泉窑

[1] 王受文. 四方政策措施促进中国品牌发展 [EB/OL]. [2015 - 05 - 29]. http://www.gov.cn/xinwen/2015 - 05/29/content_ 2870573. htm.

这样存在千年以上的品牌，也有像同仁堂这样在当今消费者耳熟能详的品牌。老字号品牌与一般品牌的区别在于其所承载的文化底蕴，文化是老字号的核心价值与品牌长青的核心生命力。然而，在众多的老字号品牌中，如今发展比较成功的仅占不到 10%。随着时间的流逝，老字号所承载的珍贵的历史文化故事逐渐被人们遗忘，主要原因还在于老字号信奉的“酒香不怕巷子深”“百年品牌深入人心”等保守理念，并且未意识到老字号文化背后潜在的经济价值而忽视品牌的文化与传播。比如广州人都知道“陶陶居”茶楼，却不知“康有为曾亲笔题匾，鲁迅、巴金等名家曾是这里的座上宾”；也知道“陈村粉”“敬修堂”“致美斋”，却不知这些品牌曾经辉煌的文化和故事。一些后生品牌凭借成功的策略，缺文化则造文化，依托文化优势迅速将品牌打造成国内知名品牌。可见，品牌文化成为支撑品牌或产品的基石，对于提升品牌文化形象力起着重要的作用。

二是有助于提高中国传统文化的民族认知水平。中国的商业文明悠久而辉煌，以瓷器为例，最新的制作工艺最早由中国工匠发明；17 世纪，葡萄牙和荷兰商人把美轮美奂的明朝（1368～1644 年）瓷器引进欧洲，并且只有皇室和贵族才有条件享用，他们对中国进口瓷器珍爱有加。中国瓷器质量之好、地位之高，乃至欧洲人将“瓷器”（china）等同于“中国”（China），这对当时中国文化的传播和民族认同起到了关键性作用。然而，仅仅过了 300 年，鸦片战争之后，中国开始沦为低质低价产品的出口国，直到今天，没有什么中国品牌能令欧洲富裕阶层追捧。这无疑限制了中国对世界商业文明的贡献以及中国文化在世界的传播。当下，中国 GDP 规模和拥有的《财富》500 强的企业数量上升到世界第二位，但若以质量和内涵而论，中国企业远远未能进入世界主流。一些民族品牌也已改名姓洋，如中华牙膏、南孚电池和小护士已是美国品牌，分别被美国联合利华、吉列和强生公司收购，大宝被法国欧莱雅收购，品牌行业状况可谓“危机重重”，这些行业、企业、产品正是构成中国经济发展的核心元素，也是中国传统历史文化的标志性符号。它们代表着我国商业文明的辉煌成果，也是中华民族传统文化的瑰宝。发展品牌，振兴民族产业，不仅有利于中国文化的传播和发展，更是提高中国传统文化民族认知水平的重要途径。

三是有助于推动中国传统文化的继承与创新。一个成功的品牌往往有其独特的核心价值与个性，尤其是老字号品牌，其历史悠久，蕴含的传统文化价值更丰厚。发展这些品牌，进行科学的品牌延伸和品牌联想，增强老字号品牌的生命力，可有效保障中国传统文化的继承和发展。同时，老字号品牌的创新、开拓，是它们永远立于不败之地的根本所在。生产技术上不断创新，营销技术上不断完善，管理方式上不断调整等，都是它们的制胜法宝，也是其所承载的传统文化进行改革创新的集中体现。陈李济的创新可谓老字号的典型之一。它们根据时代特点和消费需求，不断总结经验，推出新品，如壮腰健肾丸等，投放市场备受欢迎。在剪刀行业，与“北京王麻子”形成鲜明对比的是，“杭州张小泉”依靠创新走出了一条新路子。始创于 1663 年的杭州张小泉剪刀公司的各种创新产品不断上市，其中有采用纳米材料的，让原来千剪一面的铁剪刀有了时尚色彩。公司技术人员说，当初张小泉在国内率先推出不锈钢剪的时候，用德国进口的热处理机处理的剪刀，不是太脆就是太软，他们自己动手开发了热处理磨削设备，张小泉不锈钢剪终于得以面市。张小泉非常重视技术创新，特别是自主技术的储备和创新，先后开发出厨房专用剪、美发专用剪等八大类，四百多种剪刀，一些剪刀新品种在国际上处于技术领先地位，杭州张小泉剪刀公司在 2005 年销售收入达到 7285 万元，总资产达到 9452 万元。实际上，享誉百年而经久不衰的中华老字号本身就是一笔巨大的财富，是现代企业竞争必不可少的要素，只要大胆发扬自主创新精神，用现代商业手段充实、丰富老字号金字招牌的内涵，维护和提升品牌竞争力，中华老字号以及其背后的中国传统文化完全可以再次发扬光大。

第 2 章　我国品牌政策文本解读

实施品牌战略，以品牌经济增强核心竞争力，既要充分发挥市场配置资源的决定性作用，又要更好地发挥政府作用。市场是培育品牌的根本机制，但是仅靠市场机制自身作用还远远不够，政府的政策扶持和导向作用不可或缺。这方面，国际上有一些值得借鉴的经验。如 20 世纪 80 年代，美国设立波多里奇国家质量奖，通过国会立法、总统颁奖，推动质量品牌提升；德国政府通过质量品牌促进政策，确立“德国品牌、质量一流”的国家形象；日本、韩国把品牌战略作为国家战略，逐步在国际上形成良好品牌声誉。在我国，对品牌建设的重视由来已久，尤其是新一届政府上任以来，更加重视品牌战略的实施。习近平总书记曾有关于“中国制造向中国创造转变、中国速度向中国质量转变、中国产品向中国品牌转变”的重要论述，党的十八大报告提出“技术、品牌、质量、服务”的经济发展战略，李克强总理在政府工作报告中作出了关于“支持企业打造自主品牌”的重要指示等。可见，随着经济全球化的迅速发展及国际竞争的日趋激烈，推进品牌战略、加快品牌建设已成为世界各国抢占国际市场、带动本国经济持续发展、跻身经济强国的重要法宝。

从我国品牌建设的历程来看，我国政府所发布的关于国家品牌建设的政策文件可以以改革开放为分界点。改革开放前，在具有短缺经济特征的计划经济体制下，我国广大消费者对产品、服务及其品牌基本上没有自由选择余地，消费者和企业的品牌意识都相当淡薄，尽管我国一些行业也进行省优部优产品的评选，但就全国的总体状况来看，并没有开展专门系统的品牌建设工作。这一时期，各级政府关于品牌建设的政策发布较少。改革开放以来，我国品牌建设取得了历史性突破，成就显著。

全社会的品牌观念逐渐深入人心，我国品牌建设的基础性工作也不断加强，品牌扶持的政策体系和工作机制初步建立，知名品牌影响力逐步扩大，自主品牌创新能力不断提高，海尔、联想等一批自主品牌开始走向世界。这一时期，关于推动国家品牌战略的政策发布不断增多，在各级政府文件、多个行业和地域的经济发展推进措施中都可见到诸如名牌产品、自主品牌、知名品牌、品牌认证、品牌化等政策描述。尤其是自1992年以来，随着我国品牌经济步入发展阶段，党中央和国务院领导同志多次对品牌战略的实施作出批示，各级政府也在不同行业、不同领域制定了发展品牌的政策措施。

从各品牌政策发布的主体来看，主要有国务院、商务部、国家工商行政管理总局、国家质量监督检验检疫总局、国家发展和改革委员会等政府部门。同时，还有部分地方政府部门出台有关于本地区、本行业的品牌发展政策。本章基于品牌政策的具体内容，从多个视角对我国品牌政策进行梳理和解读。

第 1 节　以质量提升促品牌建设的政策

我国关于品牌战略的政策措施源于国家提高和监督产品质量的发展需要，最早明确提出实施品牌战略的政策文件可追溯至1996年国务院发布的《质量振兴纲要（1996—2010年）》，该纲要为贯彻《中华人民共和国国民经济和社会发展“九五”计划和2010年远景目标纲要》，提高我国产品质量、工程质量和服务质量总体水平的目标而发布，提出了“实施名牌战略，振兴民族工业”的发展要求。其后，在国务院发布的《质量发展纲要（2011—2020年）》《中国制造2025》等都有对品牌战略的表述。在国家质量发展规划的要求下，商务部、国家工商行政管理总局、国家质量监督检验检疫总局等国务院组成部门开始面向品牌培育、品牌认证、品牌保护等发布相关措施，以推动国家品牌战略的施行与发展。

1.1　《质量振兴纲要（1996—2010 年）》

国务院为贯彻《中华人民共和国国民经济和社会发展“九五”计划和 2010 年远景目标纲要》，提高我国产品质量、工程质量和服务质量的总体水平，指导质量工作，特制定《质量振兴纲要（1996—2010 年）》，于 1996 年 12 月正式发布。该纲要提出了“实施名牌发展战略，振兴民族工业”的要求。鼓励企业生产优质产品，支持有条件的企业创立名牌产品。同时，该纲要还提出了“国家制定名牌发展战略，鼓励企业实行跨地区、跨行业联合，争创具有较强国际竞争能力的国际名牌产品”。由于《质量振兴纲要（1996—2010 年）》旨在从根本上提高我国主要产业的整体素质和企业的质量管理水平，对于实施品牌战略的文字描述并不多，但该纲要提出的“建立健全商品市场的质量规范”“建立健全全国的质量认证制度”“建立和完善产品标识制度”等市场质量规则，为后续名牌战略的实施、驰名商标的认证等品牌培育政策的出台打下了良好的基础。在该纲要的指引下，通过政府、企业和全社会的共同努力下以及各有关部门的同力推进，我国品牌战略在“十五”期间取得了明显成效。

1.2　《质量发展纲要（2011—2020 年）》

在我国工业化、信息化、城镇化、市场化、国际化进程加快的大背景下，为进一步提高我国质量总体水平，实现经济社会又好又快发展，国务院在《质量振兴纲要（1996—2010 年）》的基础上，于 2012 年 2 月正式发布《质量发展纲要（2011—2020 年）》。该纲要对品牌建设提出了一系列重要措施，强调要大力实施名牌发展战略，发挥品牌引领作用，建设有利于品牌发展的长效机制和良好环境，并明确提出了“到 2020 年，形成一批拥有国际知名品牌和核心竞争力的优势企业，形成一批品牌形象突出、服务平台完备、质量水平一流的现代企业和产业集群”的质量发展目标。为此，该纲要提出要“创建品牌培育激励机制”，要求大力实施名牌发展战略，发挥品牌引领作用，制定并实施培育品牌发展的制度措施，开展知名品牌创建工作。同时，加大自主知识产权产品的保护力度，建设有利于品牌发展的长效机制和良好环境。支持企业依托技术标准开拓海外市场，实施品牌经营和市场多元化战略，打造世界知名品牌。建立品牌建设国家标准体系和品牌价值评价制度，完善与国际接轨的品牌价值评价体系，增强品牌价值评价国际话语权。进一步加强地理标志产品、中国驰名商标及地方名牌产品等工作。《质量发展纲要（2011—2020 年）》对我国品牌的建设作出了全面部署，明确了以质量提升推进品牌建设的工作思路，贯彻落实这些重要措施，必将进一步推动品牌战略的有力实施，促进经济又好又快发展。为有效推动《质量发展纲要（2011—2020 年）》的落地实施，国务院自 2012 年每年都印发了“贯彻实施质量发展纲要的行动计划”，其中，《贯彻实施质量发展纲要 2015 年行动计划》提出，适应经济新常态，必须要加强质量、标准和品牌建设，进一步营造了有利于品牌成长的市场环境。

1.3 《工业产品质量发展“十二五”规划》

为促进我国工业产品质量持续健康发展，根据《国民经济和社会发展第十二个五年规划纲要》的要求，工业和信息化部于 2011 年 11 月发布了《工业产品质量发展“十二五”规划》。该规划提出了“推进品牌培育与发展”的主要任务，要求到 2015 年，自主品牌的质量信誉与品牌形象明显改善，国际竞争力显著增强。主要行业内的自主品牌的国内市场占有率达到 85%，出口产品产值比重达到 30%。指出要大力推进国家品牌、区域品牌、行业品牌和企业品牌建设，加大宣传力度，塑造我国工业产品质量新形象。优先安排与品牌建设有关的技术改造、质量攻关、标准制修订及检测能力建设项目。支持企业针对国际、国内市场的不同特点和消费需求差异，制定实施品牌多元化、系列化发展战略，创建具有国际影响力的世界级品牌。鼓励有实力的企业积极收购国外品牌，支持自主品牌在境外的商标注册，促进自主品牌的国际化。建立品牌培育评价机制，引导企业加强品牌宣传，加快产品开发和品种创新，积极采用国际标准和国外先进标准，不断提高品牌影响力。同时，该规划还将消费品行业自主品牌培育纳入重点行业质量振兴工程。组织开展消费品自主品牌的公益推广活动。支持企业通过研发核心技术，改进产品外观设计、包装质量与售后服务等，不断提升自主品牌的质量形象与市场竞争力；支持企业依靠信息技术和工业设计，抓住物联网与新材料发展的机遇，融合新一代创新元素，创新理念，在服装、家纺、家电、玩具、化妆品等领域培育高端、高档自主品牌；支持企业开展品牌经营，不断提升品牌的影响力和附加值，加快进入国际主流市场。配合有关部门，加大对自主品牌及其知识产权保护力度，严厉打击对自主品牌的仿冒与侵权行为。

1.4　《中国制造 2025》

制造业是国民经济的主体，是立国之本、兴国之器、强国之基。当前，新一轮科技革命和产业变革与我国加快转变经济发展方式形成历史性交汇，国际产业分工格局正在重塑。为了紧紧抓住这一重大历史机遇，建设制造强国，国务院于 2015 年 5 月制定并发布了我国制造强国战略第一个十年的行动纲领《中国制造 2025》，力争通过“三步走”实现制造强国的战略目标。这一制造业的行动纲领，在“战略任务和重点”中，明确提出了“加强质量品牌建设”的要求，指出要提升质量控制技术，完善质量管理机制，夯实质量发展基础，优化质量发展环境，努力实现制造业质量大幅提升。鼓励企业追求卓越品质，形成具有自主知识产权的名牌产品，不断提升企业品牌价值和中国制造整体形象。为此，要加快提升产品质量，夯实质量发展基础，推进制造业品牌建设。具体包括：引导企业制定品牌管理体系，围绕研发创新、生产制造、质量管理和营销服务全过程，提升内在素质，夯实品牌发展基础。扶持一批品牌培育和运营专业服务机构，开展品牌管理咨询、市场推广等服务。健全集体商标、证明商标注册管理制度。打造一批特色鲜明、竞争力强、市场信誉好的产业集群区域品牌。建设品牌文化，引导企业增强以质量和信誉为核心的品牌意识，树立品牌消费理念，提升品牌附加值和软实力。加速我国品牌价值评价国际化进程，充分发挥各类媒体作用，加大中国品牌宣传推广力度，树立中国制造品牌良好形象。质量品牌的建设，是以质量提升促进品牌建设的重要体现。

第2节　加快实施品牌战略的指导意见

我国关于加快实施品牌战略的指导意见类政策主要有2006年发布的《关于进一步加快实施名牌战略的意见》和《商务部关于品牌促进体系建设的若干意见》，2011年发布的《关于加快我国工业企业品牌建设的指导意见》等文件，这些政策的发布对进一步推进品牌战略的实施起到了重要的作用。

2.1　《关于进一步加快实施名牌战略的意见》

为了进一步贯彻党的十六届五中全会关于“尽快形成一批拥有自主知识产权和知名品牌、国际竞争力较强的优势企业”的精神，落实十届全国人大四次会议《政府工作报告》提出的“大力实施品牌战略，鼓励开发具有自主知识产权的知名品牌”的要求，推动国民经济又快又好地发展，国家质量监督检验检疫总局于2006年发布《关于进一步加快实施名牌战略的意见》（国质检质［282］号），对完成十一五规划中我国品牌的发展目标具有十分重要的战略意义。该意见指出了“十一五”期间实施名牌战略的重点方向：核心技术拥有自主知识产权的高新技术产品，提升国家技术实力的先进制造业产品，对促进农村发展、增加农民收入有较大影响的产品，资源节约型产品和环境保护型产品，以自主品牌出口量大的产品，满足人民群众生活需要的消费品，凝聚中国文化特色的优势产品，符合现代服务业发展方向的服务业优势品牌等。根据重点培育方向，上述意见提出要制定中国名牌产品“十一五”培育、提高、发展规划，指导“十一五”期间中国名牌产品的培育和评价工作。同时，要从发挥企业主体作用，加强自主品牌建设；完善法规，加强政策引导和扶持；努力营造有利于自主品牌成长发展的环境；进一步加强对实施名牌战略的组织领导四个方面推进实施国家名牌战略。

2.2　《关于品牌促进体系建设的若干意见》

加强自主品牌建设，培育和发展具有自主核心技术的知名品牌，营造自主品牌成长的政策环境，是实施创新型国家战略的重要内容。为此，商务部决定开展“品牌万里行”活动，印发了《商务部关于开展“品牌万里行”活动的通知》（商运发［2006］236 号）。“品牌万里行”活动是响应党中央、国务院号召，落实创新型国家战略、加快我国自主品牌建设的新举措，旨在通过多种方式促进自主品牌快速发展，逐步培养一批具有国际竞争力的世界级品牌。在“品牌万里行”开展过程中，商务部为建立和完善品牌发展政策促进体系，进一步推动品牌建设，于 2016 年 12 月发布了《商务部关于品牌促进体系建设的若干意见》（商财发［2006］628 号）。该意见提出，一要开展品牌评比认定活动，引导和带动品牌建设；二要加大对品牌建设的资金支持力度，设立“品牌发展专项资金”，专项用于支持商务领域内品牌建设活动，支持和引导自主品牌产品和企业提高自主研发和自主创新能力，不断提高产品技术含量和附加值等；三要支持品牌企业增强市场开拓能力，为品牌产品和企业提供更多的贸易机会，推广新型贸易方式，支持自主品牌产品和企业拓展贸易渠道；四要积极推广和宣传自主品牌产品和企业；五要切实做好自主品牌知识产权保护工作；六要加强品牌建设人才培养和理论研究；七要推动完善促进品牌建设的金融政策。

在该政策的推动下，商务部于 2006 年开展了“中国畅销品牌”的评定工作，目的在于宣传培育一批我国具有市场竞争力的自主品牌，提升企业的自主创新意识和对品牌的保护意识，营造全民对自主品牌的认知与支持氛围。此后，在我国品牌建设中先后形成了“中国名牌产品”“国家免检产品”“中国驰名商标”“中华老字号”等系列评选，并对入选品牌实施了特殊保护和优先支持等多种扶植鼓励政策。随着我国品牌战略的宣传力度越来越大，全社会的品牌意识日益增强。从中央到地方都在积极鼓励品牌产品生产企业加大品牌宣传力度，提高品牌产品在市场和用户心中的形象和信誉；全方位推动新闻媒体加大对自主品牌的宣传力度，积极宣传优秀品牌的先进经验；努力搭建中国自主品牌的展示平台，引导消费者支持中国自主品牌的成长壮大。同时，我国政府加大打击假冒伪劣产品的力度，进一步整顿和规范市场秩序，加快质量诚信体系建设，为品牌产品发展营造优胜劣汰、公平竞争的市场环境，保护企业自主创新和争创名牌的积极性；有关部门坚持科学、公正、公平、公开，不收费、不增加企业负担，不搞终身制的原则，加大评价名牌工作的透明度和社会参与程度，采取有效措施，积极开展“质量兴市”“品牌强市”“名牌兴企”等活动，为企业创名牌营造良好的社会环境，也大大提升品牌经济的发展速度。

2.3 《关于加快我国工业企业品牌建设的指导意见》

为落实《中华人民共和国国民经济和社会发展第十二个五年规划纲要》中提出“推动自主品牌建设，提升品牌价值和效应，加快发展拥有国际知名品牌和国际竞争力的大型企业”的要求，工业和信息化部、国家发展和改革委员会、财政部、商务部、中国人民银行、国家工商行政管理总局、国家质量监督检验检疫总局七部委联合发布《关于加快我国工业企业品牌建设的指导意见》（工信部联科［2011］347 号），提出“到 2015 年，我国工业企业创新能力和品牌培育能力显著增强，工业企业品牌成长的市场环境明显改善。50% 以上大中型工业企业制定并实施品牌战略，品牌产品市场占有率和品牌附加值显著提高。重点培育一批具有国际影响力的自主品牌。”的工业企业品牌建设目标。该指导意见指出我国工业企业品牌建设的主要任务和工作内容有：引导工业企业增强品牌意识，把品牌培育作为工业产品质量和信誉建设的重要内容，引导企业增强以质量和信誉为核心的品牌意识，营造有利于品牌成长的社会氛围；加强品牌建设规划。要求各地区、各行业要在充分调研的基础上，制定本地区、本行业的品牌建设规划，并与十二五规划有机结合；促进工业企业提高品牌建设能力，要鼓励工业企业开发切合实际的品牌管理机制和品牌塑造方法，建立品牌战略，实施品牌经营，培育品牌文化，要加大技术改造项目对企业在开发品种、提升质量等方面的支持力度，增强企业创新能力，提高产品实物质量水平；改善品牌发展外部环境，商务、工商、质检等部门会同行业协会，要协调配合，打破地方保护，消除市场壁垒，减轻企业负担，构建国内统一市场；加强对品牌建设的指导和服务，鼓励各行业根据特点提出行业性品牌建设的指导性文件；指导工业企业建立完善品牌培育管理体系和评估体系，提高品牌培育的科学化水平，实现品牌培育工作的持续改进；支持工业企业积极参与国际优秀品牌管理经验和标杆的交流与分享；鼓励地区和行业规范并推广与品牌培育相关的咨询和培训服务，加强对品牌工作的专业指导。该意见发布后，工业和信息化部开始持续推进工业企业品牌培育和评价工作，陆续出台有《关于开展工业企业品牌培育试点工作的通知》（工信厅科函［2011］719号）、《关于加强2013年工业质量品牌建设工作的通知》（工信部科［2013］65号）等通知文件，有效促进了工业质量品牌能力的提升。

第3节　中华老字号品牌建设相关政策

在针对中华老字号品牌建设问题上，我国政府也发布了一系列相关政策，包括《关于实施“振兴老字号工程”的通知》《关于保护和促进老字号发展的若干意见》和《关于进一步做好中华老字号保护与促进工作的通知》等政策文件，为推进我国老字号品牌的持续繁荣起到重要作用。

3.1　《关于实施“振兴老字号工程”的通知》

中华老字号是中华商业文化的重要载体，是中国名牌经济的重要力量，具有很强的历史文化价值和经济价值。由于越来越多的外国品牌进入国内市场，以及国产新品牌的诞生，中华老字号的发展面临较为严峻的形势。为推动中华老字号的保护和老字号品牌的建立发展，商务部早在2006年就发布了《关于实施“振兴老字号工程”的通知》（商改发［2006］171号），开始在全国实施“振兴老字号工程”，并研究制定“振兴老字号工程”的实施规划，以及根据《“中华老字号”认定规范（试行）》的规定条件，重新对“中华老字号”的品牌进行认证。

在各地商务主管部门、企业等有关方面的积极配合和大力支持下，国家商务部于2006年11月认定了第一批430家“中华老字号”。为推动“振兴老字号工程”的深入开展，商务部决定2007年继续开展“中华老字号”的认定工作，并于当年发布了《关于继续开展“中华老字号”认定等工作的通知》（商改字［2007］8号）以及《关于印发〈“中华老字号”标识使用规定〉的通知》（商改发［2007］137号），要求加强对中华老字号证书和牌匾的管理。

3.2 《关于保护和促进老字号发展的若干意见》

2008年，为贯彻落实党的十七大关于加快培育我国的国际知名品牌，加强对民族文化的挖掘和保护的有关精神，引导具有自主知识产权、传承民族传统文化和技艺的老字号企业加快创新发展，发挥老字号企业在经济和社会发展中的重要作用，商务部等14部门联合发布了《关于保护和促进老字号发展的若干意见》（商改发［2008］104号），提出“通过全社会的努力，建立保护和促进老字号发展的支持体系，挖掘整理传统产品和技艺，增强老字号企业自主创新和市场竞争能力，培育一批发展潜力大、竞争能力强、社会影响广、文化特色浓的知名老字号”的工作目标，要求首先要“建立保护体系，优化老字号的发展环境”，将老字号发展纳入城市规划及城市商业网点规划，开展老字号知识产权保护，加大对老字号文化遗产的保护力度。其次，“建立促进体系，推动老字号增强市场竞争能力”，通过加快推进老字号企业改革、鼓励老字号创新经营方式和技术工艺、协助解决老字号融资信贷问题等方式促进老字号的创新发展。最后，“挖掘老字号内涵，传承发展老字号特色”，建立老字号名录体系，加强对老字号的宣传，加强老字号文化和技艺的研究、保护和传承工作等。

3.3 《关于进一步做好中华老字号保护与促进工作的通知》

2011年，为进一步做好新时期中华老字号保护与促进工作，商务部发布《关于进一步做好中华老字号保护与促进工作的通知》（商商贸发

[2011] 22号)，要求“加大力度，保护老字号特色”，依据商务部对老字号品牌的认定名录，明确保护与促进的对象，加强对中华老字号商标的保护，鼓励和支持中华老字号在国内外进行保护性商标注册，依法严厉打击各类侵犯中华老字号商标权益的行为。同时，要认真组织老字号企业参加非物质文化遗产申报和文物普查工作，积极争取相关政策支持，逐步将符合条件的老字号技艺纳入非物质文化遗产保护体系，将老字号传统建筑、老字号集中的商业街区纳入文物保护体系，加强老字号的文化遗产保护以及网店保护等。该通知还提出要推动老字号企业机制创新，弘扬独特技艺，推动企业创新，做精自主品牌，支持中华老字号通过技术改造、工艺创新和加强营销，努力开拓国内外市场。总之，对于传统老字号的品牌建设，要坚持传承与创新相结合，通过保护与促进，使中华老字号企业不断适应和满足广大居民对老字号产品和服务需求，充分发挥老字号对行业发展的榜样示范和引领带动作用，有效推动商业诚信体系建设和服务水平的提升，促进老字号在创新发展中创造更多社会、经济和文化价值。

第4节　面向具体行业品牌发展的政策

改革开放以来，我国品牌建设经历了从无到有的发展过程。目前，除国家层面制定发布促进自主品牌发展战略的政策文件外，各行各业有关品牌建设的政策要求也日益完善。由于我国行业分布较广，行业指导文件较为精细，面向具体行业品牌建设的政策描述较多，本节仅选取近十年来的相关政策进行举例说明。

面向具体行业品牌建设的政策涉及生产性服务业、农业、旅游业、餐饮业、汽车产业、体育产业、物流业等，政策发布的主体除国务院外，还有发展和改革委员会、商务部、工业和信息化部、农业部等国务院组成部门，相关政策文件详见表2-1。

表 2－1 面向具体行业品牌建设的政策举例

序号	政策	发布单位	规范行业	相关表述
1	关于加快转变农业发展方式的意见（国办发［2015］59号）	国务院办公厅	农业	推进农业品牌化建设。加强政策引导，营造公平有序的市场竞争环境，开展农业品牌塑造培育、推介营销和社会宣传，着力打造一批有影响力、有文化内涵的农业品牌，提升增值空间。鼓励企业在国际市场注册商标，加大商标海外保护和品牌培育力度。发挥有关行业协会作用，加强行业自律，规范企业行为
2	关于进一步促进旅游投资和消费的若干意见（国办发［2015］62号）	国务院办公厅	旅游业	大力培育具有自主品牌的休闲、登山、滑雪、潜水、露营、探险等各类户外用品。 加快实施中国旅游商品品牌提升工程，推出中国特色旅游商品系列。 积极引导预期收益好、品牌认可度高的旅游企业探索通过相关收费权、经营权抵（质）押等方式融资筹资
3	四部门联合发布关于加快推进我国钟表自主品牌建设的指导意见（2015）	工业和信息化部	钟表业	推进品牌发展战略。进一步提升对钟表自主品牌建设的重视程度，实施品牌发展战略。一是强化品牌意识，形成企业内部全员、全过程、全方位推动品牌建设的良好氛围，并在资金投入、人力资源配置等方面加以落实。二是制定自主品牌发展战略，根据企业自身特点和经营目标，明确市场定位，选择个性化、差异化的品牌发展模式。三是增强品牌管理能力，鼓励企业设立品牌管理部门，建立切合实际的品牌管理机制，实施品牌化经营，培育品牌文化，实现品牌增值。四是探索建立知识产权全过程管理体系，实现知识产权科学布局和有效运用。五是完善品牌评价方法，建立钟表品牌价值测算指标体系，为提升品牌价值提供指导和支撑。六是积极开展品牌宣传推广工作，综合运用出版物、网络、移动终端等各类品牌传播渠道，有效提升钟表品牌知名度

续表

序号	政策	发布单位	规范行业	相关表述
4	国务院关于加快发展生产性服务业促进产业结构调整升级的指导意见（国发[2014]26 号）	国务院	生产性服务业	鼓励具有自主知识产权的知识创新、技术创新和模式创新，积极创建知名品牌，增强独特文化特质，以品牌引领消费，带动生产制造，推动形成具有中国特色的品牌价值评价机制
5	工业和信息化部关于加快我国彩电行业品牌建设的指导意见（工信部电子[2014]69 号）	工业和信息化部	彩电行业	实施以品牌引领转型升级的发展战略，增强品牌意识。深刻认识品牌培育对于企业发展、产业转型升级的重要意义，引导彩电行业将品牌建设作为产业结构调整和发展方式转变的重要内容，树立品牌意识，实施品牌战略，强化品牌发展意识，深化品牌竞争意识，巩固品牌保护意识，使培育和爱护自主品牌成为共同意识和自觉行动。 提高品牌经营能力，强化品牌优势。立足我国彩电产业基础和优势，推动企业强化品牌定位，加强市场研究，实施差异化的品牌战略，增强参与全球市场竞争的能力。促进企业品牌经营管理水平的提高，推广先进的品牌管理机制和品牌培育方法，建设品牌管理人才队伍，增强企业营销策划、传播宣传、危机应对等方面的能力，塑造企业品牌文化和社会形象。引导企业把握行业发展趋势，充分发挥电子商务、网络营销的作用，开拓创新品牌推广新渠道

续表

序号	政策	发布单位	规范行业	相关表述
6	国务院办公厅关于印发国内贸易发展“十二五”规划的通知（国办发［2012］47号）	国务院办公厅	国内贸易	鼓励实施品牌战略。建立品牌促进、推介和保护等公共服务体系。完善中国品牌产品境内外营销网络，畅通中国品牌产品流通渠道。积极发展品牌产品专卖店、专业店。鼓励流通企业开发自有商品品牌。支持流通企业服务品牌建设，保护中华老字号，鼓励中华老字号创新发展
7	商务部等十四部门关于促进中医药服务贸易发展的若干意见（商服贸发［2012］64号）	商务部等十四部委	中医药业	发挥特色优势，实施品牌战略。中医药服务贸易要以品牌树形象，扶持发展一批新兴品牌。同时，挖掘中医药服务的特色和优势，继续发挥传统老字号的品牌效应，并不断赋予新的内涵。 通过重点扶持、分类指导，打造一批具有国际影响力的知名品牌，培育一批中医药服务贸易骨干企业，扶持大型中医药服务贸易企业，为组建集团打好基础
8	商务部关于“十二五”期间促进餐饮业科学发展的指导意见（商服贸发［2011］438号）	商务部	餐饮业	提升餐饮品牌化水平。保护和弘扬老字号餐饮品牌，积极引导老字号开拓创新。鼓励支持老字号餐饮企业开拓特许经营业务，进一步提高企业知名度。继续做好全国酒家酒店等级评定工作，将等级评定与提升餐饮服务业素质、实施品牌战略相结合，促进国家级酒家酒店的品牌化发展。培育一批拥有知识产权和知名品牌、具有国际竞争力的大型餐饮企业集团，帮助餐饮企业加大品牌形象宣传，加强知识产权保护，推动品牌经营理念和连锁经营等现代流通方式在全行业普及。将企业品牌培育与餐饮菜系、菜品创新和技术进步紧密结合，发挥名店、名菜、名师的品牌叠加效应

续表

序号	政策	发布单位	规范行业	相关表述
9	商务部关于印发《茧丝绸行业“十二五”发展纲要》的通知(商运发[2011]411 号)	商务部	丝绸行业	建立和完善品牌公共服务体系，实施自主品牌培育重点工程，按照“扶优扶强”和“公开、公平、公正”原则，依托行业组织，选择自主创新能力强、市场占有率高的龙头企业进行重点跟踪和培育，尽快形成一批国内知名、国际影响力强的丝绸自主品牌，扩大丝绸自主品牌影响力；充分挖掘和传承民间工艺和技法，保护丝绸相关非物质文化遗产；提升丝绸产业文化价值，重点培育一批特色丝绸小镇、古典商贸街区和文化创意园，集中打造杭州、苏州等具有浓厚丝绸文化底蕴的国际化丝绸都市，提升中国丝绸整体形象
10	农业部关于推进“一村一品”强村富民工程的意见(2010)	农业部	农业	打造特色品牌，提升产品竞争能力。加强农业投入品管理，推行标准化生产，建立可追溯体系，提高产品质量安全水平。支持专业村镇申请无公害农产品、绿色食品和有机食品认证，鼓励具有地域特色和文化传统的产品申报驰名商标、农产品地理标志。积极组织专业村镇参加各种农产品展销展示活动，充分利用报刊、电视和网络等媒体，宣传推介“一村一品”产品，提高产品知名度，推进品牌农业建设，提升产品竞争力
11	关于促进我国汽车产品出口持续健康发展的意见(商产发[2009]523 号)	商务部等六部门	汽车行业	大力实施汽车产品出口战略，扩大具有自主知识产权和自主品牌的汽车产品出口，增强企业自主创新能力，加大结构调整力度，加快转变外贸出口增长方式，提高出口增长效益和质量，推动我国汽车产品出口持续健康发展。大力实施品牌战略。重点发展一批技术含量高、市场潜力大的产品和企业，支持企业开展商标和知识产权的国外注册保护等

续表

序号	政策	发布单位	规范行业	相关表述
12	关于金融支持服务业加快发展的若干意见（银发［2008］90号）	中国人民银行、中国银行业监督管理委员会、中国证券监督管理委员会、中国保险监督管理委员会	金融服务业	倡导银行业实施品牌战略，提升银行业服务质量，规范服务行为，完善服务机制。探索建立有利于服务业发展的商业银行社会责任评价体系，积极引导资金流向加快发展服务业的领域。 完善市场筛选机制和市场监管体系，培养具有民族品牌、社会公信力的征信机构，建立各具特色、功能互补的征信机构体系，满足全社会多层次、专业化的信息服务需求，为服务业加快发展提供基础支撑

参考文献

［1］199IT 原创编译．Interbrand：全球最有价值的 100 个品牌［EB/OL］．［2015－10－26］．http：//www. 199it. com/archives/394817. html.

［2］魏地春．提升企业品牌价值 推动经济转型升级［EB/OL］．［2015－03－12］．http://www. cqn. com. cn/news/zgpp/1014852. html.

［3］我国自主品牌建设的发展状况、主要问题和政策走向［EB/OL］．［2006－11－25］．http：//theory. people. com. cn/GB/49154/49155/5087813. html.

［4］王受文．四方政策措施促进中国品牌发展［EB/OL］．［2015－05－29］．http：//www. gov. cn/xinwen/2015－05/29/content_ 2870573. htm.

［5］张兰，黄宇虹．中华老字号品牌的创新发展［EB/OL］．［2010－11－23］．http：//www. chinaacc. com/new/287_ 294_ 201011/23yi132612362. shtml.

［6］逄丽，何可．专家解读《质量发展纲要行动计划》：以质量提升推动品牌建设［EB/OL］．［2015－04－27］．http：//www. zg12365. com/a/zhuanti/zjxtt/2015/0427/52519. html.

［7］张明辉，李应齐．世界舆论探究中国品牌成功“秘诀”［EB/OL］．［2015－04－14］．http：//world. people. com. cn/n/2015/0414/c1002－26839080. html.

［8］刘志彪．全球化背景下中国制造业升级的路径与品牌战略［J］．财经问题研究，2015（5）：21－24.

[9] 陶俊，李善文. 基于品牌延伸的品牌复兴研究——对中华老字号的探讨 [J]. 企业经济，2012 (9)：13 - 17.

[10] 卫中旗. 基于企业文化的企业品牌建设研究 [J]. 改革与战略，2010，11 (26)：148 - 161.

[11] 周小辉. 建设创新型国家的品牌发展战略政策环境研究 [J]. 科技创业月刊，2011，24 (18)：21 - 23.

[12] 王海忠. 中国品牌演进阶段的划分及其公共政策启示 [J]. 中山大学学报：社会科学版，2015，4 (55)：169 - 183.

[13] 徐敏玉，王小蕊. 中华老字号品牌发展瓶颈及对策 [J]. 企业经济，2012 (1)：60 - 62.

[14] 张继焦. 企业人类学的创新视角：老字号的研究现状、现实意义和学术价值 [J]. 创新，2015 (1)：11 - 16.

第二部分

理论源流　国际经验

第 3 章　国内外百年品牌的理论研究

品牌作为可以给拥有者带来溢价、产生增值的一种无形资产，在学术理论界也备受重视，各国的专家学者们针对品牌的理论研究也是成果颇丰。理论研究是指导实践发展的重要依据，因此本章将针对国内外对百年品牌的理论研究进行梳理与介绍。

第 1 节　我国百年品牌的理论研究

百年品牌的一个基本特征就是企业拥有百年以上的发展历史。百年品牌是我国品牌总体建设和发展的重要组成部分，也是对我国优秀文化的传承与创新。和现代新兴品牌相比，百年品牌根植于我国传统土壤，在品牌营销中更容易把握国内消费者的心理，获得消费者的认同。百年品牌本身就是企业发展的核心竞争优势，是最具有价值的无形资产。

1.1　品牌的理论研究

品牌是企业最重要的资产，强势品牌竞争力较强，具有更高的认知品质和更好的溢价功能。品牌竞争力具有不可替代的差异化能力、延展力和构建竞争壁垒能力，能够使企业扩展自身潜力，持续获取营利，是企业核心竞争力的外在表现。当前，企业竞争已从单纯的价格、质量和服务竞争转化为具有深厚文化内涵的品牌竞争，通过品牌背后富含社会责任的企业文化，赢得消费者和公众对品牌的认同，已成为一种深层次、高水平和智慧型的竞争选择。

品牌现象可以追溯到古希腊、古罗马时代以及中国的商周时期，最初作为产品识别和保护的原始功能一直延续至今。McElroy 提出和建立品牌经理制和品牌管理系统时，品牌实践才开始真正繁荣起来。品牌理论研究的专业化，直到 1950 年世界著名广告大师 Ogilvy 和 Levy 在《哈佛商业评论》上发表《产品与品牌》一文才正式开始。这时品牌学主要依附于广告学和市场营销学，随后进入管理学、消费经济学和消费心理学的视野，到 20 世纪 80 年代又进入了会计学的研究范畴。

品牌学是一门理论与实践相结合的学科，对于其研究对象的认识和把握，应该从系统的观点出发，把它视作一种有内在联系的系统进行细化研究。品牌学的研究对象主要包括两类，具体的目标对象和抽象的理论研究。具体的目标对象是从国家、地区、城市到个人、社会小群体、各类经营组织等范围内所有具备品牌化的可能的对象，通过对这些具体对象在需求上的解构和分析来达到对其他类型组织的认识和理解，并为各种不同社会环境下的目标事物提供普遍性、规律性的理论指导和实践指导。品牌学理论研究的对象包括在品牌进化过程中的规律、运动特点、逻辑结构等。品牌学通过对这些规律、逻辑结构等研究，最终提炼成为科学化、规律化的品牌经营理论和操作方法，同时将这些方法运用到实践之中给具体目标对象以全面、系统的支持。

中国对于品牌的理论研究开始较晚，大约从 20 世纪 80 年代开始。国内品牌理论研究可以分为三个阶段：输入和依附阶段、理论探索阶段和创新阶段。

（1）输入和依附阶段

20 世纪 80 年代初，中国品牌的研究刚刚启动不久，这一时期的研究就像国外品牌的萌芽阶段，主要依附于公共关系学和广告学，研究品牌的人大多也是这两门学科的学者。虽然他们从多个侧面设计品牌主题的研究，但是研究都不深入。到了 20 世纪 80 年代末，企业识别系统（CIS）被导入中国，造就了一大批中国名牌企业。这时 CIS 研究成为国内品牌研究的重点，品牌研究也相应迅速扩展，并得到广泛发展。

（2）理论探索阶段

随着国外营销理论的不断输入，中国企业开始在摸索中进行实践。20 世纪 90 年代初，中国政府对国外批发零售商逐步解禁，各级地方政府形象工程开始迅猛发展，竞争日益白热化，促使中国企业开始真正重视“品牌”这个被国外企业视为市场核心竞争力的东西。菲利普·科特勒的“营销管理”理论，迅速成为中国企业的营销圣经。“营销部”第一次出现在各个企业组织的序列之中。这一时期的“营销总监”“营销品牌经理”“产品经理”等外企中的职务被中国企业克隆过来。对于这时候的企业而言，“品牌”更多是一种促销工具。由于对品牌研究不够深入，中国企业还没有真正理解“品牌”的内涵。在克隆外企的职务之后，为了生存与发展，国内企业在这个阶段疯狂学习各种冠以“营销”的理论。同时，国内企业普遍认为“品牌”是靠广告做出来的，于是“标王”应运而生。就连国家权威机构也对品牌价值以“投入多少广告费用”为主要指标。

在这个阶段，中国企业大多数处于生存与发展的抉择期，品牌更多意味着促销的工具。它们还没有真正顾及消费者的利益，消费者对品牌的认识也处于标识的简单层面。产品延伸成为这个阶段企业品牌活动的主题。因此，在理论探索阶段，主要是结合企业实践展开的，集中在对国外营销理论的解读之上。

（3）创新阶段

在创新阶段，国内企业和学者开始理性地看待和研究品牌理论，在对国外品牌理论有了全面深入的研究后，又结合中国企业实践进行创新，对于品牌、品牌经济有了新的认识和研究。而且对品牌的研究已经上升到了有关城市形象和中国形象的战略工程，相关专家也志在改变“中国制造”的“世界工厂”形象，呼唤对中国形象的再设计。

1.2　百年品牌理论研究

目前，我国有关百年品牌的研究开始的时间较晚，还没有形成系统的理论体系。现有的理论研究主要分为两个方向：一是同百年品牌企业的实践相结合，在企业的发展中探索百年品牌的建设模式；二是围绕“老字号”展开了相对深入的研究，包括老字号的品牌价值、未来的发展模式、老字号的文化与创新等。

(1) 百年品牌企业的研究

我国在百年品牌理论上的研究，主要体现在百年品牌企业上面。以中国知网为例，将“百年品牌”作为主题进行检索，查找到的文献最早开始于1999年，可大致说明我国对于百年品牌理论的研究始于20世纪90年代末期。现有文献的主要内容是对中国的百年品牌的现状进行描述，以及提出中国建设百年品牌的建议。李光斗认为任何一个好品牌的管理都会有一个明确的目标。所谓目标，其实就是企业的品牌要达到一个什么样的状态，如企业的品牌对内部员工要有一个什么样的影响，对外部消费者、经销商要有一个什么样的影响与形象等。只有这样，企业的品牌管理才会有一个明确的方向，企业才会知道当前需要做哪些事情，应该做哪些事情，简单地说就是什么时候知道自己该做什么样的事。如果品牌的管理漫无目的，只是顺其自然发展，那最终的结果只会在原地踏步。而且，在品牌的管理过程中，许多企业都只注重一些宏观、战略层面的问题，常常会忽视一些细节问题，最后结果是，虽然做了很多相关工作，但其效果却微乎其微。一个优秀的品牌在塑造与管理的过程中，需要的是从细节入手，以标准为主，许多细节是消费者或者合作者、内部员工最容易感知的东西，也是最能体现品牌管理效果的东西。细节都做到位了，人们才能真正感觉到这个品牌的存在和魅力。

有学者认为，我国百年品牌之所以至今为止发展不好，主要在于没有珍视品牌。实际上，品牌是企业最宝贵的无形资产。就保护品牌而言，我国大多数企业在设计品牌的命名和标识时，都缺少长远的眼光。在标识和品牌名称设计完后，也没有及时去注册或调查在国外这种品牌或标识是否被注册过。

国内对百年品牌的研究除了以上对百年品牌发展现状分析，提出对策之外，其他绝大多数是依据某一百年企业来对百年品牌的发展探讨研究。在已发表的文献中，作为百年品牌研究案例的企业包括王老吉、全聚德、百事可乐、云南白药等国内外知名企业。这些百年企业研究的重点均在百年品牌如何在新的市场环境下突破自我，走向发展，并对现存的尚未改进的方面提出建议。例如，全聚德的成功在于通过奥运文化加强对自身宣传，通过慈善之举彰显全聚德的人文关怀，通过和皮影戏结合的创新形式表现传统文化。

虽然国内对于百年品牌的研究处在初步阶段，并且大多是针对个例的研究，没有系统的理论体系。但是随着时间的推移，有关百年品牌的文献在逐步增长，开始具有了初级的理论模型。

(2) 老字号的理论

老字号与百年品牌类似，在某种程度上可以将两者等同认识。老字号被广泛引用的定义是，老字号是一个约定俗成的概念，是中国商业特有的称谓，通常指有多年成功的经营经历，在一定区域内有良好声誉的商号及其商品和服务的称谓。老字号历史悠久，拥有世代传承的产品、技艺或服务，具有鲜明的中华民族传统文化背景和深厚的文化底蕴，取得社会广泛认同，形成良好信誉的品牌。老字号是数百年商业和手工业竞争中留下的精品。各自经历了艰苦奋斗的发家史而最终统领一行，其品牌也是人们公认的质量的同义语。

国内对老字号的研究主要从品牌活化的视角和品牌经营的视角来进行的。品牌活化也被称为品牌激活，指品牌为了使财产再生，通过寻根的方式重新捕捉失去的品牌资产。Berry 提出了品牌活化，并从企业实践的视角提出了品牌活化的七个步骤。老字号具有悠久的历史品牌，曾经在市场上占据统治地位，具有较高的知名度。尽管目前的经营状况在衰退，但是仍然拥有品牌价值。从社会心理学的角度看来，在目前竞争激烈的市场中，当初的消费者难免对老品牌的辉煌经历怀有美好的回忆。这些使得老品牌的活化拥有了可能性，也是新品牌所不具有的优势。

从品牌经营的视角研究老字号主要是发现老字号在经营过程中的优势与局限性，并且针对局限性提出可行的建议策略。根据以往的研究发现，老字号品牌在经营中的优势主要是兼具优良质量和优质的服务，坚守诚信传统，具有鲜明的经营特色。不少老字号在长期的发展过程中形成了特殊的工艺、严格的质量控制方法，并且长期坚持某种质量信念。老字号传承至今对品质的追求，在消费者心目中形成了强烈的认知。根据北京市老字号的影响力调查，消费者对老字号品牌形象认知的第一位便是品质有保障，其次为正宗可靠、物有所值、产品放心。老字号深深根植于中华民族文化的沃土之中，深受儒家文化之仁德精神与诚信思想的影响，在经营中形成了良好的诚实守信的传统。同时老字号拥有难以复制的核心竞争力，独特的产品配方能够在保持传承的前提下最大限度防范核心技艺的扩散，构筑起企业无法超越的壁垒。老字号经过多年传承发展到现代，也有一定的发展瓶颈，主要表现为文化上的保守性、技术上的局限性、经营上的狭隘性和缺少现代品牌的活力。老字号在技艺上的传承方式导致没有现代的技术开发体系，不少技术工艺已经过时。即使有些传承下来的特殊技术，多数也未形成现代意义上的自主知识产权，没有受到相应的保护。同时老字号创新不足，经营理念、技术产品和服务缺少创新，不能与时俱进，随着消费水平和消费方式的变化而变化。缺乏现代推销意识，没有找到产品宣传与整体形象最佳结合的策略。

在认识到老字号的优势和发展瓶颈的基础上，对老字号的品牌经营战略进行划分。品牌经营是指将品牌视为独立的资源和资本，并以此为主导来关联、带动、组合其他资源和资本，从而取得最大的经济效益和社会效益的一种经营活动和经营行为。老字号的品牌战略选择主要是倚老卖老型、倚老带新型、倚老卖新型。①倚老卖老型是利用传统的技艺服务于高端市场，这种类型适合于仍然具有核心能力和一定消费人群的老字号，需要老字号独特的核心技能，具有吸引力的文化内涵，消费力强的高端市场，既能保证企业持续经营又能体现稀缺性的产品规模。新兴企业不会也无法涉足这种需要长期历史积淀才能形成的传统领域，因此可以充分发挥老字号优势，进行开发和复兴。②倚老带新型是利用传统产品和高端品牌形象，辐射新的产品和消费市场，适用于仍具有核心能力，但消费人群范围不广的老字号。实施这种战略的老字号需要拥有能够服务于相关市场的核心能力，其有形的产品和服务能够为新的市场延伸提供有力的形象支持。由于老字号在拓展市场方面缺乏资本实力，因此可以利用引入战略合作伙伴的方式共同经营，但是老字号由于在核心能力和品牌方面的优势，应当占据主导地位。③倚老卖新型是利用老字号的历史积累和品牌联想进入新的事业领域，适合于已经丧失核心技术和原有消费市场的老字号。这一战略的核心是放大老字号的品牌影响力，利用普通企业无法替代的历史感和传奇性打动消费者。因此在采用倚老卖新型战略时由于企业在资源、技术等方面已基本丧失继续发展的能力，可以引入合作者共同经营，并予以对方主导权。

另外，国内专家学者还对老字号的品牌价值进行了研究，明确了老字号所具有的社会价值和文化价值，包括在不同因素影响下形成的价值对比，并设计了老字号品牌价值的评估模型。也对老字号同国外老字号进行了对比，并发现其中的发展差异。

无论是对于老字号的研究还是对于百年品牌的研究，在一定程度上都反映了百年品牌在我国的发展趋势，也证明了尽管百年品牌在逐步衰落，依然具有重要的经济价值和研究价值。虽然国内百年品牌的研究体系尚未成熟，随着我国企业品牌意识的增强和国家对品牌建设的重视，关于百年品牌理论将会得到充分的研究，并形成成熟的、系统的理论体系。

第2节　国外百年品牌的理论研究

在针对国外百年品牌理论研究的梳理部分，本书从研究数量、品牌战略、品牌传播、品牌延伸等几个方面着重展开了介绍。

2.1　研究数量

目前，国内学者对国际百年品牌的综合研究较少，但对单独的国际百年品牌的研究数量还是比较丰富的。以雀巢为例，雀巢品牌的历史可以追溯到1866年，当时英瑞炼乳公司在瑞士卡姆开办了欧洲第一家炼乳厂。1867年，雀巢的创始人，德国药剂师亨利·雀巢用他研制的一种将牛奶与麦粉和糖科学配比而成的婴儿麦片粥，成功挽救了邻家婴儿的生命。从此，营养便成了雀巢的基石。在中国知网中搜索“雀巢+品牌”可以看到中国知网推荐的关键词，包括品牌营销、品牌战略、品牌建设、品牌管理、品牌形象、品牌延伸、品牌定位、品牌传播、品牌策略和品牌价值。在主题类别下搜索“雀巢+品牌”可以找到2521条结果。在中国知网中主题类别下搜索“雀巢品牌”可以找到1433条结果，最早的文章可以追溯到1994年，文章名称为“瑞士雀巢公司创名牌的做法”。从时间和发表数量上看，从2002年开始研究数量呈现持续增长的模式，且在2008年达到顶峰，2008年关于“雀巢品牌”的文献有230篇，2008年后，文献数量呈现下降趋势。可口可乐同样是知名的百年食品品牌，将可口可乐品牌作为参考，可口可乐的历史可以追溯到1886年，它在美国佐治亚州亚特兰大市诞生，自此便与社会发展相互交融，激发创新灵感。在中国知网中主题类别下搜索“可口可乐品牌”，可以得到1920条结果，与对雀巢品牌的研究类似，对于可口可乐品牌的研究数量同样在2008年达到了顶峰，在2008年之后研究数量开始减少。通过北京奥运会带来的奥运经济，许多品牌抓住了奥运会这个机遇，借奥运之力推广自己的品牌，因而在2008年，对于品牌的研究也达到了一个顶峰。

国外百年品牌有几个共同的特点，首先是国际形象，一般国外的百年品牌也都是国际知名品牌，这些品牌的国际形象十分显著，其次是质量卓越，百年品牌是“质量”的象征，正是由于优越的品质，才可以延续百年，最后，百年品牌的社会责任感强，百年品牌是社会责任的一种工具，百年品牌理应承担起更大的社会责任，这是由其卓越的市场地位所决定的。对于国外百年品牌，研究方向主要集中在品牌战略、品牌传播和品牌延伸三个方面。既然研究品牌，就应该首先对品牌的定义有一个明确的认识。1950年，大卫·奥格威第一次提出了品牌概念，他认为：品牌是一种错综复杂的象征，它是品牌的属性、名称、包装、价格、历史、声誉、广告风格的无形组合，同时，品牌的概念也因消费者对其使用的印象及自身的经验而有所界定，此后又提出了感情品牌和个性品牌，“品牌的发展是因为品牌具有一种能满足各种理性和感性需要的价值，品牌的创建要超越差异性。”美国市场营销协会（AMA）在1960年出版的《营销术语词典》中将品牌定义为“用以识别一个或一群产品和劳务的名称、术语、象征、几号或设计及其组合，以此同其他竞争者的产品和劳务相区别”。美国西北大学教授菲利普·科特勒指出：“品牌是一种名称、名词、标记、符号或设计，或是它们的组合运用，其目的是借以辨认某个销售者或某群销售者的产品或劳务，并使之同竞争者的产品和劳务区别开来。”品牌理论研究的趋势可以概括为：从具体到抽象、从单一到综合、从浅层次到深层次。

2.2　品牌战略

品牌战略是现如今企业战略十分重要的组成部分，20 世纪 90 年代至 21 世纪初期，学者们认为传统的品牌理论大多是从战术层面进行探讨的，而竞争理论将品牌的研究上升到战略的高度，由此诞生了品牌战略理论。美国学者凯勒（Keller）在其代表作《战略品牌管理》提出了战略品牌管理理论，他认为随着竞争的加剧，企业之间相互模仿和借鉴，市场的同质化趋势日益明显，品牌成为企业引导顾客识别自己并使自己的产品与竞争对手区别的重要标志，它是比企业产品更重要和更持久的无形资产，也是企业的核心竞争力所在。随后美国学者艾克（Aaker）在《品牌领导》和《品牌组合》中提出了品牌领导理论和品牌组合理论。品牌战略的制定与实施必须基于明确的品牌定位，没有明确、统一、差异化、个性化的品牌定位，品牌战略就是空洞和盲目的；在总品牌战略上的投资也将是一种严重浪费，甚至会贻误时机，市场和消费者将没有任何参考依据和理由偏爱该品牌，同时该品牌产品也将不具备赢得竞争的条件。品牌战略对于一个品牌来说有生存意义、发展意义、人本意义、政治意义和社会意义。品牌战略主要包括品牌发展战略、品牌形象战略、品牌延伸战略、品牌再活性战略和品牌撤退战略。可口可乐的品牌策略中就很明显地体现了人本意义，可口可乐将人才视为企业最重要的经营资源，是一切财富中最为宝贵的财富。因此可以说，是独特有效的人才战略使可口可乐公司创造了骄人业绩，成为全球知名的品牌公司。

同时，可口可乐和雀巢的品牌战略中也都体现了发展的重要性，尤其是它们都实行了本土化的策略。如今的可口可乐已经成为一种全球性的文化标志，在不同的地区、文化背景、宗教团体和种族中采取分而治之的策略。以中国为例，可口可乐的本土化包括各个方面，从工厂、原料、人员到产品、包装、营销，99% 都是中国的。而雀巢同样也实行了本土化策略，譬如在中国，雀巢同可口可乐一样，都实行了产品原料的本土化、研发中心的本土化、广告策略的本土化以及管理人才的本土化。

2.3 品牌传播

品牌传播是指品牌所有者通过各种传播手段持续与目标受众交流，最优化地增加品牌资产的过程。品牌传播的特点有五个：第一是信息的聚合性。品牌传播的过程，是品牌各个传播要素互相促进，互相影响有机结合的过程，共同构成品牌的传播形象以及传播价值，在品牌传播的过程中，要正确处理好各个要素之间的关系。第二是受众的目标性。每个品牌都有其特定的目标受众，品牌传播是针对这些受众展开的一系列活动，这些受众包括目前的忠实受众，也包括潜在的受众。第三是媒介的多元性。媒介的多元化造成了品牌传播媒介组合的多元化，品牌传播的过程要借助各种传播方式，比如人际传播、组织传播、社会传播等，同时也要借助各种传播媒介，比如纸质媒介、电子媒介等。第四是操作的系统性。在品牌传播中，其系统的构成者主要有品牌的拥有者与品牌的受众，二者由特定的信息、特定的媒介、特定的传播方式、相应的传播效果，如受众对品牌产品的消费、对品牌的评价、相应的传播反馈等信息互动环节而彼此联系。第五是传播的艺术性。品牌传播的过程是一个艺术品创造、传播的过程，品牌传播从每个环节，如广告制作、标识设计、口号设定等都体现了独特的传播艺术性。

品牌传播和品牌战略一样，都要以品牌定位为前提。定位理论之父特劳特认为，品牌定位是品牌传播的客观基础，品牌传播依赖于品牌定位，没有品牌整体形象的预先设计（即品牌定位），那么，品牌传播就难免盲从而缺乏一致性。市场实践证明，任何一个品牌都不可能为全体顾客服务，细分市场并正确定位，是品牌赢得竞争的必然选择。品牌传播的方式主要有广告传播、公关传播、销售传播和人际传播。广告作为一种主要的品牌传播方式，是指品牌所有者以付费方式、委托广告经营部门通过传播媒介，以策划为主体、创意为中心，对目标受众所进行的以品牌名称、品牌标志、品牌定位、品牌个性等为主要内容的宣传活动。公关是公共关系的简称，是企业形象、品牌、文化、技术等传播的一种有效解决方案，包含投资者关系、员工传播、事件管理以及其他非付费传播等内容。销售传播是指通过鼓励对产品和服务进行尝试或促进销售等活动而进行品牌传播的一种方式。人际传播是人与人之间直接沟通，主要是通过企业人员的讲解咨询、示范操作、服务等，使公众了解和认识企业，并形成对企业的印象和评价，这种评价将直接影响品牌形象。

品牌传播的一个重要武器是广告。广告传播担负着让当地消费者认知自己，说服消费者购买产品的重任。可口可乐能够取得现在的成绩，其全球广告策略功不可没，其每年都毫无例外地投入高额的广告费用，也可看出对于广告的重视。可口可乐的广告传播分为两个方面：首先是全球性的广告计划；其次是本土化的广告实施。可口可乐的广告将其品牌文化与细分市场的受众文化结合起来，采用本土化的广告实施，使其广告在不同市场避免了文化排斥，做到了与本土的融合，对其受众产生了更好的传播效果。比如可口可乐品牌产品的广告口号是“无法抓住好那种感觉”，在日本改为“我感受可乐”，在意大利改为“独一无二的感受”，在智利又改成了“生活的感觉”。广告信息始终反映着当地的文化，在不同时期有不同的依托对象和显示途径、生成方式，无一不是随着具体的时空情境及时调整自身在文化形态中的位置。此外，可口可乐也实行了人际传播策略。人际传播最主要的方式是面对面的传播，这一特性决定了“人”是人际传播的关键因素。雀巢还采用了品牌叙事传播策略和品牌情感传播策略。品牌叙事是指企业通过讲故事的形式，向受众（消费者）阐释和传播其品牌内涵和核心价值观等意义，进而引起消费者的共鸣，形成对品牌良好形象的实践活动。

2.4　品牌延伸

所谓品牌延伸，是指借助原有已建立的品牌地位，将母品牌转移使用于新进入市场的其他产品或服务（包括同类的和异类的），以及运用于新的细分市场之中，达到以更少的营销成本占领更大市场份额的目的。学术界中关于品牌延伸比较权威的观点来自两位国外学者，卡普菲乐教授把品牌延伸分为相关延伸和间断延伸，凯勒教授把品牌延伸划分为线延伸和大类延伸，这两种对品牌延伸方式的划分所表达的意义基本一致。所谓线延伸就是只用母品牌作为原产品大类中针对新细分市场开发新产品的品牌。简单来说，线延伸就是现有品牌进入新项目。大类延伸是指母品牌从原来的产品大类中进入另一个不同的大类，即现有品牌进入新类别。美国学者艾克与凯勒在 1990 年发表的“消费者对品牌延伸的评价”论文中指出，品牌延伸的基础是延伸产品必须与原产品具有较强的关联性。

雀巢和可口可乐都在品牌延伸上有很大作为，比如雀巢，在饮料业，收购了法国的 Perirer 矿泉水，占据世界矿泉水市场首位。在糖果业，收购了巴西的卡罗托巧克力糖果公司，使集团年营业额巨幅增加，同时也扩大了在南美的销售网络；宠物食品业，斥资百亿美元购买美国第二大宠物食品制造商——罗尔斯顿普瑞纳公司（Ralston Purina company）；速冻方便食品业，雀巢以 26 亿美元的价格收购以生产速冻方便食品（冷冻三明治和比萨饼）著称，在美国冷冻食品市场上排名第五位的美国厨师公司（Chef America）。

2.5 其他理论研究

除品牌战略、品牌传播和品牌延伸外，还有对于国外百年品牌的品牌命名和品牌定位等方面的研究。品牌名称凭借强烈的冲击力，刺激消费者的消费心理，增强消费者的购买欲望。品牌命名也要遵循一定的原则，主要有合法、尊重文化差异、简单易记忆、正面联想和暗示产品属性。可口可乐和雀巢的品牌命名很显然都符合了这些原则。以可口可乐为例，从英文上说，Coca Cola 品牌名称的最大特点就是不注意词语的含义而注重发音响亮。Coca Cola 词组短小精悍，具有独创性和独特个性，而在中文中，可口可乐可以拆分为两个词，可口的意思是美味，可乐给人一种开心的感觉，这样的品牌名在中国也是很受欢迎的。品牌定位是进行品牌传播和制定品牌战略的基础。品牌定位思想由美国著名的广告经理人艾尔·里斯和杰克·特劳特 1972 年提出，后来特劳特与瑞维金合写的著作《新定位》发展了品牌的定位理论。他们认为“定位从产品开始”。品牌定位是一个由内及外的过程，即从顾客的角度出发，针对潜在顾客的心理采取的一系列行动。雀巢的产品定位就是食品及餐饮业，它在中国的广告语“味道好极了”极好地表现了其产品定位的内容。

除以上介绍的相关理论研究之外，国内对于国外百年品牌的品牌形象、品牌资产等也略有研究，但主要还是集中于品牌延伸、品牌传播和品牌战略领域，主要研究国外百年品牌是如何延续百年并做到全球知名品牌的。

参考文献

[1] 王荣成，李诚．老字号品牌价值［M］．北京：中国经济出版社，2012.
[2] 李光斗．中国为什么没有百年品牌［J］．企业观察家，2015（5）：84－85.
[3] 王东．打造企业的百年品牌［J］．市场论坛，2005（12）：107－108.
[4] 余明阳，韩红星．品牌学概论［M］．广州：华南理工大学出版社，2008.
[5] 张平淡．品牌管理［M］．北京：中国人民大学出版社，2012.
[6] 万后芬，周建设．品牌管理［M］．北京：清华大学出版社，2006.
[7] 郭斌．我国企业国际营销中的本土化战略探析——以雀巢公司品牌本土化为例［J］．对外经贸实务，2013（4）：27－30.
[8] 袁婕．雀巢的百年渐进［J］．江苏商论，2013（19）：24－27.
[9] 米兰．百年历练打造优质“雀巢”［J］．现代企业文化，2010（10）：25－27.
[10] 郭曲红．品牌传播策略研究［D］．南昌：江西财经大学，2013.
[11] 刘佳．从可口可乐看企业品牌塑造［J］．对外经贸，2006（6）：67－68.
[12] 贾禹婷．论品牌传播的“全球策略，本土执行”理念——以可口可乐为例［J］．企业家天地：理论版，2009（9）：21－22.
[13] 王芳．可口可乐公司的品牌营销策略及其对我国的启示［J］．商场现代化，2007（10）：203－204.
[14] 董金山．企业品牌延伸战略研究［D］．天津：天津大学，2007.
[15] 宋旭琴，向鑫．品牌理论研究综述［J］．商业时代，2006（33）：32－33.
[16] 李静，王其荣，陈朝晖．品牌理论研究综述［J］．企业改革与管理，2012（11）：12－13.

第 4 章　国外建设百年品牌的成功经验

本章选取了韩国、日本、德国和美国四个国际上在发展品牌问题上较为成熟的国家作为成功的经验案例进行剖析，探索国际上的品牌发展管理之路。

第 1 节　韩国：身土不二

长期以来，韩国人常用“Korea Discount”（韩国折价）这一词来描述本国产品在世界市场上所处的境地，与美国、德国、日本等发达国家相比，同样的产品，只因为是韩国品牌、韩国制造，在市场上便实际存在 30% 的折价。韩国政府经过跟踪研究认为，韩国产品的技术和设计在世界上均已处于先进水平，但是，由于外界，尤其是亚洲以外的世界市场对韩国本身的认知度不高，导致韩国产品处于“折价”的尴尬境地，这与韩国所拥有的经济实力并不相符，因此有必要通过提升国家的整体形象，来改变韩国产品在消费者心目中“廉价”之刻板印象，从而实现从“Korea discount”（韩国折价）到“Korea premium”（韩国溢价）的转变。

韩国在 2001 年就着手培育韩国企业出口国家队计划，采取分类指导的方式，积极鼓励民族品牌发展，每年向评选出的企业源源不断提供技术与设计开发、海外营销传播方面支持。经过多年的品牌发展道路，截至 2010 年，该计划培育出总计 1000 种世界一流产品，在韩国，国产品牌使用量达 90% 之多，国外产品仅占 10% 份额，《华盛顿邮报》曾这样评价今天的韩国——国际职业推销员。这就是韩国的“身土不二”原则。

1.1　韩国“身土不二”的品牌内涵

在日常生活中，韩国民众同样奉行的是“身土不二”的行为规则。而“身土不二”最早的出处是来自于大乘经，摘自于《阿弥陀经要解讲记》中的原文是“寂照不二，身土不二，性修不二，真应不二，无非实相”，佛语的本意是把净土和佛身合二为一，劝诫人们不要太过于追求现世的幸福，“身土不二”的中文意思是人的身体和土地是不能分开的，要融为一体，不可分离。在韩国，最初“身土不二”是 20 世纪 60 年代韩国农业协会联盟为号召韩国人消费本国农产品进而提出的一个口号，目的是向民众宣传人和故土不宜分开，吃本土产出的东西对身体有益。随着时代的发展，“身土不二”也不断被赋予新的内涵，也从最初的农产品消费发展到各个行业之中，当代的韩国人将“身土不二”理解为“生长在这块土地上的人和土地是不能分离的”，逐渐演变成为一种购买本国产品，忠于国家和民族，维护国家和民族利益的爱国精神。

在韩国，这种“身土不二”的爱国精神体现在各个方面，在日常生活中，韩国本土产品通常背面印有“身土不二”的字样，以提醒韩国民众这是本土产品，同时韩国人将购买国货作为自己的第一选择，购买国货不仅是最适合自己的选择，同时也是一种忠于国家和爱国的表现。例如开现代汽车、使用三星手机、穿本土品牌的服饰等，韩国人生活的各方面无不彰显出“身土不二”的精神。比如食物，“韩牛”指的是韩国本土出产的牛肉，这种牛肉与进口的外国牛肉相比，价格可谓高昂得惊人，但是韩国人却坚定地认为，韩国牛肉是最好吃的。但是由于“韩牛”高昂的价格，韩国普通群众只有在重大节日之时才会食用，也通常将“韩牛”作为高档的礼品赠送亲友。同时，韩国本土产的水果也常常是被包装在精美的礼盒里，摆放在超市最显眼的位置，然而进口水果通常放在角落里，这种情况形成鲜明的对比，体现出了韩国人对于本土产品的重视。此外韩国人一日三餐离不开大米，虽然本土生产的大米价格要高于进口的大米，但是本土产的大米还是他们的首选。因此市场上的不少大米标着大大的“国内产”，生怕被顾客当作进口大米。这种爱国精神体现在韩国民众生活的各个方面。

由于“身土不二”这种爱国精神的不断教育，韩国民众十分关心国家和民族的命运。在1997年亚洲金融危机之时，韩国外债风险超过国家财政能力的承受程度，韩元急剧贬值，金融机构混乱，大批企业纷纷宣布破产，导致失业率剧增，在韩国民间，人民自觉发起献金运动，纷纷拿出自己的金银首饰、金制用品和金制纪念品到国际市场上变卖，然后献给国家从而帮助国家走出困境，并且有的韩国人宁愿走路上班也不愿意花钱坐车，大家都提倡少花钱、多储蓄。这种韩国民众的爱国情怀就是对“身土不二”精神的完美阐释，注重本国产品，支持本民族本土经济的发展，对于祖国就是一种油然而生的自豪感。就是对于本民族传统食品的宣传，对于本民族传统服装的热爱。韩国民众认为传统的韩服就是一种高贵的礼服，韩服在重大节日之时是具有重要意义的，因此穿韩服已经成为一种行为规范，不管韩国人身在何方，传统韩服在他们心中都具有独特的意义。爱国精神是一种强大的精神财富和精神支柱，爱国精神是一种深厚的情怀，是一种对于自己生长之地的恋恋之情，是身在异乡之时心中不断喷涌而出的思念和不知在何时突然被碰触的心中最为柔软之处，也是不知会在何时突然眼中浸满泪花的情怀。正是这种韩国民众强大的爱国情感，注重本土产品，支持国产品牌，时刻关注国家和民族的命运，使韩国经济不断地腾飞，并且迸发出强大的生命力。

1.2 韩国品牌发展措施

一个民族品牌的发展离不开国家政策的鼓励与扶持，韩国的三星电子、LG集团、现代集团、衣恋、爱茉莉太平洋集团等企业已经深入了现今人们生活的各个方面。韩国品牌的发展离不开韩国政府的支持。伴随着经济的不断发展，品牌之间的竞争日益加大，世界消费已经从“商品消费”逐渐转为“品牌消费”。消费者更加注重品牌的选择，品牌的选择不仅仅是指企业的发展，还展现出一个国家的经济实力和世界影响力。于是我们更加强调“国家品牌”这一概念，指外界对一个国家的好感度和信任度的综合概念，是一个国家软实力的一种体现，国家品牌增强了品牌的信誉度并且由国家进行担保，使得消费者更加放心。于是基于这一概念，韩国在2006年提出了“国家品牌”整体营销的思路，将民族品牌作为国家品牌发展战略中的一个部分，从而指引民族品牌的发展。并于 2009 年由时任韩国总统李明博提出成立“韩国国家品牌委员会”，考虑现今是一个相互竞争的品牌时代，韩国通过构建国家品牌，提升世界对于韩国的理解与好感度，从而推动本土品牌的国际化推广。目的就是在于通过提升国家的国际形象，消除因为国家地位和国际影响力的不同，致使本国产品在同类产品中处于竞争的不利地位的影响，从而抑制了本国品牌在国际上的发展。从国家的战略角度扶持本国产品的发展，促进本国品牌走出去。

韩国国家品牌委员会下设企划、国际合作、企业和信息、文化观光、全球市民 5 个分科委员会。委员会主要任务是推动国家品牌战略，帮助企业开发全球性自主品牌。同时，委员会由 47 名委员组成，包括 SK 社长、大韩航空社长等企业高层、营销和舆论调查专家以及李明博竞选时的民间人士共 31 名。16 名政府成员则有外交通商部官员、文体观光部部长、首尔市长等高官。韩国国家品牌委员会立志于推广国家文化的影响力，对于不同地区制定不同的文化宣传与推广方案，例如，在美国，强调美韩同盟关系，共同维护两国人民的利益；在东亚地区，基于文化一致性的原则，推广韩国本土文化软实力，利于韩剧、美食、穿衣潮流、娱乐明星等，增强韩国文化的影响力；在东南亚地区，以韩国经济的发展带动韩国文化的传播，并且通过各种文化宣传展示活动提升韩国文化的影响力。

在商业方面，韩国国家品牌委员会制定了相关政策，将拥有尖端技术和优秀设计的产品评选为“大韩民国名品”在海外市场进行积极宣传，以提高外界对韩国品牌的认知度。2009 年，由韩国知识经济部牵头，首批评选出了包括起亚汽车、现代汽车、三星电子、LG 电子、乐扣乐扣等 16 个品牌在内的“大韩民国名品”，并进行集中宣传。韩国国家品牌委员会设计了统一的国家认证标识，对获评“大韩民国名品”的产品在其外包装粘贴统一的标识，这样提升了消费者对于产品的信心，提升了韩国产品的信誉度。与此同时，韩国国家品牌委员会还在韩国的仁川国际机场建设“名品”宣传馆，对这些品牌进行集中展示。

韩国政府还大力支援韩国知名企业和品牌参加世界性大型展会。例如，在2010年上海世界博览会期间，LG集团、SK电信、三星电子等12家韩国知名企业联手打造了韩国企业联合馆，主题是绿色城市，绿意生活。企业联合馆的宣传点就是制造一个美丽的馆内雪景景象。雪花飘飘在韩国冬天是非常常见的场景，然而在上海即使在冬天最冷的时节未必会见到此种场景，韩国企业联合馆为了展现韩剧中雪花飘飘的浪漫唯美的景象，于是在馆内专门制作了这样的一个场景，这在黄浦江畔也是一道独特的风景线，也是品牌宣传的一个营销点。此外，韩国政府对于本国品牌的支持政策还有许多，例如对于出口商品的保护退税等，这些都无疑促进了韩国企业的发展。

从国家战略角度而言，韩国品牌发展的种种措施有助于提升国家文化的传播力度，有助于提升世界人民对于韩国文化的理解、对于韩国文化的兴趣，有助于提升国家的影响力和软实力，有助于推动本国品牌走出去，提升品牌的文化附加值，为本国品牌加价。

1.3　韩国知名品牌案例——正宫庄

随着全球化的发展和互联网的广泛传播，特别是随着韩国娱乐文化和韩剧的广泛宣传，例如，风靡全球的“江南STYLE”，韩国文化逐步走向世界，同时也提升了韩国品牌的国际影响力，特别是在文化相近的东亚地区，韩国衣着服饰的潮流、明星的时刻动态、化妆品牌的发展趋势等都成为潮流追捧的对象。在此以韩国百年品牌“正宫庄”为例，对于韩国品牌的发展历程、文化价值以及影响作简要介绍，希望对我国百年品牌的发展起到借鉴作用。

正宫庄，是韩国高丽参的一个百年品牌，于1899年创立，已经具有一百多年的历史。高丽参又称为朝鲜参，主要指在朝鲜半岛生产的一种参的品种。高丽参的加工制作过程复杂，不同的制作工艺产生出不同参的品种。通常分为水参、白参和红参。水参是指刚采摘，未经晾晒过的品种。白参是指以4年至6年的水参为原料，经过天然的晾晒、太阳光的蒸发而形成的一种品种。最后的红参也是以水参为原料进行热蒸烘干后形成。在市场上，水参与白参较少，一般所指的高丽参代表的是红参。韩国的红参分为天、地、良、切四个等级，天为一级品，地为二级品，良为三级品，切为四级品，在韩国市场上以天、地、良这三个等级的红参为主。韩国正宫庄高丽参是韩国人参公社旗下最为重要的品牌产品，在 1899 年由朝鲜王国政府成立。分别经历了专卖厅、韩国烟草人参社和韩国人参社三个经营时代。现今，所有出产的正宫庄高丽参是由大韩民国政府直接监制，其品质受到国际的认可与信赖。根据韩国人参公社数据显示，该企业 2013 年对华出口额达到了 4394 万美元，较 10 年前增长 3 倍；同期对美国、加拿大等北美市场出口额为 940 万美元，10 年间增长近 5 倍；而新开拓的东南亚市场出口增长最快，虽然总额（554 万美元）还不及中国、北美市场，但 10 年的增长速度达到了 30 倍。以下笔者对正宫庄红参品牌能够屹立百年并在今天焕发出新的活力的原因进行探讨。

正宫庄红参品牌能够经营百年并且在市场上一直保持热销的原因是值得探究的。首先，不可否认的是，红参本身所具有的高营养价值，现代医学研究表明，高丽参有多种滋补的效用。日本和韩国学者经研究也发现，高丽参在预防糖尿病、动脉硬化、高血压等方面有明显效果，高丽参还有抗癌、控制疾病、促进血液循环、防治疲劳、增强免疫力等方面的功效。现今人们的生活节奏加快，伴随着收入的增加和经济生活水平的改善，人们更加追求健康的生活方式和饮食结构，提升自己的生活水平。红参自身的丰富营养价值满足了当代人的生活需求。

其次，正宫庄对其产品的品质进行严格的要求与限制，沿用传统的红参制作方式，保持其传统的价值，并且签订栽培合同保证原材料的高质量，只选取 6 年的高质量的水参作为加工的原材料，保证每一道制作工序品质的安全性。正是因为正宫庄对于产品品质的严格要求才有了业界的良好口碑与产品质量的信誉。产品的品质才是品牌发展的第一要素，没有质量的保证，即使有再多的宣传也是无济于事的，质量是用户选择购买的基础，也是商家经营之本。

再次，多方面打造相关产品，延长产品链，提升商品的价值。第一，现今正宫庄产品的营销对象不仅仅只针对老年人，也同时对青少年开发新产品，帮助提升学生的记忆力。也有针对儿童开发的增强儿童免疫力的针对性产品。第二，正宫庄积极适应当代的时代发展潮流。面对当今人民的快节奏生活，正宫庄积极开发参含片和参粉等相关产品，这种快销产品既满足了人们对于生活健康化的追求，也满足了快节奏生活方式的要求，这是面对新时代之下的一种创新性的开发，具有极大的发展前途。第三，正宫庄结合生活的需求积极开发相关红参日用品，在红参高营养的基础之下满足广大女性爱美的需求，大力开发红参护肤用品。拓展保健品之外的更为广阔的市场空间。只有对红参市场空间的深度探索，适应时代发展的新要求，赋予产品和品牌新的生机和活力，才能在瞬息万变的新时代中屹立不倒。

又次，坚持维护本品牌的利益，打击假冒伪劣产品。正宫庄对于产品的高质量追求，以及在市场中的良好信誉使得一些人们看到了仿造假冒产品的巨大市场利益，但是这些伪劣产品不仅伤害了正宫庄产品的信誉，也给广大消费者带来伤害。正宫庄在这种情况之下，积极配合相关的品牌部门，对此违法行为进行严厉的打击，同时也积极向广大消费者介绍辨伪的方法与途径。合理保证自身合法的利益，坚决打击仿冒品，维护自身利益。

最后，积极推销自身品牌文化，例如在《大长今》这部电视剧播出引起轰动之时，正宫庄联合《大长今》的女主角李英爱合拍新的广告宣传片，分别在多地进行取景，来宣传正宫庄的品牌文化，这种借助明星的影响力来推动品牌的发展，提升品牌的影响力顺应了时代的潮流。当然正宫庄的发展也离不开韩国政府的支持，正宫庄最初的发展也是由政府支持建立的，并且现今正宫庄产品的生产也是由国家进行控制的，国家的支持与扶持是一个企业不断发展的强大动力，对于企业的发展具有重大影响。

韩国品牌正宫庄在百年的发展过程，注重传统的继承和发展，并且根据时代的发展不断注入新的内涵以及修正发展方向，提醒我国品牌在发展过程之中，既要注重本品牌的基础质量，也要保证符合时代的特性。我国市场经济不断发展的过程之中，出现了许多不良商家，只顾眼前的利益，而没有对于企业长期的发展做出规划。对于中国百年品牌而言，要适应时代的发展与世界的潮流，不断转变自身的发展方向，同时也要兼顾自身商品质量的基础要求，开发新产品，延长产业链才能促进企业的长期发展，同时百年品牌要注重百年文化的营销与推广，以百年文化的积淀形成独特的文化模式，以文化作为企业的宣传点。这样百年品牌才能屹立不倒，才会不断焕发出新的活力与生机。

第 2 节　日本：精致时尚

20 世纪 50 年代初，日本产品质量极其低劣，在国际市场上毫无竞争力。如其出口的玩具过不了多久就出现质量问题，出口的灯具寿命也非常短，在大多数西方人的眼中，“日本制造”的含义与“垃圾”无异。在中国人心目中“东洋货”简直就是假冒伪劣产品的代名词。当时，日本人崇尚中国的“上海货”。但是到了 80 年代，人们争相购买日本企业的产品，日本货成了优质产品的象征。日本的产品以其高价质优享誉世界，国家也一跃成为经济发达强国，日本的成功经验为世界所瞩目。

2.1　日本“精致时尚”的品牌内涵

近年来，随着人们对日本企业和品牌的认知度不断增强，“精致时尚”成了日本产品的代言词。精致，谓精巧细致、细密。时尚，即人们对社会某项事物一时的崇尚。做工细腻、产品质量优异、样式精美以及服务态度良好成为世界对于日本产品和日本品牌的认知。日本产品精致时尚的特点源于日本人点点滴滴的生活中所形成的习惯，诸如精致的日本料理，我们常说日本料理文化，一半是品尝美味，一半是欣赏环境，精致而别具情调的环境为顾客带来了良好的用餐体验。从饮食再谈到垃圾管理，日本每个社区都实行垃圾分类，每户家庭的生活垃圾，首先要在自己家中分成十六七种，然后分别装在不同的袋子里。如果有瓶子，要把瓶子和盖子分开装，瓶子里残留的饮料要冲洗干净。然后在指定的日子里，把这些垃圾送到社区的垃圾收集点，再由专业人员分类运走。强调从细节入手，不断积累的经验以及态度为日本品牌的发展带来了重要影响。日本花王品牌由日本花王株式会社创立于 1887 年，主要经营和销售的是美国产化妆香皂以及日本国产香皂和进口文具等，花王企业的使命是全心全意为消费者和顾客提供最为优质的产品和服务，这就要求花王始终注重其自身产品的质量和为用户提供的服务，这样的追求就向企业指明了前进的方向和每位企业员工工作的意义，这样才能激发出心底最为真诚的心愿，才能确保长期的发展。正是日本人的匠人精神，即做事认真、精益求精，带来了日本精致文化的追求，而匠人精神的核心就是在于专注与极致。只有将产品做到极致与完美，才会在市场中获得崇高的地位，才会最终成为消费者的选择。这就是日本品牌的“精致时尚”文化。

2.2 日本品牌发展措施

“二战”后的日本，绝大多数企业是依靠模仿国外产品进行生产的中小型企业，为了推动本土品牌的发展，日本政府制定了“G 商标选定事业”制度。“G 标志”作为“高品质、高可用性、高稳定性”的象征，在于鼓励日本品牌不断为消费者创造精致时尚的生活方式。时至今日，63% 的日本人认识“G 标志”，了解其所代表的内涵，35% 的消费者因为“G 标志”而考虑优先购买产品。

日本的 G - Mark、德国的 IF、德国的 Red Dot 以及美国的 IDEA 这四个评选并称为世界最著名的四大设计大奖，而日本的 G - Mark 标志大奖又是以评选严格苛刻而著称的。G - Mark 大奖由日本产业振兴会在 1957 年创立，是日本设计领域最具权威也是最有历史的评选系统。G - Mark 标志奖是“魅力设计”和“高贵品质”的代名词，只有在设计、质量、美观、性能、安全、独特、使用方便性、人体工学、环保、性价比等众多领域表现卓越绝伦的产品，才能通过多国评委的严苛眼光，才有资格获得最终的 G - Mark 标志大奖。凡是获得“G 标志”大奖的产品，即是代表着优秀的设计、过硬的品质、引导未来发展的潮流和本行业中的先驱产品。同时，“G 标志”大奖在评审时会举行“G 标志”产品的展览会，在这个展览会上所展示的产品都是本行业中的佼佼者，是引导未来世界产品发展的趋势与潮流。另外，能够在这个展览会上表现突出者最终才能获得“G 标志”大奖，也在侧面突出了“G 标志”大奖评审的严格性与竞争的激烈性，也只有经过这样严格的评审流程才能保证 G 标志大奖的质量和公信度。

“G 标志”大奖从 1957 年创立至今已经有 50 多年的历史，在这 50 多年的不断发展过程之中，其目的始终是评选和表彰优秀设计，以便改进生活质量，提高工业研究能力并扩大出口和贸易量。其评选的对象也主要是与消费者密切相关的生活用品和一些工业用品，“G 标志”的评选是一种高质量产品的象征，在日常的生活之中，人们会优先购买具有“G 标志”的商品，同时“G 标志”作为全球四大标志设计，得到全世界的认可，因此，也有利于相关产品的出口和全球范围品牌的推广。

同时获得“G 标志”大奖的产品也充分展现了对于美好生活的追求，例如，在 2010 年获得 G 品牌大奖的是由设计师 Pegasu Candle 设计的一款点心烛。这些蜡烛的外形类似于传统食品月饼，形状小巧可爱，栩栩如生，这样的设计意义在于发展生活中的美，增加生活的乐趣，也是一种精致生活的代表，对于美好生活的一种追求，只有在日常的生活中处处感受美和发现美，才能提升生活的水平与质量，才能拥有精致的生活。

在 2015 年，由我国深圳乐行天下科技有限公司自主研发的新品乐行独轮车 V3，进入了日本“G 标志”大奖的决赛，这体现了“G 标志”大奖的国际性和开放性。乐行独轮车 V3 是一种新型的代步工具，它是一款带有拉杆的独轮车，并且专门设计了便携拉杆结构，以方便车主搬移，它拥有一个内嵌式的伸缩拉杆，隐藏在车体内部，与提手完美结合。在移动过程中，你仅需用一点小力提拉推行，车体即可跟随行走，既省力又便携。这种新型的独轮车还具有蓝牙立体声音响，乐行独轮车 V3 在车体前后，分别装备有 2 部立体扬声器，并且内置了音频蓝牙，这样就可以无线连接手机或其他类型的播放器。让车主在骑行中，畅享音乐带来的无尽欢乐，这种设计充分顾及了用户的使用体验，从各个方面提升了用户对于产品的满意度，同时提醒了人们产品的开发就是遵循用户使用习惯的规则，开发符合用户使用习惯的产品才能在激烈的市场竞争中一直处于不败之地。日本“G 标志”被称为东方设计的奥斯卡，这种对于设计的严格要求，对于生活的精致追求是值得我们不断深入学习的。

日本精致的追求体现在日本人生活中的各个方面，即发现生活中的美，发现设计的意义。

日本作为“二战”的战败国，从“二战”后经济的凋敝、国家和民族的破落逐渐发展到当今的世界强国，其作为亚洲的四小龙和亚洲唯一的发达国家，日本经济的快速腾飞的深层次原因也是值得我们不断探求的。2015 年 7 月发布的《财富》世界 500 强排行榜中，共有 54 家日本企业上榜，足以证明日本经济强国的地位。日本经济的发展离不开国家对于经济的扶持和国家不断推出的相关产业政策。日本的相关产业政策主要包含两个方面：其一，对不同产业之间的关系加以协调，使日本企业在世界竞争中更有优势，避免本国相关同类产品的相互竞争，避免出现恶意竞争的现象，经过国家相关政策整体协调，促进了产品结构的相互协调发展；其二，对每个产业内部的关系进行协调，使它们既可以合作互补，又可以保持竞争的产业组织政策，使得每个产业内部的产品相互补充，延长了企业的产品链，提升了企业的赢利能力，同时对产业内部的相互关系进行协调，共同促进了相关企业的发展。这两个政策都是通过政府干预资源配置的手段，不同点在于，产业结构政策主要是针对资源在不同产业间的配置，产业组织政策主要是针对每个产业的内部不同企业之间的资源配置。所以两者具有非常重要的作用。两个不同的政策相互协调配合，增强了国家的协调能力和企业的赢利能力。

回想日本经济的发展，日本在第二次世界大战以前，长期处于军国统治之下，所以军工是日本的主导产业。“二战”结束后，在美国的扶持之下，日本加大了对于农业和轻工业的发展。1953 年始，日本进一步发展工业，提出了“倾斜生产方式”的政策，重点发展煤炭业和钢铁业，形成了钢铁和煤炭良性循环的发展方式，使得日本经济快速恢复，但是也暴露出了大量的问题，例如基础公共设施建设的不足、科技人员的缺乏等，在这种情况之下，日本政府推出了十年计划，用于解决上述问题，然而在大力发展重工业之下，环境问题又不断暴露出来，于是，日本政府提出了“知识密集型产业”发展的战略，将发展重点转向了集成电路、飞机、信息产业等，并且日本政府于 20 世纪 80 年代再一次调整产业结构政策转向了“创造性知识密集化”，提出“科技立国”的政策，重点发展新能源、电子、汽车等产业，既要避免出口增长带来的国际摩擦，也要保证日本整体经济在国际上具有强大的竞争力。日本政府时刻面对时代的发展调整自身的产业政策，不断使得本国经济向知识技术方向转变，日本政府的“精致化”产业政策对于推动日本经济的发展起到了不可或缺的作用，也促进了高新技术和科技的发展，使日本企业在国际竞争中能够占得一席之地。而我国在现代化经济的改革过程之中，政府的预期目标必须符合国家当前实际情况和经济发展的客观规律。中国与日本具有相近的文化理念，所以我们应通过研究日本品牌政策的发展历程，吸取成功和失败的经验和教训，可以促使我国少走弯路，从而推动我国品牌的快速发展。

2.3　日本知名品牌案例——花王、东芝

日本企业的发展也是日本经济发展的一个重要缩影，研究日本企业的发展对于我国企业的发展具有重大的借鉴意义，在此以日本两个百年品牌——花王和东芝为例，分别分析这两个品牌的发展历程和企业文化，探究在市场竞争激烈的今天，日本企业如何保持品牌的百年发展，维护百年的企业文化，如何将自身品牌推向世界的潮流，如何在竞争之中突出独特优势，并且赋予企业发展的新的内涵。

（1）花王

日本花王株式会社成立于 1887 年，前身是杂货店“长濑商店”，主要经营和销售美国产化妆香皂以及日本国产香皂和进口文具等，创业人是长濑富郎。目前花王产品涉及化妆品等 600 多种，大都是高分子化学品。现今花王株式会社主要销售的产品是美容护理用品、健康护理用品、衣物洗涤、家居清洁用品及工业用化学品等。其产品受到广大消费者的信赖。日本花王株式会社能够拥有百年品牌的历史，其原因主要包括以下几个方面。

第一，企业商品的丰富性。花王的产品主要分为美容护理用品、健康护理用品、衣物洗涤及家居清洁用品、工业用化学品这四个大的部门。以美容护理用品部门为例，在美容护理用品之下又分为“花王 Sofina”“Kanebo”和“Molton Brown”等化妆品，下设多个品牌经营，增长了企

业的产业链条，并且多品牌的经营方式有利于充分划分市场消费者类型从而增加市场占有率，并且可以降低企业的风险系数，一个产品的成功与否并不太影响整体企业的发展状况，维护企业整体的利益。

第二，在企业文化方面，花王株式会社的使命是立足于消费者和顾客，竭诚全心全意提供优质产品，力求充分满足和丰富世界各国人民的生活。为完成这一使命，花王集团的所有员工充满激情地共同努力，开发既有助于清洁、美丽、健康的生活，又贡献于产业界发展的优质产品和品牌。通过这些努力，花王愿意"与消费者和顾客共享快乐"。企业使命就是企业生产经营的形象，是企业为自身设立的一种发展的目标以及前景。一个企业长期的发展必须有一个强大的动力，这样才能在百年的发展过程中时刻明白自身的定位，清楚地认识到自己要做什么，并且为什么要这样做。花王的企业使命是全心全意为消费者和顾客提供最为优质的产品和服务，这就要求花王始终注重其自身产品的质量和为用户提供的服务，这样的追求就为企业指明了前进的方向和每位企业员工工作的意义，这样才能激发出心底最为真诚的心愿，才能确保长期的发展。

第三，紧跟时代的潮流制定本企业自身独特的发展路线。日本花王随着互联网的发展逐步构筑了一个自身基于互联网的电子销售平台，从原材料挑选到生产、销售再到零售店铺物流管理的一整套完善的垂直整合系统，即基于电子商务的物流管理体系。该系统使花王的产品能有效被市场接受，同时大大提高了花王产品的市场份额。花王紧跟着时代的发展快速推进电子商务的运营，拓展了销售渠道，将整个公司的流程系统化、业务化、电子化、流程化，从而节约成本，大大提升公司运营的效率。花王面对客户销售是直接采用 B2B 及 B2C 两种方式完成的。B2B 是基于互联网的企业对企业的销售，即花王直接面对零售店的销售，实现花王总公司的数据实时与各个零售店的交易数据保持同步，这样可以实时地观测公司运营的状况，并且可以根据各个零售店的数据进行分析，及时处理显现出的问题或者发现销售中的隐形问题，提升公司整体的运营效率。B2C 是基于互联网的企业对个人的销售，即花王公司直接面对个人的销售，消费者在网上浏览，选购产品并形成网上订单，花王总部及时处理订单并形成配送计划，借助于该系统，花王同时也可完成新产品推介及售后服务等活动。这种企业式的电子销售方式如传统的商场一样，具有强大的购买群体，花王的实体营销和网上销售两种方式相结合增加了企业的销售渠道，利用电子商务的及时性、实时性和广泛性为客户提供更为优质的服务。

第四，花王株式会社还拥有一种独特的服务模式——“消费者意见数据库”。在商业竞争激烈的今天，消费者的意见是一种极其重要的信息源，然而与其他信息源不同的是，消费者意见非常零星分散，结构复杂，如果不加以系统整理，实际使用价值微乎其微，经过系统的收集和分析之后，将会显现出极大的商业价值。花王通过建立消费者意见数据库，分析和总结自身产品的不足与缺点，以及消费者最新的需求，从而可以及时改正和提升品牌的发展。

日本花王从 1887 年创立，至今已经走过近 130 年的历史，在这一百多年间，花王顺应了历史时代的发展，不断推陈出新，开发新产品并且及时适应互联网经济的发展，因此一直走在时代潮流的前端。然而最为重要的是，在这一百多年间，花王并没有忘记自身的使命，牢记全心全意为广大消费者和顾客提供服务的初衷，因此，才能在百年的潮流之中保持自身的优势并认清发展方向，严格履行自身的责任与义务，创造企业更为美好的明天。

（2）东芝

东芝是日本最大的半导体制造商，也是第二大综合电机制造商，隶属于三井集团。公司创立于 1875 年 7 月。其中三井集团并非一个法律实体，只是一些有着相关利益和财务结构的大企业的非正式组织。它们是为提高集团成员的经济利益精诚合作而形成的一个利益集体。

东芝作为日本电子产业的领军企业，在当今信息技术的快速发展之下，东芝是如何保持公司的技术一直处于领先地位的？其原因主要包括以下几个方面。第一，具有特色的公司信念。创建一家“自由豁达的理想工厂”是东芝创始人最大的梦想，也是他创建这个帝国文化一百多年来，一直坚持的信念。东芝一直遵循自己的信念与文化，想到了就做，做别人不想做的事，做别人想不到的事。东芝因为有梦想而令人瞩目，生活因为东芝而充满梦想。梦想就是一种对于未来的希望，一种通过努力可以实现的理想，因为东芝有梦想才能做别人不敢尝试的事，因为有梦想才有创新的动力。在东芝整体的管理机制之上，它们推出一种独特的人才治理方式，公司鼓励每个员工根据自己的兴趣、特长以及爱好去申请一些课题或者研究项目。因为公司认为一个人在一个岗位的时间越长，就会失去了工作的乐趣，只有不断参与新的活动项目才能焕发出新的活力，才具有创造精神。企业拥有创新的文化氛围与环境才能不断拥有灵魂和思想的碰撞，才有不断创新的源泉。第二，东芝公司的核心价值观是对于多元文化的认同。随着全球化的发展，越来越多来自不同国家、不同文化背景的人们聚集在一起，员工之间的价值观和行为方式等存在诸多的不同，因此，公司想要实现企业的成功，就要认同多元的文化，只有经过多元文化的碰撞，才能激发出不同的创新点，同时也为企业的发展注入新的活力。加强企业中不同文化的理解，促进不同文化背景的员工进行交流，提升对于不同文化的理解，才能减少文化的冲突，才能将企业逐步走向世界。第三，东芝的匠人精神。匠人精神指的是做事认认真真、精益求精，这就是日本精致文化的追求，匠人精神的核心就是专注与极致。只有将产品做到极致，才会在市场中获得崇高的地位。东芝的产品一直致力于做到极致，才能始终做到该领域中的独一无二。在 1961 年，东芝发明全世界第一台分体式空调；1981 年发明全世界第一台变频空调，这种对于技术的极致追求要求东芝做到人无我有、人有我精的境界，也只有这样才能在竞争中突出自身的优势。东芝的发展注重企业的理念，创新文化的传承。电子技术的发展依赖于企业不断创新，然而创新又需要企业不断提供创新的环境，这就是东芝注重文化传承的原因，因为只有不断进步才能在技术的潮流中屹立不倒。

回顾韩国和日本百年品牌的发展，可以看出，能够经历百年的潮流依然屹立不倒的品牌首先要注重产品质量，产品质量才是企业发展的基础，只有基础牢固，上层建筑才能常驻，如同韩国正宫庄的红参只选取 6 年的参作为原材料，才能保证最终产品的质量。然而，对比我国现今的一些商家，以次充好，虽然能够得到暂时的利益，然而并不利于公司的长远发展，不利于企业品牌的打造。另外，还要注重品牌文化的传承，花王的全心全意为顾客提供最为优质的产品，东芝的匠人精神这些都是时刻展现着日本对于精致生活的追求。文化是一个民族与国家的灵魂，企业文化是一个企业的精神使命，缺乏精神的指引，企业的发展将会走入歧途。百年品牌的发展更要注重于时代潮流的结合，如同花王积极与电子商务的融合扩展了其商品的销售渠道，顺应了时代的发展，这样企业才能焕发出新的活力与追求。

第 3 节　德国：整体推进

西班牙《世界报》网站在 2015 年 10 月 9 日报道称，大众汽车尾气排放检测丑闻不仅令大众自己的品牌形象受损，而且令德国的工业和品牌受到影响。根据英国品牌财务咨询公司的调查，德国因此丧失了信誉最佳的国家地位，并且其品牌价值相比 2014 年下跌 4%。品牌财务咨询公司总裁戴维·黑格表示，德国工业向来以有效、可靠而自夸，德国人也被视为勤恳、诚实、遵纪守法的典范，而像大众这样备受推崇的品牌竟以这种方式做事，令德国品牌的得分大跌。通过这次丑闻事件，让我们明白了产品的信誉是任何一个品牌的基石，也看到了德国百年汽车品牌的污点对国家整体的巨大影响力和冲击力。但是，我们要把目光放得更长远点，我们不能仅仅因为此次“大众事件”而否认“德国制造”的百年荣光。

3.1　德国“整体推进”的品牌内涵

与如今高端大气的形象不同，“德国制造”在一百多年前几乎就是现代“中国制造”的复刻：技术的落后和工艺的粗糙令产品质量饱受诟病；但劳动力的优势却让价格十分低廉，这使得当时还是“发展中国家”的德国开始向周边，包括像英国这样的工业先进国家大量出口自己的产品，“德国制造”迅速被贴上了低价和劣质的标签。为了谋求更高的利润，德国的商人还常常为自己的货品贴上“英国制造”的标签，以次充好。随后，面对英国人修改的《商标法》，试图把劣质的德国货和优质的英国货区分开来的努力，德国人也不乏对策：当时，有一家德国的缝纫机制造商向海峡对岸出口了一大批产品，消费者买回家后才发现，这家公司把“德国制造”的标签一律印在了缝纫机踏板的底部。1876 年 5 月，在美国费城举行的第六届世界博览会上，被誉为“机构动力学之父”的德国机械工程学家弗朗茨·勒洛（Franz Reuleaux）也不得不承认德国产品质量粗糙，并批评德国工业界当时的生产原则——价格低廉和假冒伪劣。

然而，勒洛的话似乎在德国人中起到了“知耻而后勇”的功效。自那以后，德国产品质量开始渐渐提升，与英国产品相比较，性价比也不断攀升。随着工业革命的不断深入，到了 19 世纪末期，“德国制造”在人们心目中的形象已从“便宜和劣质”（cheaper and bad）慢慢蜕变成“更便宜与更好”（cheaper and better），许多德国品牌，如阿司匹林、4711 香水、ODOL 漱口水、Faber－Castell 铅笔、Ibach 钢琴与 Beck 啤酒等甚至开始成为质量保证的代名词。作为英国当时最重要的政治家张伯伦，就在一份经济报告中罗列了包括服装、玻璃器皿、化工产品以及金属制品等在内的十多种物美价廉的德国商品。构建这个“德国制造”的品牌中，诞生了声名显赫的宝马、西门子、博世等国家巨头的百年企业。在过去的 20 年中，德国政府不断扶持企业进行出口品牌参展计划，规定凡德国企业，不论大小、所属行业和协会及所在地，只要展示德国产品，均可申请参加官方扶持的展览，参展公司也因此获得了质量可靠、精细周全、先进高档等“德国制造”印象。德国政府扶持参展的资金来自公共财政，并不直接拨给参展企业，而是交由执行公司整体统筹，对企业的资助比例可达总参展费用的 51%。

德国品牌的发展源于德国企业“整体推进”的理念，即点点滴滴皆品牌，品牌存在于企业的方方面面。企业的发展史，就是品牌的历史。诸如宝马、奥迪、万宝龙等知名企业，品牌贯穿于企业生产的全链条，时时体现在每个环节中，流入每个员工的血液中。德国企业打造品牌从整体着手，当集团公司品牌建设达到一定阶段，建立了完善的品牌体系，“塑造品牌价值”就逐步从单纯的品牌自身建设中超越出来，品牌和生产经营将结合成一个整体，扩大到品牌创造的全过程，扩大到集团公司经营管理的各方面。德国人秉持着优先发展生产，再做品牌的思想。品牌不是高大上的东西，而是存在于企业生产经营的每个环节。企业生产经营是品牌价值实现的过程和手段，两者紧密结合，密切相关。做事之前就有明确的目标，必定会少走弯路，事半功倍。在企业制定战略时，就将做一流品牌的目标考虑进去，在战略落地执行的各个环节中贯彻进去，持之以恒，必然会打造出优秀的品牌。

3.2　德国品牌发展措施

由于认识到品牌不仅对于提升国家经济实力具有直接的影响，而且对于提升国家“软实力”具有隐性而深远的影响，德国政府在尊重市场自由的大前提下，适当介入管理，为企业的发展营造了良好的宏观环境。营造自由公平竞争的市场环境。德国政府对待企业的主要立场为：适当介入、不过分管理和约束、提供良好的宏观环境、鼓励企业间的良性自由竞争。德国政府还出台了一系列法律法规配合市场经济和企业发展的要求。在保障自由竞争方面，德国政府主要颁布了《反限制竞争法》和《反不正当竞争法》。1957 年，德国颁布了《反限制竞争法》，旨在禁止垄断和其他限制竞争的行为，创造自由公平的竞争条件，具体表现在禁止卡特尔、控制企业兼并以及监察市场权力的滥用。《反不正当竞争法》同样是以保证公平竞争为目的，防止和消除不正当竞争行为。为了确保这些法律能够有效实施，德国建立了两方面的监察机构。第一，反垄断机构——国家反垄断委员会、联邦经济部、联邦卡特尔局及其下设的各州卡特尔局。国家反垄断委员会属于专家机构，主要负责每两年提交的全国企业集中状况及兼并情况的总体报告书。联邦经济部主要负责监督企业兼并和出口垄断，卡特尔局除此之外还要负责对价格限定的监督。第二，司法、市场中介和特殊行业的监察机构，即经济法庭、消费者保护组织及联邦金融监察局等，主要帮助消费者了解市场情况，保证消费者权益。

大力支持企业技术创新。德国政府出台了关于科技创新的具体政策，并投入大量资金来支持这些项目的运行。德国的法律法规也体现了政府对科技创新的重视和支持。德国的《基本法》规定，要保障科研机构的学术自由、管理自治以及不受外部干扰。《反不正当竞争法》旨在营造企业良性竞争的市场环境，具体内容提到“限制盗用、侵占他人的技术创新成果，如专利、商标等”。这项法律的严格执行使得企业的技术专利安全有了保障，企业能够更放心地大力进行技术创新。《对外经济法》则规定，除军工业之外，其他国外资本投资均享受与本国资本投资同样的待遇，从而吸引了外资在本国的技术投资。1957 年颁布的《职工发明法》则更是明确保护职工的专利、技术和管理创新，并对员工的发明申报、评审及奖励作了具体规定。德国创新体系的另一重要组成部分是包括各大高校在内的科研机构。值得一提的是，各大科研机构并不是孤立存在的，而是与政府和企业相联系，形成一条由科技转化为应用技术的链条。

总体来说，德国政府一直信任自己的企业能够自我完善，因此支持企业间的自由和良性竞争。政府不会出台长期的限制企业自由发展的法规，而是致力于为企业创造良好的、能够充分竞争的市场环境，鼓励企业技术进步，提高自身竞争力，同时在关键时期加以引导和扶持，适当干预。政府的这种态度给了企业非常大的发挥空间。

3.3 德国知名品牌案例——徕卡、万宝龙、朗格

一夜春风来，全世界都在讨论工匠精神。然而如今所谓的工匠精神，往往溅上了一些吹捧的口水，点缀了一些浮华的光环，却并不容易榨出几滴真正的热忱。真正的工匠精神应当是倔强的，它拒绝了理想主义色彩的渲染，撕掉了自我标榜的标签，撇去了粉丝经济的泡沫，用细节的品质经受住岁月的考验。从这一点上看，德国人的严谨、精益求精以及实用主义成就了工匠精神最根本的内涵。如今，高度发达的工业化革命取代了小作坊生产，但是德国工匠精神仍矢志不渝。专注、坚持、精准、务实的工匠精神使众多德国百年品牌历经风雨后依然焕发出强大的生命力与品牌魅力。

（1）LEICA（徕卡）——一世一瞬

自从第一部相机诞生至今，称得上知名品牌的并不少，但笼罩在工匠精神光环下的并不多，德国徕卡相机就是其中之一。日耳曼民族的性格赋予了它严谨的风格，历久弥珍。1913 年的一天，徕兹公司的首席光

学技师奥斯卡·贝那克先生按人眼视角设计了 24mm×36mm 底片幅度的小型相机，这比当时笨重的相机先进得多，其轻便的特点更令贝那克爱不释手，并开始考虑研制便于携带的新一代相机。这台采用 42mm 定焦镜头，1/40 秒快门速度，可以拍摄 40 张底片的创新突破重新定义了相机。一个世纪不变的造型、极简单的功能与绝不妥协的工艺使徕卡相机深入人心。在英国，一些绅士并不拍照，身上也常挂一台徕卡作为身份的象征。日本是相机生产大国，却拥有世界上最多的徕卡粉丝。因为它早已超越了作为工具的地位，上升为一种文化现象。背负着文化，对徕卡是一种荣耀，也是一种负担。其他相机爱好者等待的是新功能、新款式。对于徕卡迷而言，一个旋钮的改动都是暴殄天物。毫无疑问，徕卡相机是现今制作工艺最讲究的相机，但徕卡的讲究并非为使用者的习惯进行妥协。工艺、设计的不妥协并未影响创新精神的塑造，徕卡在历史上有许多项创新，例如，非球面镜片、多层镀膜镜片和稀土镜片，为相机发展提供了强有力的支持。昂贵的价格是徕卡的品牌标志，同时伴随着的是精湛的制作和深厚的底蕴。每一部徕卡相机都可以相伴一生。曾有一位收藏徕卡相机的老人，半夜总从床上爬起，拿出徕卡相机，轻轻按动快门，在黑暗中听金属机件发出的依稀可辨的咔嚓声后安然入睡。从某种意义上而言，徕卡和机械表一样，是工匠用时间和心血打磨出来的艺术品。

（2）MONTBLANC（万宝龙）——书写限量人生

科技在生活中不断渗透时，传统文化不可避免地被束之高阁。坚持“放缓脚步，尽享生命”的万宝龙却有将手工温度传递给世界的魔力。近一个世纪，万宝龙以制造经典书写工具驰名于世。人们可以在笔触的游走中见证时间磨砺出的光芒，体味沉淀近百年的文化内涵。万宝龙于 1906 年在德国汉堡由一个文具商、一个工程师和一个银行家共同创立。它的名字代表着书写的艺术。笔顶的六角白星标记是俯瞰勃朗峰的轮廓，象征着欧洲最高山峰的雪顶冠冕。而每支笔尖上的“4810”字样，正是勃朗峰的高度。万宝龙的钢笔外壳由独特的合成树脂材料制成，这种材料专利由 12 个万宝龙工匠花了数年时间才研制成功。即便使用十几年以上的时间，笔杆的润泽度也只会有增无减；笔尖往往是钢笔中最具工艺精度的部分，万宝龙笔尖上的精致花纹都由制笔工匠手工雕刻。而在笔尖打磨环节完成后，万宝龙的测试技师需要拿每一支笔在纸上书写，并仔细倾听笔尖摩擦纸张的声音来判断笔尖是否磨好，如有瑕疵则需要返回工厂进行修改。近百年时间里，万宝龙系列产品曾与无数风云人物一同指点江山、运筹帷幄，共书世界历史。它们制造的产品也完美诠释出独到的品牌精髓：细腻考究的工艺和对生命、思想及文化等人文精神的推崇。

（3）A. LANGE & SöHNE（朗格）——倾注每寸光阴

1845 年 12 月 7 日，费尔迪南多·阿道夫·朗格在德累斯顿南部小镇格拉苏蒂创立朗格表厂。对每一枚朗格，费尔迪南多都不曾有半点懈怠：宝石轴承、蓝钢指针及螺丝等为当时的朗格怀表增添了高贵气息；每一处摆轮夹板雕花图案均由大师手工完成。正是这种对品质的完美追求，让朗格打造的怀表极其出众。1898 年，德皇凯瑟 - 威廉二世甚至专程向朗格订制一只怀表，作为造访奥图曼帝国时赠送给阿布杜勒 - 哈米德二世的礼物。然而，接下来的百年，朗格表的命运却异常坎坷，战争的摧残及东德、西德的分裂，使朗格钟表厂划入东德成为全民共同资产，朗格之名不复见于表盘。但是正因如此，镌有朗格商标的怀表在收藏界里成为传奇。1990 年，东德、西德统一后，朗格表厂创始人曾孙瓦尔特·朗格重建先祖家业，重新投入朗格表生产，并为经典的品牌传统注入新的生命力。东山再起的朗格，继续坚持“只生产世界上最优秀的钟表”的信念，为顶级制表领域建立了极高的新标准，它对完美工艺的诠释迫使很多瑞士钟表厂被迫在产品上做出回应。朗格只制造机械表、只使用自制机芯，且不同的表款系列必须使用不同的基础机芯。所有机件须经人工打磨才算完工，每个钟表师都至少需要 3 ~ 7 年的学习后方可参与钟表制作。通常每块表的制作时间最少要 6 个月。因此，朗格表产量非常有限，每年大约出产 5000 只。今天，作为辉煌钟表王国的继承者，复兴的朗格以出色的作品赢尽业界的喝彩声，制表大师的地位坚不可摧。朗格身披“工匠精神”光环重新捍卫德国制造的荣誉，几乎以一己之力与瑞士豪华腕表阵营分庭抗礼。

德国人的极致严谨常常被调侃为刻板。但是全世界都承认，德国制造最值得信赖。他们制定的标准严谨至苛刻，他们对细节的固执早已成为习惯。即使一支铅笔、一把餐勺、一提菜篮，也都彰显着细腻的心思、独到的创意和恒久的品质。很多企业都梦想成就百年品牌，但百年品牌的打造需要全力以赴：对每一处细节的关注、对目标达成的坚持、对科技创新的执着以及对消费者需求的洞察。如同众多德国百年品牌，凭借精益品质在各自领域一骑绝尘的同时，更以创新的实践为行业带来深远的影响。这就是工匠精神最完美的诠释，也是基业长青的唯一道路。

第 4 节　美国：游戏规则

众所周知，品牌是一个国家核心竞争力的体现。在美国，全是“made in china”的美国产品，而在中国，几乎都是中国产的美国品牌，比如说百事可乐、肯德基、麦当劳等。美国不仅拥有可口可乐、IBM、微软等为数众多的世界名牌，而且拥有发达的装备制造业、航空运输业、金融服务业、现代农业和高科技产业等，整体构成其国家品牌竞争力的优势基础。美国品牌一直成功地占据世界品牌主流地位。世界品牌实验室发布的 2014 年全球 500 强品牌中，美国品牌占有 227 席，近乎一半。进一步分析上榜美国品牌的年代分布，发现存在时间 20 ~ 50 年的品牌、50 ~ 100 年的品牌数目相近，各约 50 个，百年以上的品牌近 100 个，美国品牌的年代结构与全部品牌的年代结构极为接近。如表 4 – 1 所示。显然，美国品牌几乎在每个年代都是全球市场的主导，即便是在新兴产业中。研究美国品牌文化的崛起对美国企业的发展促进和对美国国家竞争力的影响，对于中国品牌经济发展之路具有重要借鉴意义。

表 4 – 1　1865 ~ 1911 年美国著名品牌诞生年鉴

	品　牌	诞生时间/（年）	行　业
亨氏	Heinz	1869	快速消费品
高盛	Goldmam	1869	金融服务

续表

	品　牌	诞生时间/（年）	行　业
杰克丹尼	Jack Daniel's	1875	酒类
可口可乐	Coca – Cola	1886	饮料
强生	Johnson	1887	快速消费品
家乐氏	Kellogg's	1894	快速消费品
通用电气	GE	1900	综合
吉列	Gillette	1901	快速消费品
百事可乐	Pepsi	1902	饮料
3M	3M	1902	综合
福特汽车	Ford	1903	汽车
哈雷戴维森	Harley – Davidson	1903	汽车
卡特彼勒	Gaterpillar	1904	汽车
联合包裹	UPS	1907	运输
IBM	IBM	1911	商业服务

资料来源：2012 年 Interbrand 品牌排行榜前 100 位。

4.1　美国“游戏规则”的品牌内涵

美国企业在推行全球化战略中曾遇到一定阻碍，世界各国均有不同的历史文化，尤其是东西方文化的差异为其品牌的发展带来一定的影响。然而，诸多美国知名品牌，如可口可乐、麦当劳、IBM、通用电气等却在世界范围内赢得了尊重和世界消费者的认同，这源于美国的“游戏规则”至上的品牌建设理念。长期以来，美国文化以自由程度高、个人主义强展现给世界，其企业的发展也带有一定的自由色彩，美国政府似乎没有具体长远的以政府为主导的品牌发展战略，但以其特有的立法、建立经济秩序等在内的制定游戏规则方式，给美国品牌以巨大保障与发展空间。美国是实行“三权分立”的国家，立法权、行政权与司法权的行使有着严格的界限。同时，美国又是一个联邦制国家，联邦和各州根据宪法享有和行使各自的权力。国家的这种制度决定了美国立法体制的主要内容：国会和州议会分别是行使联邦和州立法权的主体。美国通过其在世界经济秩序中的主导地位以及其跨国企业在世界范围内的影响，建立了以维护西方观念，尤其是本国企业为主的经济秩序。

4.2 美国品牌发展措施

美国大力保护本土企业以及拥有自主知识产权品牌的发展。随着经济全球化的深入以及中国企业“走出去”战略的实行，越来越多的中国企业在海外进行大规模并购活动。尽管这有利于提高本土品牌的国际知名度，但过程中也遇到了很多问题。例如，在联想收购美国 IBM 电脑业务时，遭遇了美国外国投资委员（CFIUS）漫长的审查，给中国品牌结结实实地上了一堂美国法律法规体系以及国家安全管理课，并在联想收购之后对电脑产品的采购进行更加严格的审核。美国似乎没有具体长远的政府主导品牌发展战略，但以其特有的立法、建立经济秩序等在内的制定游戏规则方式，给美国品牌以巨大保障与发展空间。品牌的意义使其成为企业知识产权的集中体现和最终成果。品牌囊括了企业的技术、产品的商标、企业的服务与文化等多重元素，并形成价值巨大的无形资产和知识产权体系。美国是一个拥有高度知识产权保护体制的国家。从 1789 年宪法的规定到 1870 年颁布的商标法，与其他专利法、版权法、反不正当竞争法、互联网法和软件专利等一系列法案，共同筑起了知识产权保护法律体系。其中，就品牌发展的意义而言，影响巨大的是贝多尔法案。在美国，由于企业是创新的主体，而基础研究则主要是由政府投资于大学实验室完成的，如计算机的诞生。贝多尔法案明确规定，政府投入的知识产权可以合法授予私人部门，以促进其商业化，这一法案构建起的政府—大学—企业创新体系，使前沿技术可以迅速转化为企业的商品和品牌。典型的如美国的波音公司同时承担军品和民品的生产任务，由于飞机上的许多国防技术研究用于民用产品，因此“波音”品牌始终领先其他飞机品牌。为了鼓励美国品牌和美国企业获取全球竞争优势，美国制定了国家出口战略，并辅以科研创新所得税减免、创新型企业贷款帮助、就业补贴等财税支持政策，使得美国国内包含专利、商标许可的无形资产交易急速增长，直接带动了其在国际市场的竞争优势。

美国品牌文化对美国企业和社会的影响深远。其品牌文化的成功不仅在于文化本身，更在于创新力量的推进——从技术、质量到服务。当前，在我国大力发展品牌经济的同时，迫切需要建立创新体系，而这一体系的建立，除了法制环境的完善，尚需要从战略高度对财税、金融政策协调推进。对品牌文化的科学定位确保了美国品牌的持续全球竞争力。除了个性，品牌还具有科学内涵。定位广告创始人 Bill Bernbach 很早就意识到这一点，他觉得消费者在决定大众汽车的时候，首先会认为“大众”是一个不错的公司，然后才会考虑“大众”的产品，因此，品牌应当具有某些企业文化的内涵；品牌的发展应当像企业的发展一样，具有明确的消费定位。1972 年，美国最具影响力的营销杂志《广告时代》呼吁“定位时代的来临”。按照定位理论，企业的发展应当是聚焦，产品线应该狭窄而深入。在美式狭窄的消费定位理论下，企业获得市场成功的原因到底何在？2004 年，在对全球品牌发展的溯源逐本后，美国艾·里斯与劳拉·里斯合著了《品牌的起源》一书，明确指出：“品类是商业界的物种，是隐藏在品牌背后的力量，消费者‘以品类来思考，以品牌来表达’，因此，企业的责任是分化诞生新品类，进化提升新品类的竞争力量，成功唯一的途径就是开创新品类和新品牌，如苹果公司。”没有创新，即便是世界品牌也会没落。其中，品牌文化的魅力在于：品牌创新的重要性胜过产品的创新，因为产品可以过时，可以被竞争对手模仿，而品牌却可以一直流传。因此，美国品牌企业不仅注重形成市场，它们更倡导构建崭新商业模式、传播企业的价值理念，赋予品牌更丰厚的文化内涵。可口可乐至今已有 110 多年的历史，其成分 99% 是水，而销售却占全世界碳酸饮料的 50%；美国国家地理杂志迄今已走过 117 个年头，其全球影响力，好似一只穿越时光的巨手，对读者的吸引力仍是经久不衰。可见，消费定位的成功，是品牌创新的成功，更是品牌文化意义层面不断科学推进带来的成功。品牌及其文化的市场价值引起营销界对当代品牌意义更新的思考。研究发现，“可口可乐”及“米老鼠”等品牌不仅仅代表高品质的产品和优良的服务，也代表了消费者内心深处的某种情感归宿、生活方式和社会地位。苹果公司和耐克公司允许消费者在店内试穿试用产品，因为它们的管理层坚信，通过消费者的亲身体验可以让他们感受到企业文化的灵魂。在消费文化的时代，人们不再是仅仅为了功能上的满足而消费，而是基于某种意义层面的消费，在这一过程中，品牌则成为建设与维护消费者身份的资源。品牌已经是消费者所依赖的一种资源，品牌的作用与使命在于——品牌的意义不仅是使一种商品区别于其他商品，更是一种符号式引擎，可以激发消费者的内在精神，品牌文化的价值与使命，远非品牌符号本身、商品本身价值所能企及。品牌研究的不断推进使得美国企业铸就的品牌强势非一般品牌可以匹敌，其全球化的视野和品牌科学掀起的文化主流正是美国品牌成功的另一奥秘。

美国企业重视用户忠诚度，注重维护“品牌粉丝”。品牌忠诚度的维护不断提升企业的创新服务意识，生产商意识到刻在产品上的符号能够使自己的产品质量区别于别人，努力使消费者对自己的标志性符号建立某种依赖和信任。美国企业普遍重视管理自己的粉丝客户，追求在服务上推陈出新，努力提供高质量的售后服务。著名运动品牌“哥伦比亚”的承诺是：顾客的任何消费，可以在一年内，在全美的任何分店无理由退换货。不仅是名牌商店，事实上，这种服务意识普遍存在于美国企业家心中，哪怕在偏僻小镇的一家中型食品超市，店主也会按照消费额附赠会员客户加油折扣。对品牌忠诚度的追求实质是企业对消费者价值观的迎合。研究人员发现，女性非常关注在购物时与经验丰富的售货员关系融洽，而男性则更关注停车点是否离商场的门口很近。这一领域的观察研究不断带动对产品的价值挖掘，并为企业带来直接回报。例如，梅西百货虽然是全美最大和最老的百货连锁店，是纽约市中心体积庞大的豪华购物中心，但却一直奉行这一规则。近百年来，“梅西”一直在赞助美国著名的感恩节大游行，并坚持执行感恩节中午 12 点前 30% 的折扣政策。如今，“梅西”在电子商务的潮流中也毫不逊色。2013 年 4 月，“梅西”在百货业率先推出手机应用软件，顾客可以在手机终端，预定全美国梅西百货的商品，获得和实体店一样的商品折扣，另享受为手机客户不定期奉上的全部消费额 20% 的折扣，“梅西”则负责全部送货上门，并经常有精美的赠品；应客户的要求，“梅西”可以在消费时把电子发票寄到客户的电子邮箱，供客户退换货时随时调取，极大地方便了客户消费。最让人意外的是，在“梅西”的个别柜台，能遇到穿着考究、彬彬有礼的老年售货员，看上去至少七十多岁，却依然满面春风地接待消费者，一丝不苟地为商品打包，并不时流露出发自心底的灿烂微笑。从他们手中接过商品的那一刻，他们对“梅西”的终生热爱，也感染了每一位消费者。

然而，美国企业是否应当推行全球化战略在经济学界曾引起广泛讨论。哈佛大学的西奥多·莱维特和麦肯锡公司研究后认为，由于网络和旅游的作用，加上生活水平普遍提高，世界各地的口味和风格越来越趋同。一个产品在一个地区获得了成功，那么也很有可能在其他地区获得成功。所有地区都需要最好的质量和最先进的功能。因此，美国企业有必要在世界范围内提供最好的产品设计。建立全球产品的另一重要原因是，世界范围内的销量可以带来规模经济。因此，推行全球产品成为美国企业家普遍的战略选择。在《康坦世界品牌评级报告 2013》中，排在全球第 50 位的是美国“金佰利”（Kleenex），其消费者全球接触点为 2.89 亿点，远低于中国“康师傅”的 10 多亿点，但前者却是行销 32 个国家和地区以上的世界品牌。美国企业奉行成为世界品牌，因为它们同时发现，世界品牌在知名度方面具有巨大优势。当顾客出国旅行时，异地他乡的广告会对旅客的认同感产生重要影响，有助于形成稳定的顾客忠诚度，建立全球品牌价值巨大。全球品牌往往意味着制造全球产品的能力与实力。靠着自己的创意产品，通过输出品牌与企业的价值观，美国品牌在全球各地获得了巨大成功。

4.3 美国知名品牌案例——IBM

2011 年 6 月 16 日，IBM 公司度过了它 100 岁的生日。相比苹果、谷歌、推特等新兴企业，IBM 不但没有落后，而且一直保持全球市值前三名的地位，坚持科技创新，引领着 IT 产业的潮流，并见证了 IT 行业在 100 年间的从无到有和几度转变。20 世纪，一个卖打字机、制表机起家的企业，它不但进入了 IT 领域，而且可以算是成了计算机行业的创世者和引领者。21 世纪，它仍能提出电子商务、随需应变和智慧地球等一系列的先进理念解决方案，用科技改变着我们生活的方方面面。今天的

IBM 无疑已经是世界上最成功的品牌之一，经历过时间的积淀，它就像蓝色地球一样，充满着智慧的光芒。品牌不是一时之事，品牌也不是广告而已，品牌承载着一个企业的战略和运营，品牌是企业在市场竞争的十字路口的一次又一次选择，品牌也代表着企业对核心价值观和理念的坚守。而这些，对于所有欲成就百年品牌的企业来说，都值得借鉴。IBM 的整个发展历程，可以分为四个阶段。

第一阶段（1911～1956 年）。这一阶段是老沃森的时代。同时也是 IBM 品牌建立的初期，在这一阶段，最重要的是确定了 IBM 品牌的核心理念以及核心竞争能力。1911 年，国际时间记录公司、计算尺公司和制表机器公司三家公司合并成一家新公司，名叫 CTR。1914 年，已经 40 岁的老沃森加入了 CTR。1915 年，老沃森被任命为 CTR 的总裁。1924 年 2 月，老沃森对公司员工发出一道通告，正式改名为 IBM。正如所有企业的创始人一样，他对 IBM 最大的贡献，则是他为 IBM 塑造的企业的价值观和基本的核心竞争能力。正是这两点，成为日后 IBM 蓝色基因中最长久的因子。IBM 的理念在品牌推广上，也得到体现。这一阶段，IBM 在品牌推广上也有几件事情为人们津津乐道：第一，*THINK* 杂志的创办；第二，参加世界博览会，举办“IBM 日”；第三，IBM 最佳公司形象广告。

第二阶段（1957～1992 年）。在这一阶段，IBM 进入了它的高峰期，开始了第一次转型，但也陷入了其最大的危机。这一阶段，推动 IBM 品牌发展的正是 IBM 在产品和技术方面的不断创意。但是同时，各种大公司病也开始出现，IBM 的品牌推广也是成败各有。1956 年，从父亲手中接过 IBM 衣钵的小沃森，继续带领着 IBM 快速发展。IBM 从一家中型企业，通过几次巨大的成功，摇身一变成为美国乃至全球首屈一指的企业。造就这一切的就是 IBM 的产品和技术方面的不断创新。1981 年，为推出个人电脑，IBM 开始了一次持续 6 年之久、名为“摩登时代”工具的广告运动，想借此广告运动使公众克服对电脑的惧怕，说明它们很容易操作和应用。当 IBM 不断创新的领先科技与成功的广告运动，逐渐成长为蓝色巨人时，IBM 在品牌经营中的错误导向也初现端倪。过分强调以技术领导市场，忽略了客户的真正需求。在人们的心目中，IBM 逐渐演变成为傲慢、冷漠的专制老大。IBM 品牌陷入危机。1992 年，对于 IBM 是灾难性的一年，公司亏损高达 49.7 亿美元。

第三阶段（1993~2002 年）。郭士纳临危受命，开始十年转型，涉及企业文化、价值观、财务、市场、业务等各个领域的变革为“同一个 IBM”的品牌传播打下了基础。1993 年，郭士纳临危受命，开始十年转型和变革。而他此时面对的状况却是：从 1991 年开始，IBM 连续三年亏损，达到 160 亿美元。1994 年，IBM 的品牌价值为负 5 亿美元。郭士纳抵抗住公司所有人的压力，开始对 IBM 大刀阔斧的变革，而其第一项工作就是从价值观和文化开始。在这一阶段，郭士纳也开始重新思考品牌对于一家 B2B 企业的意义。并且通过广告传播，不断地与公众进行沟通，重塑形象。同时奥美广告公司的介入，首次用整合营销传播的方法对 IBM 的品牌进行了全面的提升。依据市场调查所获得的资料，奥美公司将 IBM 的品牌重新定义为：信息时代的基石，改造我们生活的拉力。在这一定义的基础上，奥美开始了对 IBM 品牌的全面整合塑造。在公司内部，从接待员的风格、办公室的摆设到产品线、人体工学、设计与色彩，以及产品的定位、包装、POP 设计都与这一新品牌内涵相联系。在外部宣传上，从产品的促销活动、公关策划、广告策划，即整个营销运动都遵循科技魔力四海一家的解决之道这个品牌新的核心内涵来进行。同时，它将自己公司的终极理念 IBM 就是服务作为一句广告口号向全世界宣告。企业服务的概念虽不是源自 IBM，但是 IBM 却将企业服务的理念拓深延展，并推向极致。1997 年 3 月，IBM 公司在强大的营销和广告运动下推出了全新的服务概念 e－business，即电子商务概念，反攻 IT 市场，夺回原本失去的客户。电子商务为客户量身定做全方位的解决方案，根据客户的需求进行专业的系统设计，提供从硬件到软件的配套基础设施。服务理念在这里又一次得到淋漓尽致的发挥。

第四阶段（2002 年至今）。2002 年，彭明盛开始担任 IBM 的 CEO，他秉承郭士纳的蓝图，带领着 IBM 继续转型。同时，作为 IBM 的“老”员工，彭明盛对老沃森、小沃森的价值观最为感同身受。在彭明盛继续业务转型的同时，我们可以看到其在品牌建设方面的成就，除了提出“随需应变”和“智慧地球”外，更多的是对内部品牌的推广。2003 年，彭明盛发起“价值观大讨论”，在线发表自己的意见和看法。并总结出 IBM 新的三条价值观：成就客户、创新为要、诚信负责。IBM 从产品到服务，到更多地开始强调其“价值观”，其品牌又往上迈了一个台阶。而多年的品牌推广，也使得 IBM 的整合品牌的推广上开始形成了自己独特的路径和方法。除了传统的广告之外，公关、论坛、直效营销、政府合作、公益活动等品牌推广手段也成为 IBM 的常用方法。从 IBM 品牌的百年历程中可以看出，品牌向来不是一帆风顺的。IBM“兴”，多来自正确的决策、内部管理和适当的外部竞争策略。而其“衰”，则主要因为对环境的判断失误而导致决策失误。IBM 之所以能重新崛起，和其遗传下来的企业精神和价值观密不可分。同时，品牌需要面对外部复杂多变的环境，而在实施变革时，企业的系统管理能力和领导者的个人能力同样重要。最重要的一点，品牌需要以客户的需求为导向，不断变革创新。创新和转型的融合是 IBM 多年来屹立于市场的法宝，也是 IBM 成就百年品牌最主要的原因之一。

参考文献

[1] 李光斗. 中国向“德国制造”学什么？[J]. 创新时代，2011（10）：86 - 87.

[2] 李晨旭，段素革. 德国汽车品牌成功背后的启示［J］. 环渤海经济瞭望，2013（10）：53 - 56.

[3] 华璐，沈慈晨. 德国制造：一个国家品牌如何跑赢世界［M］. 重庆：重庆出版社，2015.

[4] 邬展霞. 美国品牌文化：形成、内涵及对公共政策的战略影响［J］. 上海商学院学报，2014（4）：26 - 34.

[5] 聂晓梅. 品牌帝国：跨学科视角下的美国品牌形象理论演进［M］. 北京：清华大学出版社，2015.

[6] 王霞. 韩国“身土不二”再诠释：从韩民族性格角度分析［J］. 当代韩国，2013（1）：118 - 124.

[7] 陶文昭. 全球化中韩国的身土不二［J］. 当代韩国，2006：37 - 42.

[8] 韩国人的“身土不二”（旅人心语）［EB/OL］.［2016 - 02 - 10］. http：//www.chinadaily. com. cn.

[9] 黎均. 有感于韩国民众的“献金爱国运动”［J］. 杂谈，1998（4）：57 - 58.

[10] 季萌．韩国国家品牌委员会的启示［J］．国际视野，2012（11）：54－55.

[11] 许月．韩国成立国家品牌委员会［J］．品牌视点，2009（3）：29－29.

[12] 中国会议．韩国品牌：从“折价”到“溢价”［J］．文摘，2013，4（4）：33－34.

[13] 中国2010年上海世博会韩国企业联合馆［EB/OL］．［2016－02－10］．http：//baike. baidu. com/link？url.

[14] 高丽参，正宫庄［EB/OL］．［2016－02－10］．http：//baike. baidu. com/link？url.

[15] 黄运东．高丽参常见伪品鉴别［J］．中国中医药现代远程教育，2012，10（20）：92－93.

[16] 杨明．高丽参如何成了韩国名片［J］．经济日报，2015，4（4）：1－1.

[17] G标志［EB/OL］．［2016－02－10］．http：//baike. baidu. com/link？url.

[18] 从日本G－Mark奖的设定看日本产品设计的环保理念［EB/OL］．［2016－02－10］．http：//baike. baidu. com/link？url.

[19] 乐行独轮车V3［EB/OL］．［2106－02－10］．http：//baike. baidu. com/link？url.

[20] 胡杨．日本产业政策发展历程及其启示［J］．区域经济，2014，7（19）：148－149.

[21] 周锐．日本产业政策演变过程、特征及对中国的启示［J］．生产力研究，2007，10：101－102.

[22] 花王公司［EB/OL］．［2016－02－10］．http：//baike. baidu. com/link？url.

[23] 姚娟．基于电子商务的企业物流管理：日本花王公司的案例分析［J］．市场周刊，2007（11）：32－33.

[24] 东芝公司［EB/OL］．［2016－02－10］．http：//baike. baidu. com/link？url.

[25] 凡真．东芝公司企业文化研究［J］．海外观察，2012（2）：50－53.

第三部分

国内现状　问题对策

第5章　我国百年品牌发展现状

我国作为世界第二大经济体，近年来国产品牌发展迅速，成为名副其实的品牌大国，然而在品牌数量庞大的背后，却凸显世界知名度低、品牌质量不足等问题。与此同时，百年品牌的建设对于我国品牌整体的发展有着重要的启示作用，本章将针对我国百年品牌的发展现状进行研究。

第1节　我国百年品牌发展总体情况

本节主要根据我国百年品牌名录对我国百年品牌发展总体特点进行分析与总结。

1.1　品牌大国而非品牌强国

自改革开放以来，在我国经济保持长期快速增长，经济总量跃居世界第二位的同时，我国品牌数量大幅增加。据国家工商行政管理总局商标局公布，2014年，我国商标申请量达228.5万件，同比增长了21.5%，连续13年位居世界第一。图5-1显示了我国1982~2014年商标申请量趋势，增长速度显著。截至2015年3月底，我国累计商标注册量突破1000万件，有效注册量接近900万件。在商标国际化方面，通过马德里商标国际注册体系，国内的申请人到其他国家申请领土延伸保护的达到2140件；在世界知识产权组织马德里体系的国家和地区里，中国处在第七位。同时，国外的申请人到中国申请领土延伸保护的超过了2万件，位居世界第一。我国成为名副其实的品牌大国。

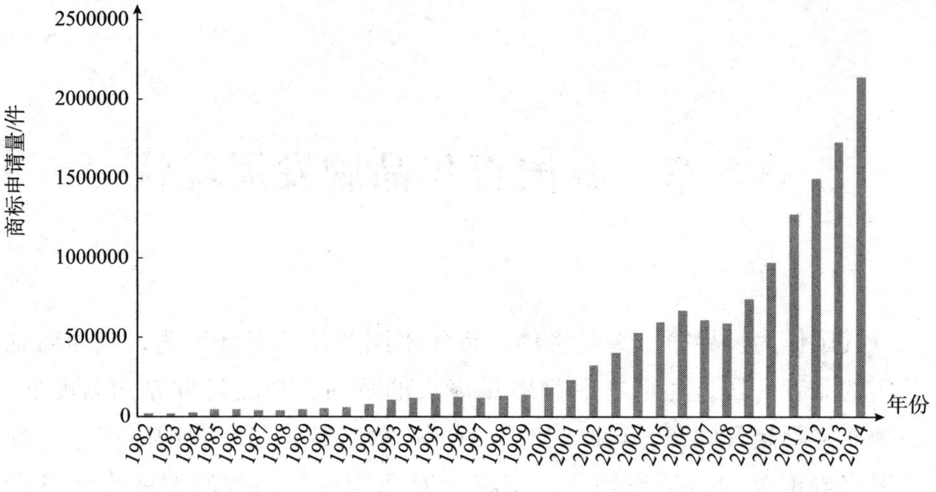

图 5－1　1982～2014 年中国商标申请量趋势

然而，在商标申请量与注册数量稳居世界第一位的背后，据有关统计，中国每万户市场主体的商标拥有量只有 1000 多件，发达国家如美国每万户企业有 3000 多件商标，我国仅是发达国家的 1/3 左右。在 2014 年度（第 11 届）世界品牌实验室（World Brand Lab）发布的《世界品牌 500 强》排行榜中，共计 27 个国家入选，从品牌数量的国家分布来看，500 强品牌中，美国占据了其中的 227 个，独占鳌头；法国以 44 个品牌居第二位；英国以 42 个品牌入选排名第三位。日本、中国、德国、瑞士和意大利是品牌大国的第二阵营，分别有 39 个、29 个、23 个、21 个和 18 个品牌入选。中国虽然有 29 个品牌入选，但相对于 13 亿人口与国内生产总值居世界第二位而言，中国品牌显然还处于“第三世界”。

1.2　百年品牌现状及特点

根据商务部 2006 年《“中华老字号”认定规范（试行)》的规定，中华老字号（China Time－honored Brand）是指历史悠久，拥有世代传承的产品、技艺或服务，具有鲜明的中华民族传统文化背景和深厚的文化底蕴，取得社会广泛认同，形成良好信誉的品牌。目前共认定“中华老字号”1129 个，其中 2006 年首批“中华老字号”430 个，2010 年第二批“保护与促进的中华老字号名录”699 个。以下以商务部第一批及第二批所认定的1129个“中华老字号”为依托，根据各品牌的发展历史以及创立时间等因素，筛选出我国百年品牌434个，通过采用国家统计局统计用产品分类标准，根据其主营业务以及初始产品对其进行分类（见表5－1）。

1.2.1　我国百年品牌名录

我国百年品牌名录如表5－1所示。

表5－1　我国百年品牌名录

地区	百年品牌公司	注册商标	主营产品	统计用产品分类	始创年份
北京（53个）	北京吴裕泰茶业股份有限公司	吴裕泰	茶叶	饮料、酒及酒精	1887年
	北京稻香村食品有限责任公司	稻香村	糕点	食品及加工盐类	1895年
	北京同升和鞋店	同升和	百货，鞋帽等	服装、鞋、帽	1902年
	北京盛锡福帽业有限责任公司	盛锡福	帽子	服装、鞋、帽	1911年
	北京来今雨轩饭庄	来今雨轩	餐饮	餐饮服务	1915年
	北京六必居食品有限公司	六必居	酱菜等	食品及加工盐类	1530年（明嘉靖九年）
	聚德华天控股有限公司 北京柳泉居饭庄	柳泉居	北京黄酒	餐饮服务	明隆庆年间
	聚德华天控股有限公司 北京聚德烤肉宛饭庄	烤肉宛	烤肉	餐饮服务	1686年（清康熙二十五年）
	北京六必居食品有限公司（桂馨斋食品厂）	桂馨斋	酱菜	食品及加工盐类	1736年（清乾隆元年）

续表

地区	百年品牌	注册商标	主营产品	统计用产品分类	始创年份
北京（53个）	北京天福号食品有限公司	天福号	肘子等肉质加工	食品及加工盐类	1738年（清乾隆三年）
	聚德华天控股有限公司 北京砂锅居饭庄	砂锅居	砂锅系列	餐饮服务	1741年（清乾隆六年）
	北京华天饮食集团公司	同和居	鲁菜	餐饮服务	1822年（清道光二年）
	聚德华天控股有限公司 北京烤肉季饭庄	烤肉季	烤肉	餐饮服务	1848年（清道光二十八年）
	北京鸿宾楼餐饮有限责任公司	鸿宾楼	清真菜	餐饮服务	1853年（清咸丰三年）
	北京六必居食品有限公司天源酱园	天字牌	酱菜	食品及加工盐类	1869年（清同治八年）
	北京金象复兴医药股份有限公司白塔寺药店	白塔寺药店	药业	医药	1872年（清同治十一年）
	北京元长厚茶叶有限公司	元长厚	茶叶	饮料、酒及酒精	1912年
	北京便宜坊烤鸭集团有限公司	便宜坊	烤鸭	餐饮服务	1416年（明永乐十四年）
	北京成文厚帐簿卡片有限公司	成文厚	笔砚、课本、农村读物等商品	文教体育用品	1904年
	中国北京同仁堂（集团）有限责任公司	同仁堂牌	中药、药店	医药	1669年（清康熙八年）

续表

地区	百年品牌	注册商标	主营产品	统计用产品分类	始创年份
北京（53个）	北京前门都一处餐饮有限公司	都一处	烧麦	餐饮服务	1738 年（清乾隆三年）
	北京月盛斋清真食品有限公司	月盛斋	清真食品	食品及加工盐类	1775 年（清乾隆四十年）
	北京壹条龙清真餐饮有限公司	壹条龙	清真食品	餐饮服务	1785 年（清乾隆五十年）
	北京天兴居炒肝店	天兴居	炒肝	餐饮服务	1862 年（清同治元年）
	北京华鹏食品有限公司	通三益	秋梨膏	食品及加工盐类	1876 年
	北京王致和食品集团有限公司	王致和	豆腐乳	食品及加工盐类	1669 年（清康熙八年）
	北京内联升鞋业有限公司	内联升	鞋业	服装、鞋、帽	1853 年（清咸丰三年）
	北京一得阁墨业有限责任公司	一得阁	墨汁	文教体育用品	1865 年（清同治四年）
	北京步瀛斋鞋帽有限责任公司	步瀛斋	鞋帽	服装、鞋、帽	1858 年（清咸丰八年）
	中国全聚德（集团）股份有限公司	全聚德	烤鸭	餐饮服务	1864 年（清同治三年）
	北京瑞蚨祥绸布店有限责任公司	瑞蚨祥	布料	纺织产品	1862 年（清同治元年）
	荣宝斋	荣宝斋	书画文具	文教体育用品	1672 年（清康熙十一年）
	北京张一元茶叶有限责任公司	张一元	茶叶	饮料、酒及酒精	1900 年（清光绪二十六年）

续表

地区	百年品牌	注册商标	主营产品	统计用产品分类	始创年份
北京（53个）	北京义利食品公司	义利	面包、巧克力、饼干、糖果	食品及加工盐类	1906年
	北京王致和食品集团有限公司	龙门	醋	食品及加工盐类	1820年（清嘉庆二十五年）
	北京市颐和园听鹂馆饭庄	听鹂馆	餐饮	餐饮服务	清乾隆年间
	北京龙徽酿酒有限公司	中华	酒业	饮料、酒及酒精	1910年
	北京顺鑫农业股份有限公司牛栏山酒厂	牛栏山	酒业	饮料、酒及酒精	1719年（清康熙五十八年）
	北京红星股份有限公司	红星	酒业	饮料、酒及酒精	百年历史
	北京东来顺集团有限责任公司	东来顺	涮肉、火锅	餐饮服务	1903年
	北京市北京饭店	北京饭店	住宿、餐饮等	住宿服务	1900年
	北京谭家菜餐饮有限责任公司	谭家菜	官府菜	餐饮服务	清末
	聚德华天控股有限公司（曲园酒楼）	曲园	湖南菜	餐饮服务	约1890年（清光绪年间）
	北京小肠陈餐饮有限责任公司	小肠陈	卤煮	餐饮服务	清乾隆年间

续表

地区	百年品牌	注册商标	主营产品	统计用产品分类	始创年份
北京（53个）	北京市爆肚冯饮食服务有限责任公司	爆肚冯	爆肚	餐饮服务	清光绪年间
	北京清真白魁老号饭庄有限公司	白魁老号饭庄	烧羊肉	餐饮服务	1780 年（清乾隆四十五年）
	商务印书馆	图形	图书出版	印刷品、记录媒介复印品	1897 年
	北京永安堂医药连锁有限责任公司	永安堂	药店	医药	明永乐年间
	北京鹤年堂医药有限责任公司	鹤年堂	药店	医药	1405 年（明永乐三年）
	北京谦祥益丝绸有限责任公司	谦祥益	丝绸、服饰	纺织产品	1840 年（清道光年间）
	北京艺嘉仓储有限责任公司	懋隆	珠宝	工艺品及其他制造产品	19 世纪初
	北京市龙顺成中式家具厂	龙顺成	家具	家具及配件	1862 年（清同治年间）
	北京步瀛斋鞋帽有限责任公司	马聚源	鞋子	服装、鞋、帽	1858 年（清咸丰八年）
天津（24个）	天津狗不理集团有限公司	狗不理	包子	餐饮服务	1858 年（清咸丰年间）
	天津乔香阁工艺品有限公司	乔香阁	景泰蓝、苏绣、漆器等传统工艺品	工艺品及其他制造产品	1640 年（明崇祯年间）
	天津中新药业集团股份有限公司隆顺榕制药厂	隆顺榕	制药	医药	1833 年（清道光十三年）

续表

地区	百年品牌	注册商标	主营产品	统计用产品分类	始创年份
天津（24个）	天津市天立独流老醋股份有限公司	天立	醋	食品及加工盐类	1665年（清康熙四年）
	天津同仁堂股份有限公司	太阳	中药	医药	1644年（明崇祯十七年）
	天津耳朵眼炸糕餐饮有限责任公司	耳朵眼	炸糕	食品及加工盐类	1900年（清光绪年间）
	天津市登瀛楼饭庄有限公司	登瀛楼	餐饮	餐饮服务	1913年
	果仁张（天津）食品有限公司	果仁张	风味食品	食品及加工盐类	1803年
	天津市崩豆张食品有限公司	崩豆张	风味食品	食品及加工盐类	明嘉庆年间
	天津老美华鞋店	老美华	骆驼鞍鞋、棉篓鞋、牛筋底猪皮鞋	服装、鞋、帽	1911年
	天津起士林大饭店	起士林	西餐	餐饮服务	1908年
	天津长芦汉沽盐场有限责任公司	芦花牌	盐业	食品及加工盐类	公元925年（后唐同光三年）
	天津市祥德斋糕点厂	祥德斋	糕点	食品及加工盐类	1846年
	天津市盛锡福帽业公司	三帽	帽子	服装、鞋、帽	1911年
	天津市清真正兴德茶叶批发公司	正兴德	茶叶	饮料、酒及酒精	1738年（清乾隆三年）

续表

地区	百年品牌	注册商标	主营产品	统计用产品分类	始创年份
天津（24个）	天津市直沽酿酒厂	天沽	酒业	饮料、酒及酒精	700 余年历史
	天津食品进出口股份有限公司	义聚永记	酒业	饮料、酒及酒精	1880 年
	天津皮糖张堵有限公司	老少乐	食品加工	食品及加工盐类	清光绪年间
	天津利顺德大饭店	利顺德	餐饮	餐饮服务	1863 年
	天津市石头门坎素包餐饮有限公司	石头门坎	餐饮	餐饮服务	晚清
	天津大福来餐饮商有限公司	大福来	餐饮	餐饮服务	清光绪年间
	天津渔阳酒业有限责任公司	渔阳牌	酒业	饮料、酒及酒精	清同治年间
	天津中新药业集团股份有限公司达仁堂制药厂	达仁堂	药业	医药	1914 年
	天津长芦海晶集团有限公司	海晶	制盐	食品及加工盐类	1265 年（元至元二年）
河北（11个）	石家庄洛杉奇食品有限公司	金凤	金凤扒鸡禽类制品	食品及加工盐类	1908 年
	河北保定槐茂有限公司	槐茂	酱菜	食品及加工盐类	1671 年（清康熙十年）
	河北刘伶醉酒厂	刘伶	酒类	饮料、酒及酒精	公元 1126 年（宋金时期）

续表

地区	百年品牌	注册商标	主营产品	统计用产品分类	始创年份
河北（11个）	河北裕丰实业股份有限公司	衡水老白干	酒类	饮料、酒及酒精	据文字记载可追溯到汉代，正式定名于明代
	承德乾隆醉酒业有限责任公司	板城烧锅	酒类	饮料、酒及酒精	清康熙年间
	玉田县鸿源酒业有限公司	丰年牌	酒类	饮料、酒及酒精	唐朝
	怀安县柴沟堡熏肉制品有限责任公司	柴沟堡	肉制品	食品及加工盐类	清乾隆年间
	大名县大名府香油调味品有限公司	大名府	调味品	食品及加工盐类	清光绪年间
	承德避暑山庄企业有限责任公司	山庄	景点	公共设施管理服务	1703 年
	张家口市宣化区朝阳楼饭庄有限责任公司	朝阳楼	餐饮	餐饮服务	明朝末年
	河北金牛制药有限公司	金牛	制药	医药	清康熙初年
山西（12个）	山西老陈醋集团有限公司	东湖	醋	食品及加工盐类	明末清初
	太原六味斋实业有限公司	六味斋	酱肉	食品及加工盐类	清乾隆年间
	山西广誉远国药有限公司	广誉远	制药业	医药	1541 年（明嘉靖年间）
	太原双合成食品有限公司	双合成	烘焙食品	食品及加工盐类	1838 年

续表

地区	百年品牌	注册商标	主营产品	统计用产品分类	始创年份
山西（12个）	太原市宁化府益源庆醋业有限公司	益源庆	调味品	食品及加工盐类	明朝初年
	山西太谷荣欣堂食品有限公司	荣欣堂	食品生产	食品及加工盐类	1895 年
	山西云青牛肉有限公司	云青	肉制品	食品及加工盐类	1798 年（清嘉庆三年）
	山西来福老陈醋集团有限公司	来福	醋	食品及加工盐类	1644 年
	运城市福同惠食品有限公司	福同惠	食品生产	食品及加工盐类	1795 年
	山西杏花村汾酒集团有限责任公司	杏花村	酒业	饮料、酒及酒精	商周时期
	稷山县飞凯达食品有限公司	赵氏四味坊	食品生产	食品及加工盐类	1821～1850 年（清道光年间）
	太原市清和元饭店	清和元	餐饮	餐饮服务	清初
内蒙古（2个）	内蒙古百年酒业有限责任公司	开鲁	酒类	饮料、酒及酒精	1898 年
	内蒙古鸿茅实业股份有限公司	鸿茅	药酒	饮料、酒及酒精	1739 年
辽宁（17个）	沈阳萃华金银珠宝制品实业有限公司	萃华	珠宝	工艺品及其他制造产品	1895 年（清光绪二十一年）
	鞍山市上海信利熏腊店	信利	熏腊肉	食品及加工盐类	1898 年
	沈阳老边饺子馆	老边	饺子	餐饮服务	1829 年
	丹东市老天祥大药房	老天祥	药店	医药	1893 年（清光绪十九年）

续表

地区	百年品牌	注册商标	主营产品	统计用产品分类	始创年份
辽宁（17个）	葫芦岛市高桥陈醋厂	高桥	醋	食品及加工盐类	公元645年（贞观十九年）
	沈阳市沈河区马烧麦馆	百年马烧麦	烧麦	餐饮服务	1796年（清嘉庆元年）
	沈阳市宝发园名菜馆	宝发园	餐饮	餐饮服务	1909年
	沈阳市中和福茶庄	中和福	茶叶	饮料、酒及酒精	1882年（清光绪八年）
	沈阳天江老龙口酿造有限公司	老龙口	酒类	饮料、酒及酒精	1662年（清康熙元年）
	辽宁道光廿五集团满族酿酒有限责任公司	道光	酒类	饮料、酒及酒精	1801年（清嘉庆六年）
	辽宁凤城老窖酒业有限责任公司	凤山	酒类	饮料、酒及酒精	1905年
	辽宁铁刹山酒业有限责任公司	铁刹山	酒类	饮料、酒及酒精	1807年
	辽宁千山酒业集团有限公司	千山	酒类	饮料、酒及酒精	300余年历史
	盘锦市盘山酒业有限责任公司	盘锦	酒类	饮料、酒及酒精	1681年（清康熙廿年）
	北镇市沟帮子尹亚茹（尹家）熏鸡有限公司	尹家	肉制品熟食	食品及加工盐类	1889年（清光绪十五年）
	大连市群英楼食品有限公司	群英楼	餐饮	餐饮服务	1892年
	沈阳天益堂医药有限公司	天益堂	药店	医药	1824年（清道光四年）

续表

地区	百年品牌	注册商标	主营产品	统计用产品分类	始创年份
吉林（11个）	吉林福源馆食品集团有限公司	福源馆	蛋糕	食品及加工盐类	1628 年（明崇祯元年）
	吉林省杨麻子大饼餐饮管理有限责任公司	杨麻子	面食	食品及加工盐类	1896 年（清光绪二十二年）
	长春市鼎丰真食品有限公司	鼎丰真	糕点	食品及加工盐类	1911 年（清宣统三年）
	四平市李连贵风味大酒楼	李连贵	餐饮	餐饮服务	清光绪二十年间
	长春积德泉酿酒厂	积德泉	酒类	饮料、酒及酒精	1851 年（清咸丰元年）
	吉林省大泉源酒业有限公司	大泉源	酒类	饮料、酒及酒精	千年历史
	吉林省梅河酒业有限公司	梅河	酒类	饮料、酒及酒精	1888 年（清光绪十四年）
	长春孟氏整骨孟晓东骨伤门诊部	孟氏整骨	膏药、医疗	医药	150 余年历史
	长春榆树大曲集团股份有限公司	榆树钱	酒类	饮料、酒及酒精	1812 年（清嘉庆年间）
	吉林省抚松制药股份有限公司	林海牌	药品	医药	1901 年
	长白山皇封参业有限公司	皇封	药品	医药	1677 年

续表

地区	百年品牌	注册商标	主营产品	统计用产品分类	始创年份
黑龙江（15个）	哈尔滨大众肉联集团有限公司	大众肉联	肉制品	食品及加工盐类	1913年
	哈尔滨老鼎丰食品有限公司	老鼎丰	糕点	食品及加工盐类	1911年
	哈药集团世一堂制药厂	世一堂	制药	医药	1903年
	哈尔滨正阳河调味食品有限公司	正阳河	调味品	食品及加工盐类	1905年
	哈尔滨正阳楼肉类食品公司	正阳楼	肉制品	食品及加工盐类	清道光年间
	黑龙江省双城花园酒业有限公司	花园	酒类	饮料、酒及酒精	1879年（清光绪五年）
	黑龙江北大仓集团有限公司	北大仓	酒类	饮料、酒及酒精	1914年
	哈尔滨市宾州酿酒厂	宾州牌	酒类	饮料、酒及酒精	1861年（清咸丰年间）
	哈尔滨秋林食品有限责任公司	新天地秋林	面包、糕点	食品及加工盐类	1900年
	哈尔滨大兴昌酒业有限公司	大兴昌	酒类	饮料、酒及酒精	1902年（清光绪二十八年）
	马迭尔宾馆	马迭尔	酒店	住宿服务	1906年
	黑龙江参鸽药业有限公司	参鸽	中成药生产企业	医药	1910年
	哈尔滨永江药业有限公司	永江	医药行业	医药	1913年

续表

地区	百年品牌	注册商标	主营产品	统计用产品分类	始创年份
黑龙江（15个）	黑龙江鼎恒升药业有限公司	鼎恒升	中药	医药	1644年
	哈尔滨铁路江上俱乐部	铁路江上俱乐部	游艇俱乐部	娱乐服务	1912年
上海（48个）	上海三阳南货店	三阳南货	蜜饯、干货、火腿等	零售服务	1870年（清同治九年）
	上海老大同调味品有限公司	老大同	调味品	食品及加工盐类	清咸丰四年
	上海蔡同德堂药号	蔡同德堂	药店	医药	1882年（清光绪八年）
	杏花楼食品餐饮股份有限公司	杏花楼	广东风味特色菜	食品及加工盐类	1851年
	上海杏花楼（集团）有限公司老半斋酒楼	老半斋	餐饮	餐饮服务	1905年
	上海杏花楼（集团）有限公司老正兴菜馆	老正兴	餐饮	餐饮服务	同治年间
	上海豫园旅游商城股份有限公司南翔馒头店	南翔	馒头	食品及加工盐类	1900年（清光绪二十六年）
	上海三联（集团）有限公司	吴良材	眼镜	工艺品及其他制造产品	1719年（清康熙五十八年）
	冠生园（集团）有限公司	冠生园	糖果、酒类、药补酒等	食品及加工盐类	1915年

续表

地区	百年品牌	注册商标	主营产品	统计用产品分类	始创年份
上海（48个）	上海老饭店	上海老饭店	餐饮	餐饮服务	1875年
	上海万有全（集团）有限公司	万有全	金华火腿、腌腊制品	食品及加工盐类	1851年（清咸丰元年）
	上海老凤祥有限公司	老凤祥	珠宝、首饰	工艺品及其他制造产品	1848年
	上海张小泉刀剪总店有限公司	泉字牌	剪刀等	金属制品	1911年
	上海朵云轩	朵云轩	苏杭雅扇、诗笺信纸、文房四宝、书画装裱等	文教体育用品	1900年（清光绪二十六年）
	上海西区老大房实业公司	老大房	异味熏鱼、熏蛋	餐饮服务	1900年
	上海乔家栅饮食食品发展有限公司乔家栅食府	乔家栅	饭菜和特色堂吃点心	餐饮服务	1909年（清宣统元年）
	上海鼎丰酿造食品有限公司	鼎丰	食品生产	食品及加工盐类	1864年（清同治三年）
	上海菊花纺织有限公司	菊花牌	纺织品	纺织产品	1914年
	上海家化联合股份有限公司	美加净	化妆品	化学原料及化学制品	1912年

续表

地区	百年品牌	注册商标	主营产品	统计用产品分类	始创年份
上海（48个）	上海新世界股份有限公司	新世界	商场	零售服务	1915年
	上海老介福商厦	老介福	纺织业	纺织产品	1860年（清咸丰十年）
	上海利男居食品总厂	利男居	月饼、休闲糕点、饼干	食品及加工盐类	1902年
	上海丁义兴食品有限公司	丁义兴	猪蹄	食品及加工盐类	1852年（清咸丰二年）
	光明乳业股份有限公司	光明	奶制品	饲养动物及其产品	1911年
	上海豫园旅游商城股份有限公司湖心亭茶楼		茶楼	餐饮服务	1855年（清咸丰五年）
	上海豫园商城小商品有限公司丽云阁笺扇镜架商店	丽云阁	书画、扇、镜框等	文教体育用品	1888年（清光绪十四年）
	上海三大祥纺织品有限公司协大祥绸布商城	协大祥	丝绸	纺织产品	1912年
	上海三角地菜场	三角地	菜市场	零售服务	1848年
	上海邵万生食品公司	邵万生	速食食品	食品及加工盐类	1852年（清咸丰二年）
	上海泰康食品有限公司真老大房食品分公司		糕团、糕点	食品及加工盐类	1842年（清道光二十二年）

续表

地区	百年品牌	注册商标	主营产品	统计用产品分类	始创年份
上海（48个）	上海梨膏糖食品厂		梨膏糖	食品及加工盐类	1855年（清咸丰五年）
	上海钱万隆酿造厂	钱万隆	酱油等	食品及加工盐类	1880年
	上海冠生园食品有限公司	大白兔	糖果等	食品及加工盐类	1915年
	上海福新面粉有限公司	福新	面粉	食品及加工盐类	1912年
	上海清真洪长兴餐饮食品有限公司	洪长兴	清真食品	餐饮服务	1891年
	上海沈大成餐饮速食有限公司	沈大成	速食食品	食品及加工盐类	1875年（清光绪元年）
	上海大富贵酒楼	大富贵	徽帮菜	餐饮服务	1881年（清光绪七年）
	青浦金泽赵家豆腐店		豆制品	食品及加工盐类	清末年
	上海周虎臣曹素功笔墨有限公司	曹素功	墨汁	文教体育用品	1667年（清康熙六年）
	上海周虎臣曹素功笔墨有限公司	虎	毛笔、油画笔	文教体育用品	1694年（清康熙三十三年）
	上海童涵春堂中药饮片有限公司	童涵春堂	中药饮片	医药	1783年（清乾隆四十八年）
	上海王大隆刀剪实业有限公司	王大隆	剪刀等	金属制品	1798年（清嘉庆三年）
	上海老同盛有限公司	老同盛	南北货	零售服务	1887年（清光绪十三年）

续表

地区	百年品牌	注册商标	主营产品	统计用产品分类	始创年份
上海（48个）	上海西泠印社有限公司	西泠印社	刻印、书画	文教体育用品	1904 年（清光绪三十年）
	上海钢琴有限公司		钢琴	文教体育用品	1895 年
	上海余天成药业连锁有限公司余天成堂药号	余天成	药业	医药	1782 年（清乾隆四十七年）
	上海三联（集团）有限公司亨达利钟表公司	亨达利	钟表	仪器仪表及文化、办公用机械	1914 年
	上海中华药业有限公司	龙虎	药业	医药	1911 年
江苏（35个）	江苏仙鹤食品酿造有限公司	仙鹤	食品业	食品及加工盐类	1869 年（清同治八年）
	江苏恒顺醋业股份有限公司	恒顺	醋	食品及加工盐类	1840 年
	扬州富春饮服集团有限公司富春茶社	富春	茶叶	饮料、酒及酒精	1885 年
	南京清真马祥兴菜馆	马祥兴	清真菜	餐饮服务	1845 年
	扬州三和四美酱菜有限公司	三和、四美	酱菜	食品及加工盐类	1796 年
	常熟市王四酒家	王四酒家	餐饮	餐饮服务	1887 年（清光绪十三年）
	南京宝庆银楼首饰有限责任公司	宝庆牌	珠宝、首饰	餐饮服务	清嘉庆年间

续表

地区	百年品牌	注册商标	主营产品	统计用产品分类	始创年份
江苏（35个）	苏州乾生元食品有限公司	乾	宫廷御膳点心	食品及加工盐类	1781 年（清乾隆四十六年）
	苏州乾泰祥丝绸有限公司	乾泰祥	丝绸等	纺织产品	1863 年（清同治二年）
	徐州市沛县古沛郭家烧鸡店	古沛郭家	烧鸡	食品及加工盐类	1876 年（清光绪二年）
	苏州市石家饭店	石家饭店	餐饮	餐饮服务	1790 年（清乾隆五十五年）
	扬州谢馥春化妆品有限公司	谢馥春	化妆品	化学原料及化学制品	1830 年（清道光十年）
	南京吴良材眼镜店	丝绸之路	眼镜	工艺品及其他制造产品	1806 年（清嘉庆十一年）
	苏州采芝斋食品有限公司	采芝斋	食品	食品及加工盐类	1870 年（清同治九年）
	苏州黄天源食品有限公司	黄天源	食品	食品及加工盐类	1821 年
	苏州津津食品有限公司	津津	食品	食品及加工盐类	清末民初
	连云港市板浦汪恕有滴醋厂		醋	食品及加工盐类	清康熙十四年间
	江苏淮安市浦楼酱醋食品有限公司	浦楼	醋、酱等	食品及加工盐类	1835 年（清道光十五年）
	泰州梅兰春酒厂有限公司	梅兰春	酒类	饮料、酒及酒精	千年历史
	如皋市林梓潮糕店	林梓老万和	林梓潮糕	食品及加工盐类	1732 年（清雍正十年）

续表

地区	百年品牌	注册商标	主营产品	统计用产品分类	始创年份
江苏（35个）	南通颐生酒业有限公司	颐生	酒业	饮料、酒及酒精	1894 年
	南京刘长兴餐饮有限公司	刘长兴	面馆	餐饮服务	1901 年
	无锡市王兴记有限公司	王兴记	馄饨	餐饮服务	1913 年
	徐州市金悦饮食服务有限公司	马市街饣它汤	汤类小吃	餐饮服务	清光绪年间
	苏州市吴中区藏书老庆泰羊肉馆	老庆泰	羊肉类	餐饮服务	1898 年（清光绪二十四年）
	无锡市真正老陆稿荐肉庄有限公司	真正老陆稿荐	熟食品加工	食品及加工盐类	1663 年（清康熙二年）
	无锡市聚丰园大酒店有限责任公司	聚丰园	餐饮	餐饮服务	1867 年
	无锡市世泰盛经贸有限责任公司	世泰盛	绸布	纺织产品	1889 年（清光绪十五年）
	雷允上药业有限公司	雷允上	药业	医药	1734 年（清雍正十二年）
	苏州三万昌茶叶有限公司	三万昌	茶叶	饮料、酒及酒精	1855 年（清咸丰五年）
	苏州医疗用品厂有限公司	华佗	医疗	医药	140 余年历史
	扬州大德生药房连锁有限公司	大德生	药业	医药	1912 年
	镇江唐老一正斋药业有限公司	—	药业	医药	1662 年（清康熙初年）

续表

地区	百年品牌	注册商标	主营产品	统计用产品分类	始创年份
江苏（35个）	苏州市恒孚首饰集团有限公司	恒孚	金银首饰	工艺品及其他制造产品	1806年（清嘉庆年间）
	如皋市白蒲三香斋茶干厂	三香斋	传统风味土特产	食品及加工盐类	300余年历史
浙江（46个）	宁波市楼茂记食品有限公司	楼茂记	酿造业	食品及加工盐类	1743年（清乾隆八年）
	杭州胡庆余堂国药号有限公司	胡庆余堂	药店	医药	1874年（清同治十三年）
	杭州张小泉集团有限公司	张小泉	刀剪等	金属制品	1628年
	湖州王一品斋笔庄有限责任公司	天官牌	毛笔	文教体育用品	1741年（清乾隆六年）
	绍兴市咸亨酒店有限公司	咸亨	黄酒	餐饮服务	1894年（清光绪二十年）
	衢州市邵永丰成正食品厂	邵永丰	食品	食品及加工盐类	清朝年间
	浙江龙泉市官窑瓷业公司	龙官	瓷器	工艺品及其他制造产品	百年历史
	嘉兴三珍斋食品有限公司	三珍斋	酱鸡	食品及加工盐类	清道光年间
	湖州丁莲芳食品有限公司	丁莲芳	食品加工	食品及加工盐类	1878年（清光绪四年）
	杭州方回春堂国药馆有限公司	方回春堂	药业	医药	1649年（清顺治六年）
	杭州王星记扇业有限公司	王星记	扇子等	工艺品及其他制造产品	1875年

续表

地区	百年品牌	注册商标	主营产品	统计用产品分类	始创年份
浙江（46个）	杭州楼外楼实业有限公司	楼外楼	餐饮	餐饮服务	1848 年（清道光二十八年）
	杭州毛源昌眼镜厂	毛源昌	眼镜	工艺品及其他制造产品	1862 年
	会稽山绍兴酒有限公司	会稽山	酒类	饮料、酒及酒精	1743 年
	杭州万隆肉类制品有限公司	万隆	肉制品	食品及加工盐类	1864 年（清同治三年）
	杭州信源首饰店有限公司	信源	珠宝、首饰	工艺品及其他制造产品	1865 年
	浙江震元医药连锁有限公司	震元堂	药业	医药	1752 年（清乾隆十七年）
	浙江新昌同兴食品实业有限公司	同兴	食品加工	食品及加工盐类	1850 年（清道光三十年）
	浙江嘉善黄酒股份有限公司	西塘	酒类	饮料、酒及酒精	1618 年（明万历四十六年）
	湖州震远同食品有限公司	震远同	食品加工	食品及加工盐类	1840 年（清朝年间）
	中国绍兴黄酒集团有限公司	古越龙山	酒业	饮料、酒及酒精	百年历史
	杭州颐香斋食品有限公司	颐香	糕点、小吃等	食品及加工盐类	1875 年（清光绪元年）

续表

地区	百年品牌	注册商标	主营产品	统计用产品分类	始创年份
浙江（46个）	湖州乾昌酒业有限责任公司	乾昌	酒类	饮料、酒及酒精	1890年（清光绪十六年）
	上虞市同仁酿造有限公司	协和	酿造品	食品及加工盐类	180余年历史
	杭州翠沁斋清真食品有限公司	翠沁斋	清真食品	食品及加工盐类	1901年（清光绪二十七年）
	杭州景阳观调料酱品有限公司	景阳观	调味品	食品及加工盐类	1907年（清光绪三十三年）
	平湖市老鼎丰酿造食品有限公司	群欢	酿造产品	食品及加工盐类	1871年
	龙泉南宋哥窑瓷业有限公司	南宋哥	陶瓷等工艺品	工艺品及其他制造产品	百年历史
	湖州老恒和酿造有限公司	老恒和	调味品	食品及加工盐类	清咸丰初年
	江山市酿造厂	清湖	调味品	食品及加工盐类	1820年
	绍兴仁昌酱园有限公司	仁昌记	调味品	食品及加工盐类	1892年（清光绪十八年）
	宁波市楼茂记食品有限公司	楼茂记	食品加工	食品及加工盐类	1743年（清乾隆八年）
	杭州饮食服务集团有限公司杭州奎元馆	奎元馆	面条	餐饮服务	1867年（清同治六年）
	温州市县前汤圆店	县前	汤圆	餐饮服务	清咸丰年间
	宁波市海曙缸鸭狗汤圆有限责任公司	缸鸭狗	汤圆	食品及加工盐类	百年历史

续表

地区	百年品牌	注册商标	主营产品	统计用产品分类	始创年份
浙江（46个）	杭州李宝赢堂中药饮片有限公司	李宝赢堂	补品	医药	1883 年（清光绪九年）
	浙江天一堂药业有限公司	天一堂	药业	医药	1863 年
	浙江省龙泉市沈广隆剑铺	沈广隆	宝剑等	工艺品及其他制造产品	1894 年
	杭州边福茂鞋业有限公司	边福茂	鞋业	服装、鞋、帽	1911 年（清宣统三年）
	杭州孔凤春化妆品有限公司	孔凤春	化妆品	化学原料及化学制品	1862 年（清同治元年）
	温州叶同仁医药连锁有限公司	叶同仁	药业	医药	1665 年（清康熙四年）
	杭州万承志堂国药馆有限公司	承志堂	药业	医药	1855 年前后
	桐乡市丰同裕蓝印布艺有限公司	丰同裕	布料等	纺织产品	1846 年
	浙江越王珠宝有限公司	越王	珠宝首饰等	工艺品及其他制造产品	1901 年
	浙江省龙泉市宝剑厂有限公司	龙泉宝剑	宝剑等	工艺品及其他制造产品	千年历史
	宁波华天投资有限公司	升阳泰	食品加工	食品及加工盐类	1851 年（清咸丰年间）
安徽（20个）	合肥张顺兴食品厂	张顺兴号	食品加工	食品及加工盐类	1882 年
	合肥市中和祥食品工贸有限责任公司	中和祥	食品加工	食品及加工盐类	1898 年（清光绪二十四年）

续表

地区	百年品牌	注册商标	主营产品	统计用产品分类	始创年份
安徽（20个）	安庆市胡玉美酿造食品有限责任公司	胡玉美	酿造品	食品及加工盐类	1830 年（清道光十年）
	安徽安科余良卿药业有限公司	余良卿	药业	医药	1855 年（清咸丰五年）
	黄山谢裕大茶业股份有限公司	谢正安	茶业	医药	1875 年
	芜湖张恒春药业有限公司	张恒春药号	药业	医药	1800 年（清嘉庆五年）
	芜湖市耿福兴酒楼	耿福兴	餐饮	餐饮服务	清光绪年间
	芜湖市赵云生剪刀厂	赵云生	剪刀、工具等	金属制品	宋末元初
	黄山市徽州漕溪茶厂	谢正安	茶业	饮料、酒及酒精	1875 年
	黄山市屯溪胡开文墨厂	胡开文	文墨品	文教体育用品	1765 年（清乾隆三十年）
	六安寿县饮食服务公司聚红盛大酒店	聚红盛	餐饮	餐饮服务	百年历史
	六安市六安瓜片茶叶股份有限公司	六安瓜片	茶业	饮料、酒及酒精	清代
	安庆市麦陇香食品厂	麦陇香	食品加工	食品及加工盐类	清代
	安徽亳州古井贡酒集团	古井贡	酒类	饮料、酒及酒精	1515 年（明正德十年）
	淮北市濉溪县口子酒业股份有限公司	口子	酒类	饮料、酒及酒精	千年历史

续表

地区	百年品牌	注册商标	主营产品	统计用产品分类	始创年份
安徽（20个）	马鞍山市采石矶食品有限公司	采石矶	食品加工	食品及加工盐类	200余年历史
	安徽桐城安科余良卿药业有限公司	余良卿号	药业	医药	1855年（清咸丰五年）
	安徽省休宁县万安吴鲁衡罗经老店有限公司	吴鲁衡	罗盘	文教体育用品	1723年（清雍正元年）
	歙县老胡开文墨业有限公司	李廷珪牌	墨汁、文苑盒等	文教体育用品	1782年
	安庆市柏兆记工贸实业发展有限公司	柏兆记	清真食品加工	食品及加工盐类	1904年
福建（8个）	福建泉州市春生堂酒厂有限公司	春生堂	酒类	饮料、酒及酒精	1820年（清道光元年）
	福州回春医药连锁有限公司	回春	药业	医药	清朝乾隆年间
	福建省将乐县民间龙池古砚作坊	龙池	砚台	文教体育用品	唐朝
	福建聚春园集团有限公司	聚春园	餐饮	餐饮服务	1865年（清同治四年）
	福州鼓楼区同利肉燕老铺	同利	食品加工	食品及加工盐类	1876年（清光绪二年）
	福州台江老天华乐器行	老天华	乐器	文教体育用品	1801年（清嘉庆六年）
	漳州市八宝印泥厂	丹霞	印泥	文教体育用品	1673年（清康熙十二年）
	厦门惟艺漆线雕艺术有限公司	—	工艺品	工艺品及其他制造产品	300余年历史

续表

地区	百年品牌	注册商标	主营产品	统计用产品分类	始创年份
江西（7个）	江西友家食品有限公司	德福斋	食品加工	食品及加工盐类	明末清初
	江西金溪森和兴贡面厂	龙牌	面食	食品及加工盐类	明代末年
	江西省大余县南安板鸭厂	南安板鸭	板鸭	食品及加工盐类	明万历年间
	江西堆花酒业公司	堆花	酒业	饮料、酒及酒精	千年历史
	九江石钟山豆制品有限公司	石钟山	豆制品	食品及加工盐类	1902 年（清光绪二十八年）
	江西黄庆仁栈华氏大药房连锁有限公司	黄庆仁栈	药业	医药	1833 年
	贵溪市龙兴铺灯芯糕有限责任公司	龙兴铺	糕点	食品及加工盐类	明代末年
山东（20个）	济南宏济堂制药有限责任公司	宏济堂	制药	医药	1907 年
	烟台张裕集团有限公司	张裕	酒类	饮料、酒及酒精	1892 年
	济宁玉堂酱园有限责任公司	玉堂	酱菜、酱油等	食品及加工盐类	1714 年
	山东德州扒鸡集团有限公司	德州	扒鸡等	食品及加工盐类	明朝年间
	莱芜宗文清真食品有限公司	金家老店	清真食品	食品及加工盐类	清乾隆末年
	德州通德酿造有限公司	通德	酿造产品	食品及加工盐类	1901 年（清光绪二十七年）
	山东景芝酒业股份有限公司	景芝	酒类	饮料、酒及酒精	千年历史

续表

地区	百年品牌	注册商标	主营产品	统计用产品分类	始创年份
山东（20个）	青岛灯塔酿造有限公司	灯塔	酿造业	食品及加工盐类	1904年
	青岛青联万香斋食品厂	万香斋	食品加工	食品及加工盐类	清朝末年
	青岛啤酒股份有限公司	青岛啤酒	酒类	饮料、酒及酒精	1903年
	青岛崂山矿泉水有限公司	崂山	矿泉水	饮料、酒及酒精	1905年
	济南趵突泉酿酒有限责任公司	趵突泉	酒类	饮料、酒及酒精	明崇祯年间
	山东玉兔食品有限责任公司	玉兔	食品加工	食品及加工盐类	1873年（清同治十二年）
	山东兰陵美酒股份有限公司	兰陵	酒类	饮料、酒及酒精	千年历史
	山东惠民武定府酿造有限责任公司	武定府	酿造业	食品及加工盐类	300余年历史
	烟台北极星国有控股有限公司	北极星	钟表仪器	仪器仪表及文化、办公用机械	1915年
	山东东阿阿胶股份有限公司	东阿牌	阿胶	医药	3000余年历史
	淄博万春堂骨科医院有限公司	万春堂	膏药等	医药	清同治年间
	济南药业集团有限责任公司	宏济堂	药业	医药	1907年
	烟台生生堂药房有限公司	生生堂	药业	医药	1863年

续表

地区	百年品牌	注册商标	主营产品	统计用产品分类	始创年份
河南（6个）	洛阳市真不同饭店有限责任公司	真不同	餐饮	餐饮服务	1895 年
	河南商丘大有丰酱园	归德大有丰	酱菜	食品及加工盐类	清顺治年间
	河南省宋河酒业股份有限公司	宋河	酒类	饮料、酒及酒精	千年历史
	河南省洛阳正骨医院	平乐正	医疗服务、膏药	医药	1796 年（清嘉庆元年）
	项城市汝阳刘笔业有限公司	汝阳刘	笔	文教体育用品	千年历史
	汝州市四知堂制药厂	四知堂	制药	医药	1627 年
湖北（8个）	武汉马应龙药业集团股份有限公司	马应龙	药业	医药	1582 年（明万历十年）
	武汉曹祥泰食品有限责任公司	曹祥泰	糕点	食品及加工盐类	1863 年（清同治二年）
	武汉市长生堂理发总店	长生堂	理发	居民服务	1911 年
	湖北省赵李桥茶厂	川	茶业	饮料、酒及酒精	1861 年（清咸丰年间）
	云梦县楚河鱼面厂	楚河	面食	食品及加工盐类	1835 年（清道光十五年）
	湖北枝江酒业股份有限公司	枝江	酒业	饮料、酒及酒精	1817 年
	湖北久康食品有限公司	久康	食品	食品及加工盐类	1913 年
	武汉健民药业集团股份有限公司	健民	药业	医药	明崇祯年间

续表

地区	百年品牌	注册商标	主营产品	统计用产品分类	始创年份
湖南（10个）	长沙饮食集团长沙玉楼东有限公司	玉楼东	湘菜	餐饮服务	1904年（清光绪三十年）
	九芝堂股份有限公司	九芝堂	药业	医药	1650年
	长沙饮食集团长沙又一村有限公司	又一村	餐饮	餐饮服务	1743年（清乾隆八年）
	湖南省老杨明远眼镜有限公司	老杨明远	眼镜	工艺品及其他制造产品	1618年（明万历年）
	长沙玉和酿造有限公司	玉和	酿造产品	食品及加工盐类	1649年（清顺治六年）
	长沙市九如斋食品开发有限公司	九如斋	中西糕点	食品及加工盐类	1915年
	沅江亿昌食品有限公司	亿昌	麻香糕糕点	食品及加工盐类	1911年
	衡阳市杨裕兴实业有限公司	杨裕兴	食品加工	食品及加工盐类	1893年（清光绪二十年）
	湖南龙牌酱业集团有限公司	龙	酱油	食品及加工盐类	1704年（清乾隆末年）
	长沙甘长顺面食有限公司	甘长顺	面食	食品及加工盐类	1883年（清光绪九年）
广东（23个）	广州王老吉药业股份有限公司	王老吉	凉茶	饮料、酒及酒精	1828年（清道光年间）
	佛山冯了性药业有限公司	冯了性	制药	医药	380余年历史
	广州敬修堂（药业）股份有限公司	敬修堂	药业	医药	清乾隆年间

续表

地区	百年品牌	注册商标	主营产品	统计用产品分类	始创年份
广东（23个）	广东宏兴集团股份有限公司	宏兴	药业	医药	清康熙年间
	广州潘高寿药业股份有限公司	潘高寿	药业	医药	1890 年（清光绪十六年）
	广东明珠珍珠红酒业有限公司	珍珠	酒类	饮料、酒及酒精	1516 年
	佛山市海天调味食品有限公司	海天	调味品	食品及加工盐类	清乾隆年间
	鹤山市东古调味食品有限公司	东古牌	调味品	食品及加工盐类	1850 年（清道光三十年）
	广东益和堂制药有限公司	沙溪	制药	医药	100 余年历史
	广州陶陶居饮食有限公司	陶陶居	茶点、月饼、菜肴	食品及加工盐类	清光绪年间
	汕头市广德泰酒厂实业有限公司	广德泰牌	酒类	饮料、酒及酒精	清光绪年间
	佛山市太吉酒厂有限公司	陈太吉	酒类	饮料、酒及酒精	170 余年历史
	江门市新会大有酱园食品有限公司	大有	酱菜	食品及加工盐类	1799 年（清嘉庆四年）
	广州市泮塘食品有限公司	泮塘	马蹄粉、葛粉、藕粉、慈姑粉	食品及加工盐类	唐朝年间
	汕头市澄海区老山合腊味厂	老山合	肉松	食品及加工盐类	1890 年
	广州陈李济药厂	陈李济	药业	医药	1600 年（明万历二十八年）

续表

地区	百年品牌	注册商标	主营产品	统计用产品分类	始创年份
广东（23个）	广州奇星药业有限公司	奇星	药业	医药	130余年历史
	广州白云山明兴制药有限公司	明兴	药业	医药	1900年
	广州市南方厨具发展有限公司	双狮	刀具	金属制品	1796年
	广州白云山光华制药股份有限公司	禾穗牌	药业	医药	1896年（清末民初）
	广州市生茂泰茶厂	生茂泰	茶叶	饮料、酒及酒精	1862年（清同治元年）
	广州市李占记钟表有限公司	李占记	钟表	仪器仪表及文化、办公用机械	1915年
	广州中一药业有限公司	中一	药业	医药	清朝康熙年间
重庆（7个）	重庆市江津米花糖有限责任公司	玫瑰牌	米花糖	食品及加工盐类	1910年
	重庆市江津酿造调味品有限责任公司	迈进	调味品	食品及加工盐类	清朝末年
	重庆市忠县忠州腐乳酿造有限公司	石宝寨	豆腐乳	食品及加工盐类	始于唐代
	重庆市江津酒厂（集团）有限公司	几江	酒类	饮料、酒及酒精	1908年
	重庆冠生园食品有限责任公司	冠生园	糖果、蜂制品、酒类	食品及加工盐类	1915年
	重庆精益高登眼镜连锁有限公司	精益高登	眼镜	工艺品及其他制造产品	1911年
	重庆桐君阁股份有限公司	桐君阁	药业	医药	1908年（清光绪三十四年）

续表

地区	百年品牌	注册商标	主营产品	统计用产品分类	始创年份
四川（22个）	四川省成都市饮食公司（陈麻婆豆腐店）	陈麻婆	豆腐	餐饮服务	1862 年（清同治初年）
	四川省成都市饮食公司	赖汤圆	汤圆	餐饮服务	1894 年
	四川省成都市饮食公司	钟水饺	饺子	餐饮服务	1892 年
	四川省成都市饮食公司	荣乐园	高级宴席和家庭风味菜肴	食品及加工盐类	1861 年（清咸丰年间）
	四川省宜宾五粮液集团有限公司	五粮液	酒类	饮料、酒及酒精	千年历史
	泸州老窖股份有限公司	泸州老窖	酒类	饮料、酒及酒精	公元 1573 年
	四川剑南春（集团）有限责任公司	剑南春	酒类	饮料、酒及酒精	唐代
	四川全兴股份有限公司	全兴	酒类	饮料、酒及酒精	600 余年历史
	四川沱牌曲酒股份有限公司	沱牌	酒类	饮料、酒及酒精	千年历史
	四川保宁醋有限公司	保宁	醋	食品及加工盐类	公元 936 年（五代唐长兴元年）
	四川省郫县豆瓣股份有限公司	鹃城牌	食品生产	食品及加工盐类	1688 年（清康熙年间）
	四川江口醇酒业（集团）有限公司	江口醇	酒类	饮料、酒及酒精	130 余年历史

续表

地区	百年品牌	注册商标	主营产品	统计用产品分类	始创年份
四川（22个）	自贡三木调味品酿造有限公司	太源井	太源晒醋	食品及加工盐类	1848 年
	成都市郫县绍丰和调味品实业有限公司	绍丰和	调味品	食品及加工盐类	1666 年
	四川清香园调味品股份有限责任公司	清香园	调味品	食品及加工盐类	1828 年
	四川省绵阳市丰谷酒业有限责任公司	丰谷	酒类	饮料、酒及酒精	千年历史
	四川省五通桥德昌源酱园厂	—	酱菜	食品及加工盐类	1861 年（清同治年间）
	四川德仁堂药业连锁有限公司	德仁堂	药业	医药	1740 年（乾隆五年）
	四川梓橦宫药业有限公司	梓橦宫	药业	医药	1780 年
	四川阆中寿昌号蚕丝制品有限公司	寿昌号	蚕丝制品	纺织产品	1887 年
	成都市胡开文文具有限责任公司	胡开文	笔墨	文教体育用品	1765 年（清乾隆三十年）
	四川省崇州市老号汤长发麻饼厂	汤长发	麻饼	食品及加工盐类	1786 年（清乾隆五十一年）
贵州（5个）	贵州都匀毛尖茶集团有限公司	都匀毛尖	茶业	饮料、酒及酒精	百年历史
	贵州省三都水族自治县九阡酒厂	九阡	酒类	饮料、酒及酒精	千年历史
	中国贵州茅台酒厂有限责任公司	茅台	酒类	饮料、酒及酒精	千年历史

续表

地区	百年品牌	注册商标	主营产品	统计用产品分类	始创年份
贵州（5个）	贵州董酒股份有限公司	董	酒类	饮料、酒及酒精	千年历史
	国药集团同济堂（贵州）制药有限公司	同济堂	药业	医药	1888 年（清光绪十四年）
云南（9个）	昆明福林堂药业有限公司	福林堂	药业	医药	1857 年（清咸丰七年）
	昆明老拨云堂药业有限公司	老拨云堂	药业	医药	1728 年
	云南通海民族银饰制品有限公司	孔雀牌	民族服饰	服装、鞋、帽	1851 年（清咸丰元年）
	云南杨林肥酒有限公司	杨林	酒类	饮料、酒及酒精	1880 年（清光绪六年）
	昆明饮食服务有限公司	建新园	过桥米线	餐饮服务	1906 年
	云南宣威火腿集团有限责任公司	宣字	肉制品	食品及加工盐类	明朝
	云南白药集团股份有限公司	云南白药	中药	医药	1902 年
	昆明中药厂有限公司	云昆牌	中药	医药	1381 年（明洪武十四年）
	云南下关沱茶（集团）股份有限公司	下关沱茶	茶叶	饮料、酒及酒精	1902 年（清光绪二十八年）
陕西（9个）	西安市德懋恭食品商店	德懋恭	糕点	食品及加工盐类	1872 年
	洋县大咸德调味品有限公司	朱鹮	调味品	食品及加工盐类	1856 年（清咸丰六年）

续表

地区	百年品牌	注册商标	主营产品	统计用产品分类	始创年份
陕西（9个）	西安永信清真肉类食品有限公司	贾永信	清真肉制品	食品及加工盐类	1622 年（明天启二年）
	潼关酱菜食品厂	潼冠	酱菜	食品及加工盐类	清康熙年间
	陕西省太白酒业股份有限公司	太白	酒类	饮料、酒及酒精	始于商周
	陕西白水杜康酒业有限责任公司	白水杜康	酒类	饮料、酒及酒精	千年历史
	陕西省城固酒业有限公司	城古	酒类	饮料、酒及酒精	千年历史
	西安饮食服务（集团）股份有限公司老孙家饭庄	老孙家	餐饮	餐饮服务	清光绪年间
	西安中药集团公司藻露堂连锁店	—	中药	医药	1622 年（明天启二年）
甘肃（1个）	兰州景扬楼餐饮有限责任公司	景扬楼	淮扬、川粤、京帮和陇菜	餐饮服务	1902 年（清光绪二十八年）
宁夏（2个）	银川市协力厚医药连锁总店	协力厚	药业	医药	道光年间
	宁夏敬义泰清真食品有限公司	敬义泰	清真食品	食品及加工盐类	1862 年（清同治年间）
青海（1个）	青海互助青稞酒有限公司	互助	酒类	饮料、酒及酒精	明末清初

续表

地区	百年品牌	注册商标	主营产品	统计用产品分类	始创年份
新疆（2个）	新疆七一酱园酿造食品有限责任公司	七一酱园	酱菜	食品及加工盐类	1876 年（清朝年间）
	新疆第一窖古城酒业有限公司	古城	白酒	饮料、酒及酒精	1403 年（明永乐初年）

1.2.2 我国百年品牌发展总体特点

根据表 5 - 1 以及相关文献，总结我国百年品牌的发展主要具有如下特点：数量有限、行业分布集中及经营情况两极分化。

（1）数量有限

根据我国百年品牌名录统计，我国现存百年品牌共 434 个。据日本调查公司，东京商工研究机构 2012 年数据显示，全日本超过百年历史的企业达 21666 家之多。在韩国银行 2008 年发布的“世界上最古老的公司”榜单中，超过 200 年历史的长寿企业在欧洲也不少，德国有 837 家，有荷兰 222 家，法国还有 196 家。相比之下，中国中小企业的平均寿命仅 2.5 年，集团企业的平均寿命仅 7 ~ 8 年，与欧美企业平均寿命 40 年相比相距甚远。

在百年品牌数量有限背后，存在一定历史条件下制约的客观因素以及相应企业自身的主观因素。从客观因素而言，首先，中华民族虽然历史悠久，但相关品牌认定及保护等法律实施时间较晚，并不完善。1983 年 3 月 1 日，《中华人民共和国商标法》正式实施，中国企业才正式开始了以注册商标为标志的品牌建设行动。其次，在 20 世纪 50 年代，我国对民族资本主义工商业进行社会主义改造导致私营企业消失。因此，中国百年品牌数量较少是必然的。最后，中国经济蓬勃发展是在近 30 年，品牌的创立、打造及培养需要一个健康、稳定的经济环境。从主观因素而言，即品牌自身，许多老字号在时代的变革中因无法积极迎合市场经济、品牌保护措施不够完善及企业管理模式老旧等多种因素而被淘汰。

（2）行业分布集中

根据国家统计局统计用产品分类标准对434个百年品牌进行产品分类划分，如表5－2所示。在97个产品分类目录下，百年品牌仅占据其中19个类别，行业分布过度集中。其中，具体数量包括食品及加工盐类144个，饮料、酒及酒精79个，医药69个，餐饮服务65个，工艺品及其他制造产品18个，文教体育用品18个，服装、鞋、帽9个，纺织产品9个，零售服务4个，金属制品5个，化学原料及化学制品3个，住宿服务2个，仪器仪表及文化、办公用机械3个，饲养动物及产品1个，印刷品、记录媒介复印品1个，娱乐服务1个，家具及配件1个，公共设施管理服务1个，居民服务1个，主要集中在食品及加工盐类，饮料、酒及酒精，医药，餐饮服务等方面。

表5－2　中国百年品牌分类统计

分类名称	数量	占全行业百分比
食品及加工盐类	144	33.18%
饮料、酒及酒精	79	18.20%
医药	69	15.90%
餐饮服务	65	14.98%
工艺品及其他制造产品	18	4.15%
文教体育用品	18	4.15%
服装、鞋、帽	9	2.07%
纺织产品	9	2.07%
金属制品	5	1.15%
零售服务	4	0.92%
化学原料及化学制品	3	0.69%
仪器仪表及文化、办公用机械	3	0.69%
住宿服务	2	0.46%
饲养动物及产品	1	0.23%
居民服务	1	0.23%

续表

分类名称	数量	占全行业百分比
公共设施管理服务	1	0.23%
家具及配件	1	0.23%
娱乐服务	1	0.23%
印刷品、记录媒介复印品	1	0.23%

百年品牌行业较为集中的背后存在一定的原因。首先，我国自古以来都是农业大国，农副产品的开发与利用以及地域性饮食文化的特色有着千年的历史。我国工业、金融业等发展起步较晚，因而食品加工、酿酒、餐饮等行业在我国百年品牌的版图中独占鳌头实属正常。其次，在酿酒、餐饮及食品加工等行业中，在无专利保护制度的情况下，独家配方仍可较好保存。独特的品质及口味等可以较长时间流传，品牌若经营完善、管理得当，形成超过百年老店比较常见。最后，部分百年品牌因一定的地域性文化基础而能够形成百年品牌，作为区域性特色，诸如贵州茅台、泸州老窖、山西汾酒、西凤酒等酿酒类百年品牌在当地都有着数百年甚至上千年的酒文化，长期形成了本地特色，形成口碑，流传较广。

（3）经营情况两极分化

我国百年品牌经营状况存在两极分化的情况。在我国部分百年品牌欣欣繁荣、长盛不衰的同时，更多的是经营状况一般，甚至部分濒临破产。据相关统计，目前接近70%的中华老字号勉强维持现状，20%处于长期亏损、面临破产，只有不到10%的企业生产经营效果良好。经过20世纪50年代的一些公私合营、改革开放后市场化的深入，特别是国际市场的日益开放和多元化，我国的诸多百年品牌正招致来自各方面的竞争压力，生存的空间逐渐缩小，从而引起了一大批百年老店的绩效锐减甚至倒闭。

第2节　我国典型地区百年品牌发展情况

我国地域分布较广，各地民族、文化及其历史背景各有差异，在百年品牌的发展上也有所不同。因此，本节主要在我国百年品牌名录的统计分析以及相关文献研究的基础上，对我国总体地区、按行政地域划分地区、具体典型地区三个部分逐层深入，对我国百年品牌发展情况与特点进行分析与总结。

2.1　总体地区发展特点

根据全国各地区百年品牌数量以及行业分布情况，我国百年品牌总体地区发展主要有以下特点：(1) 地区分布集中；(2) 行业分布受地区历史文化影响程度大。

(1) 地区分布集中

根据各地区百年品牌数量及行业分布统计（见表5－3），北京、上海、浙江、江苏地区共182个百年品牌，占据了全国42%的百年品牌数量。与此同时，根据国家工商行政管理总局商标局于2015年公布的《2014年各省、自治区、直辖市商标申请与注册统计表》，截至2014年12月15日，北京、上海、浙江、江苏四地累计注册商标量分别为545713件、431987件、965127件、516356件，占据全国商标注册数量前五名中的4名。

表5－3　全国各省区市百年品牌数量及行业分布统计

地区	百年品牌数量	占全部百年品牌百分比	行业分布
北京	53个	12.21%	11行业
天津	24个	5.53%	6行业
河北	11个	2.53%	5行业
山西	12个	2.76%	4行业
内蒙古	2个	0.46%	1行业

续表

地区	百年品牌数量	占全部百年品牌百分比	行业分布
辽宁	17个	3.92%	5行业
吉林	11个	2.53%	4行业
黑龙江	15个	3.46%	5行业
上海	48个	11.06%	11行业
江苏	35个	8.06%	7行业
浙江	46个	10.06%	10行业
安徽	20个	4.61%	6行业
福建	8个	1.84%	6行业
江西	7个	1.61%	3行业
山东	20个	4.61%	4行业
河南	6个	1.38%	5行业
湖北	8个	1.84%	4行业
湖南	10个	2.30%	4行业
广东	23个	5.30%	5行业
重庆	7个	1.61%	4行业
四川	22个	5.07%	6行业
贵州	5个	1.15%	2行业
云南	9个	2.07%	5行业
陕西	9个	2.07%	4行业
甘肃	1个	0.23%	1行业
宁夏	2个	0.46%	2行业
青海	1个	0.23%	1行业
新疆	2个	0.46%	2行业

一方面，四地品牌发展状况良好首先与经济发展情况密不可分。根据国家统计局公布2014年地区生产总值（亿元），其中江苏为65088.32、浙江为40153.5、上海为23560.94、北京为21330.8，分别位列全国第2位、第4位、第12位、第13位（其中北京、上海为直辖市）。北京是一座有着三千多年历史的古都，自古以来就是我国较发达地区；上海作为近现代中国的金融、经济中心；浙江、江苏历来都是富庶之地，良好的经济背景为品牌的创立、打造及培养提供了优越的生存环境。另一方面，与品牌保护措施有一定关系。自1985年4月1日《中华人民共和国专利法》正式实施以来，该四地专利申请数量在全国名列前茅，如表5－4所示，专利申请数量从一定程度上体现了其品牌保护意识较强。

表5－4　1985～2013年全国及部分省市专利申请数量统计　　单位：件

地区	总累计	1985～2008年	2009年	2010年	2011年	2012年	2013年
全国总计	11646748	4008328	877611	1109428	1504670	1912151	2234560
北京	669449	268321	50236	57296	77955	92305	123336
上海	670886	288102	62241	71196	80215	82682	86450
江苏	2160830	425091	174329	235873	348381	472656	504500
浙江	1340147	390470	108482	120742	177066	249373	294014

（2）行业分布受地区历史文化等因素影响

百年品牌行业分布与历史文化有直接关系。自古流传下来的当地特色与民间文化为品牌的发展提供了生存的土壤。同时，品牌的打造与传播又反过来深深影响了人们对当地文化的认同。下面以北京、上海、山西、贵州为例进行分析。

北京百年品牌行业分布中，食品及加工盐类10个，餐饮服务类19个，总计29个，占北京总百年品牌数量的54.72%。这与北京作为我国三千多年历史的古都有直接关系。北京，自春秋战国以来一直是我国北方重镇，先后有辽、金、元、明、清五朝建都于此，是我国政治、经济、文化、外交中心，汉族、满族、蒙古族、回族等在此定居。世界和全国各地文化在此融会交流，在饮食文化方面，形成了荟萃百家、兼收并蓄、格调高雅、风格独特、自成体系的“北京菜”。北京悠久发达的餐饮文化也成就了众多餐饮老字号，有些至今被人们所熟知，如创业于清同治三年（1848 年）的全聚德、开业于清咸丰三年（1853 年）的鸿宾楼及丰泽园等。

上海百年品牌行业分布情况较为分散，19 个行业分类中占据了其中 11 个行业，包括零售服务、食品及加工盐类、医药、餐饮服务、工艺品及其他制造产品、金属制品、仪器仪表及文化办公用机械、文教体育用品、纺织产品、化学原料及化学制品、饲养动物及其产品。百年品牌行业种类之多，与上海作为我国最大商业城市和商品流通中心密不可分。

山西百年品牌有 12 个，其中 9 个是食品及加工盐类，其中生产醋或相关的有多个。山西人自古以来和醋有着深厚友情。山西做醋的历史大约有 3000 年之久。北魏贾思勰在其名著《齐民要术》中总结的 22 种制醋法，有人考证认为就是山西人的酿造法。山西是我国食醋的重要发祥地，素有“醋乡”之称。山西酿醋业的产生、发展和进步，同我国饮食文化一样源远流长，自成体系，独树一帜；它有着浓郁的民族文化传统和鲜明的乡土气息。

贵州的 5 个百年品牌中，有 3 个是白酒类。这与贵州自古以来流传下来的酒文化密不可分。贵州是国酒、名酒之乡，民间酒文化的内涵深不可测，除国酒茅台以外，还有董酒、习酒、金沙窖酒等。

2.2 按行政地域划分百年老字号分布与发展情况

根据我国行政区域对国家总体地域进行百年品牌地域划分，主要分为华东地区、华南地区、华中地区、华北地区、西北地区、西南地区及东北地区，如表 5 – 5 所示。

表5-5　百年品牌行政区域行业分布统计

地区	百年品牌数量	占全部百年品牌数量百分比	行业分布
华东地区（包括山东、江苏、安徽、浙江、福建、上海）	177个	40.78%	共13行业 食品及加工盐类62个 饮料、酒及酒精19个 餐饮服务24个 医药25个 工艺品及其他制造产品13个 文教体育用品13个 纺织产品6个 金属制品4个 化学原料及化学制品3个 零售服务4个 饲养动物及其产品1个 仪器仪表及文化、办公用机械2个 服装、鞋、帽1个
华南地区（包括广东、广西、海南）	23个	5.30%	共5行业 食品及加工盐类6个 医药10个 饮料、酒及酒精5个 金属制品1个 仪器仪表及文化、办公用机械1个
华中地区（包括湖北、湖南、河南、江西）	31个	7.14%	共7行业 食品及加工盐类15个 饮料、酒及酒精4个 餐饮服务3个 医药6个 工艺品及其他制造产品1个 居民服务1个 文教体育用品1个

续表

地区	百年品牌数量	占全部百年品牌数量百分比	行业分布
华北地区（包括北京、天津、河北、山西、内蒙古）	102个	23.50%	共12行业 食品及加工盐类31个 餐饮服务27个 饮料、酒及酒精17个 服装、鞋、帽7个 医药9个 文教体育用品3个 纺织产品2个 住宿服务1个 印刷品、记录媒介复印品1个 工艺品及其他制造产品2个 家具及配件1个 公共设施管理服务1个
西北地区（包括宁夏、新疆、青海、陕西、甘肃）	15个	3.46%	共4行业 饮料、酒及酒精5个 食品及加工盐类6个 餐饮服务2个 医药2个
西南地区（包括四川、云南、贵州、西藏、重庆）	43个	9.91%	共8行业 饮料、酒及酒精14个 食品及加工盐类13个 餐饮服务4个 医药8个 工艺品及其他制造产品1个 服装、鞋、帽1个 纺织产品1个 文教体育用品1个

续表

地区	百年品牌数量	占全部百年品牌数量百分比	行业分布
东北地区（包括辽宁、吉林、黑龙江）	43 个	9.91%	共 7 行业 饮料、酒及酒精 15 个 食品及加工盐类 11 个 餐饮服务 5 个 医药 9 个 工艺品及其他制造产品 1 个 住宿服务 1 个 娱乐服务 1 个

华中地区百年品牌有 31 个，分布于 7 个行业，其中食品及加工盐类 15 个。华中地区农业发达，水陆交通便利，是全国经济较发达的地区，是中国工业、农业的心脏和交通中心。其中湖北位于长江中游，长江和汉江横贯东西，历史上工商业比较发达，孕育了一大批老字号品牌，武汉更是全国老字号数量较多的城市之一。由于华中地区有动植物资源丰富、交通便利、人文环境丰富、工商业发达等特点，从而造就了一批百年品牌。

华北地区百年品牌有 102 个，分布于 12 个行业，其中食品及加工盐类是 31 个，餐饮服务是 27 个。其中，北京作为我国的首都，更是中国“四大古都”之一，是一座有 3000 余年建城历史、860 余年建都史的历史文化名城，拥有众多历史名胜古迹和人文景观。优越的历史环境以及作为当今全中国的政治、文化、科技中心的北京，更为华北地区老字号的发展提供了卓越的生存土壤。

西北地区百年品牌有 15 个，分布于 4 行业，其中食品及加工盐类是 6 个。西北地区名食众多，如陕西的葫芦鸡、商芝肉；甘肃的百合鸡丝、清蒸鸽子鱼；青海的虫草雪鸡、马杂碎、羊肉炒面片等。此外，这里的西凤酒、黄桂稠酒、当归酒、陇南春、伊犁特曲、枸杞酒、白葡萄酒、紫阳茶、奶茶、三炮台八宝茶、参茸茶，黑米饮料和哈密瓜汁，也都驰誉一方。众多当地特色为其食品类品牌发展奠定了基础。

西南地区百年品牌有43个，分布于8行业，其中饮料、酒及酒精是14个，食品及加工盐类是13个。西南地区自然物产、劳动力资源丰富，但缺乏一定人才与技术资源，区域生产力尚不发达。

东北地区百年品牌有43个，分布于7行业，其中饮料、酒及酒精是15个，食品及加工盐类是11个。东北肥沃的黑土地使得黑龙江、吉林、辽宁皆为农业大省，其中黑龙江粮食总产多年全国第一，吉林粮食单产多年全国第一。然而，据统计，2014年，辽宁、吉林、黑龙江三省的经济增速分别为5.8%、6.5%、5.6%，位列全国后五位。其中辽宁GDP增速为5.8%，为近22年来最低，全国倒数第三位，黑龙江倒数第二位。近年来随着东北地区经济不景气，长期积累的产业结构、经济结构问题集中显现，在一定程度上阻碍了该地区品牌的发展。

2.3 典型地区品牌发展情况

考虑各地区百年品牌数量、行业分布丰富度、发展历史水平等因素，本书选择北京、上海、天津以及浙江四个地区为我国百年品牌发展典型地区。通过对四地百年品牌的基本情况、典型品牌、相关行业协会以及相关活动的简述，对其相关资料进行归纳、整理。典型地区百年品牌的发展对于我国其他地区未来品牌的建设有着指导性的作用。

（1）北京

【基本情况】北京共有中华老字号117家，其中，百年品牌53个，在中国百年品牌数量上毋庸置疑是第一名。根据2014年度商标申请与注册统计信息统计表，当年北京商标申请数量为191152件，注册件数为91252件，截至2014年12月15日，累计有效注册量为545713件。北京在品牌规模、老字号数量、百年品牌数量以及影响程度上都首屈一指，因此选择北京作为典型地区之一。

【典型品牌】北京有多家上市百年品牌，包括同仁堂与全聚德等，其中创建于1669年（清康熙八年）的北京同仁堂于1999年7月在上海证券交易所上市，2000年10月北京同仁堂科技发展股份有限公司在香港创业板上市，实现了国内首家A股分拆成功上市。同仁堂作为中国第一个驰名商标，品牌优势得天独厚，参加了马德里协约国和巴黎公约国的注册，受到国际组织的保护。在世界 50 多个国家或地区办理了注册登记手续，是第一个在中国台湾注册的大陆商标。据统计，同仁堂拥有境内、外两家上市公司，连锁门店、各地分店已经遍布各大商场的店中店 600 余家，海外合资公司、门店 20 家，遍布 21 个国家或地区，产品行销 40 多个国家或地区。在北京大兴、亦庄、刘家窑、通州、昌平，同仁堂建立了五个生产基地，拥有 41 条生产线，能够生产 26 个剂型、1000 余种产品。全部生产线通过国家 GMP 认证，10 条生产线通过澳大利亚 TGA 认证。同仁堂作为北京百年品牌之一，在企业的经营与发展上都具有一定的代表性。

【行业协会情况】北京老字号协会是由北京市部分老字号自愿联合发起，经北京社会团体登记管理机关核准登记的非营利性社会团体法人。截至 2015 年 7 月，北京老字号协会来自商业、餐饮、服务、生产加工、文化等行业的老字号团体会员及相关企业事业单位近 200 家。老字号协会为整合北京老字号资源、创办老字号组织活动提供了一个优良的平台。

【相关活动】在国家提出“互联网 +”的大背景下，为顺应时代需求，谋求老字号的创新发展，“1915—2015 荣耀百年中华老字号携手共创中国梦 + 电子商务体验展”于 2015 年在北京举办。展会通过珍藏的史料图片，向消费者展示了老字号的蜕变与成长、传承与创新，并通过老字号非物质文化遗产技艺的现场表演，使消费者切身感受了老字号独特技艺和优秀民族文化的传承。

中国商业联合会中华老字号工作委员会第六次工作会议暨第一次中华百年老字号品牌联盟大会于 2015 年在京召开。来自王老吉、全聚德、吴裕泰、华天、同仁堂等逾 300 家百年老字号的代表参加，共同讨论老字号在新时代下的发展议题。这是中华老字号发展历史上第一次百年品牌大规模聚首，大会通过了《中华百年老字号品牌联盟工作规范》。

（2）天津

【基本情况】天津共有中华老字号 66 家，其中百年品牌 24 个。根据 2014 年度商标申请与注册统计信息统计表，当年天津商标申请数量为 25195 件，注册件数为 16324 件，截至 2014 年 12 月 15 日，累计有效注册量为 91133 件。天津作为一座百年商埠城市，具有丰厚的历史文化底蕴，1860 年天津成为通商口岸以后，西方多国在天津设立租界，天津成为中国对外贸易的前沿。天津拥有众多享誉海内外、深受老百姓喜爱的商业老字号，因此选择天津作为典型地区之一。

【典型品牌】始创于 1858 年清咸丰年间的“狗不理”包子作为我国最早的“中国驰名商标”之一、国家首批认定的“中华老字号”企业，先后被国家认定为“全国十大餐饮品牌企业”“全国商业名牌企业”等重大荣誉称号、荣获数十项奖项。2007 年，中国权威机构认定：“狗不理”品牌价值 7.57 亿，位居天津老字号之首、全国第 26 名。20 世纪 80 年代初开始，该公司尝试利用“狗不理”这一知名品牌开展特许连锁经营，1980 年第一家特许连锁店在北京开业。经过数十年经验积累与不断改善，集团目前正在着力打造独具中国特色、适应未来国际化发展的新模式——“狗不理”中式简餐。

【行业协会情况】天津市老字号协会于 2009 年正式成立，由全市 16 家著名老字号企业联名发起，是由商务部认定的“中华老字号”和天津市政府有关部门认定的“津门老字号”企业和单位自愿组成的联合性、自律性、非营利性的社会组织。天津市老字号协会，利用协会平台在传承和发展相结合的原则下，挖掘、保护、培育老字号，从多方面共同着手，为老字号的发展起到了积极的作用。老字号协会成立多年来，共进行了 4 批津门老字号的认定，目前津门老字号企业有 149 家。每年在全国举办 4 ~ 6 场天津老字号的交流和推广活动。

【相关活动】天津市商务部门将结合天津实际，将 2015 年作为老字号宣传推广年，实施开展“振兴天津老字号”五项行动计划，一是借势求进，营造老字号发展氛围；二是借梯登高，创新老字号发展模式；三是借船出海，拓宽老字号发展空间；四是借巢引凤，激发老字号发展活力；五是借策聚力，形成老字号发展合力，进一步创新思路、招法和举措，努力把天津老字号发扬光大。天津市商务委员会在内贸政策中专门制定了老字号促进政策，支持老字号宣传推广、参会参展，同时，通过组织开展全市性老字号推广活动，将全市各部门、各行业的政策资源整合起来，形成促进老字号发展的强大合力。

“2015 中国 · 天津投资贸易洽谈会暨 PECC 国际贸易投资博览会”

（简称“津洽会”）于 2015 年在天津举办。津洽会已成功举办了 21 届，现已成为国内外招商引资的重要渠道、区域经济合作的重要纽带和展示交易名特优新产品的重要平台。历届津洽会不仅吸引了中国（含港、澳、台）企业的积极参与，也吸引了来自 20 多个国家的企业参展参会。

（3）上海

【基本情况】上海共有中华老字号 180 家，其中百年老字号 48 个，分布于 11 个行业。在中国百年品牌行业分布数量上毋庸置疑是第一名。根据 2014 年度商标申请与注册统计信息统计表，2014 年上海商标申请数量为 137615 件，注册件数为 76482 件，截至 2014 年 12 月 15 日，累计有效注册量为 431987 件。上海在品牌规模、行业分布、老字号数量、百年品牌数量以及影响程度上都首屈一指，因此选择上海作为典型地区之一。

【典型品牌】上海拥有多家上市的百年品牌，包括上海新世界股份有限公司（注册商标：新世界）、上海老凤祥有限公司（注册商标：老凤祥）、上海家化联合股份有限公司（注册商标：美加净）、光明乳业股份有限公司（注册商标：光明）等。其中创建于 1848 年（清道光二十八年）前身为“凤祥裕记银楼”的上海老凤祥银楼为典型代表。已经走过了 160 多个春秋的老凤祥，是中国首饰业的世纪品牌。作为中国 500 强企业之一，2014 年营业额达 328 亿元，是百年民族品牌，中国著名的珠宝首饰品牌。老凤祥长期坚持品牌发展战略和品牌营销的市场策略，以品牌为先导，拓展全国市场，完善营销网络布局。企业的跨越式发展战略成效显著，全国的总销售额从 2001 年的 7.1 亿元上升到 2014 年的 328.35 亿元，老凤祥遍及全国的连锁银楼达 700 多家、销售网点 2300 多个，市场覆盖率达 90% 以上，在行业处于领先地位。在此基础上，老凤祥又加快了海外拓展的步伐。2012 年在澳大利亚的悉尼开设了国外第一家老凤祥特许专卖店，并着手向中国香港、中国澳门和欧美市场拓展。在营销策略上，坚持“创新驱动、转型发展”的思路，坚持“创意拉动设计、文化创造价值、技艺引领潮流、品牌营销取得市场”的方针，进行产品创新和营销创新，开发高端产品、开通 VIP 等新的营销渠道，尝试无店铺营销的新模式。

【行业协会情况】上海是我国最大的商业城市和商品流通中心，改革开放以来，上海商业更是得到长足的发展。根据上海市市政府要求，深入推进上海“中华老字号”企业产品的多样化，全面推进“老字号”品牌与其他企业的战略合作，增强“老字号”企业自主创新能力，建立“老字号”企业资源库，深度挖掘发展“老字号”的品牌保护意识和优势资源运作，为“老字号”品牌发展创造了良好环境。同时，上海也是一座具有悠久历史的文化城市，在众多企业中，拥有一批具有百年历史的、经久不衰的、青春焕发的“老字号”企业，随着上海发展而不断呈现“老字号”风采。因此，“上海中华老字号企业协会”的成立为“老字号”企业重振雄风、实现资源优势互补起到积极有力的推进作用。

【相关活动】2014 年上海市推进老字号品牌发展工作会议在上海世博展览馆召开。会议肯定了自从上海开埠以来，伴随民族工业的发展，孕育出一批既有民族传统又融合了西方文明，具有海派特色的老字号品牌，已成为上海工商业发展的中流砥柱。下一步，上海社会各方将形成合力，推进老字号品牌发展工作的良好氛围。

由商务部支持，上海市商务委员会、上海市经济和信息化委员会、黄浦区人民政府和中国商业联合会中华老字号工作委员会等主办，黄浦区商务委员会、静安区商务委员会、上海中华老字号企业协会、上海市商业信息中心和上海外经贸商务展览有限公司等承办的“2015 中华老字号博览会”在上海展览中心举行。此届博览会主题为“文化传承 经典振兴 品牌发展 科技创新”，宗旨是保护知识产权、挖掘文化内涵、提升品牌价值、传承独特技艺、促进国际交流、引领市场消费。此届博览会引入 30 平方米的“老字号机器人商店”概念，消费方式迎合了现代人的消费习惯，通过微信或是信用卡等支付方式，以及超大触摸界面和强大云端控制，提供给参观者不一样的互动体验。其中，机器人被分为“上海老字号企业”独立专柜、“上海老字号伴手礼礼盒”专柜这两类，参观者带回伴手礼的同时，还能通过屏幕了解老字号产品背后的故事以及老字号企业的历史变迁。

（4）浙江

【基本情况】浙江共有中华老字号 91 家，其中百年品牌 48 个。根据

2014 年度商标申请与注册统计信息统计表，2014 年浙江商标申请数量为 196993 件，注册件数为 133874 件，截至 2014 年 12 月 15 日，累计有效注册量为 965127 件。浙江历史悠久，文化灿烂，经济繁荣，素有“鱼米之乡、丝茶之府、文物之邦、旅游胜地”的美誉，是中国古代文明的发祥地之一。与此同时，近些年来，浙江经济发展速度较快，据统计，2014 年浙江全年 GDP 达 40153.50 亿元，位居全国第四位，因此选择浙江作为典型地区之一。

【典型品牌】张小泉品牌成名于 1663 年，作为中华老字号，也是目前剪刀行业中唯一的中国驰名商标。2002 年通过了 ISO9001 质量管理体系认证，同年还获得原产地注册保护。该品牌在中国国内市场覆盖率和占有率一直居同行之首，同时产品还远销东南亚、欧美等地区。“张小泉”在国内外享有很高的知名度和美誉度，深受消费者信赖。“张小泉”品牌的产品以其精良的品质和诚挚的服务得到了中国消费者广泛的认同。1997 年，“张小泉”被评定为中国驰名商标。2000 年，企业顺利通过转制，杭州张小泉集团有限公司宣告成立，向现代企业制度迈出了决定性的一步。

【行业协会情况】为保护老字号这一民族瑰宝，加强老字号企业间的交流，2003 年 9 月成立了全国第一个研究老字号保护发展的专业组织——杭州老字号企业协会，2005 年 7 月又组建成立了浙江省老字号企业协会，把保护和振兴老字号工作扩展到了全省。浙江老字号协会是由历史悠久，拥有世代传承的产品、技艺或服务，具有鲜明的民族传统文化背景和深厚的文化底蕴，形成良好信誉，在社会上有一定知名度的品牌组成。协会肩负省政府建设“文化强省”“品牌强省”的历史使命，秉承“保护资源、提升品牌、传承经典、弘扬文化”的宗旨，致力于老字号企业、传统工美技艺及非物质文化遗产项目单位的保护与发展，为政府和老字号架起沟通的桥梁。

【相关活动】以“联合、分享、共赢”为主题的“2015 中国（浙江）商业品牌大集”在美丽的水乡古城绍兴召开。商贸流通行业的不断创新、品牌丰富度的提升、城市化背景下巨大的消费市场，都为该次活动提供了更多的想象空间。来自英国、瑞士、法国、美国、日本、新加坡、意大利、德国等国家以及中国的北京、深圳、上海、天津、浙江、江苏、山东、广东、台湾等近百家知名商业品牌商，绍兴各区、县市商务主管部门、城市综合体运营商以及重点商贸企业负责人等参加。

2015 年 11 月 16 日，国家主席习近平在二十国集团领导人第 10 次峰会上宣布：中国将于 2016 年 9 月 4 日至 5 日在杭州举办 G20 峰会。G20 峰会的举办对杭州经济发展有着重要的影响，杭州也将成为全球经济的聚焦点，峰会能促进杭州品牌经济和城市核心竞争力，给杭州的经济发展带来新的机遇，同时也会拥有更好的创新政策以及国际合作等。峰会对杭州老字号来说也是一个巨大的机遇和挑战。

浙江老字号与阿里巴巴集团进行合作，其中“特色中国浙江馆 · 老字号分馆”是由浙江省政府力推的网上大型展示促销平台及引流平台，是最具影响力和销售能力的电子商务平台。用成熟的电子商务专业服务平台，集中建立老字号专区，扩大老字号产品营销的影响力，是商务部“2014 中小企业流通服务年”的活动之一，也是为浙江老字号企业适应现代消费需求而搭建的新型电子商品流通平台。

参考文献

[1] 世界品牌实验室 . 2014 年（第十一届）世界品牌 500 强排行榜 [EB/OL].（2014 - 12 - 08）[2015 - 12 - 10]. http://www.worldbrandlab.com/world/2014/.

[2] 赵萌 . 日本企业长寿密码 [J]. 世界博览，2013（17）: 48 - 49.

[3] 颜景宗 . 浅议山西老陈醋的文化与传承 [J]. 食品工程，2015（2）: 60.

[4] 武在平 . 关于加快我国品牌建设的战略思考 [J]. 学术交流，2006（10）.

[5] 罗哲文，彭卿云，朱希元，等 . 全国第一批历史文化名城简介 [J]. 文物，1982（5）.

[6] 石力华 . 坚持传承创新 铸就百年品牌——老凤祥创新驱动高速发展 [J]. 上海商业，2011（10）: 20 - 23.

[7]《中国城市品牌传播研究》课题组 . 中国城市品牌传播困境的思考 [J]. 广告大观，2009（7）: 139 - 154.

第6章　我国百年品牌发展问题

百年品牌不仅是一种历史的传承与记忆，同时对我国经济升级转型、企业快速发展和城市品牌的建立也具有重要的现实价值和意义。然而，在百年品牌发展的过程中，却面临一系列问题。许多曾经辉煌一时的百年品牌正在走向没落，甚至有的已经消失不见，百年品牌随着时代的进步和发展逐渐失去了原有的影响力和号召力。

百年品牌的没落从侧面反映了企业在发展过程中存在的问题，而百年品牌发展问题不是单方面的，是社会和国家各阶层的问题综合交错而成。接下来，本章主要从以下几个视角来分析我国百年品牌发展中存在的问题。

第1节　制造大国　品牌弱国

作为世界最大的发展中国家，过去30多年，中国经济保持了高速增长，经济总量已达世界第二位，货物进出口总额居世界第一位，“中国制造”遍布全球市场。我国许多产品已经赶超并领先于世界上许多发达国家，我国已经成为世界上公认的制造大国。根据中国企业联合会和中国企业家协会发布的中国制造业企业500强名单来看，经过多年发展积淀，作为支撑我国经济持续快速发展的重要力量，制造业已建成门类齐全、独立完整的产业体系，并且世界第一制造大国优势仍在继续强化。

然而，在成为制造大国的同时，我国却是一个实实在在的品牌弱国。经过多年的发展，一些中国企业已经树立了严格的质量意识、服务意识和管理意识，过硬的质量、细致而专业的服务以及科学的管理已经成为很多企业的经营理念，努力提升民族品牌的品质和竞争力成为新的发展方向。但与优秀的外来企业相比，中国企业在发展战略、品牌建设和营销、企业文化、参与国际高端市场竞争等方面仍然还有相当大的提升空间。在国际市场上我国知名品牌的数量不多，现有品牌的竞争力较弱，无法强有力地带动经济发展。尽管在改革开放后我国的品牌建设有了长足的发展，从20世纪80年代开始，中国政府和企业先后培育和认定了7000多种优质产品、2000多个名牌产品、3000多个驰名商标和1100多个中华老字号，也涌现出海尔、联想等国际知名品牌，但无论是质量还是数量都不可与发达国家相比。整体而言，中国核心竞争力的产品尚不具有全球的领导地位。

1.1 品牌价值较低

品牌作为产品内在价值的综合体现、企业文化与理念的表达和一个国家文化软实力的象征，对于国家的发展具有重要的战略意义。品牌不仅代表了企业自身的实力，也是国家地位的体现。品牌已经成为一种代表符号深刻在人们心底，就像每当人们提到芯片，就会想到美国的微软和英特尔；当人们谈论汽车，就提到德国的奔驰和宝马。李克强总理在2014年8月22日考察铁路公司并召开座谈会之后，曾说道“我每次出访都推销中国装备，推销中国高铁时心里特别有底气。”这种底气来源于知名品牌的撑腰，中国高铁在世界上拥有难以撼动的地位，无论是技术体系、制造与施工能力，还是成本与金融支持等方面，均在国际竞争中处于整体优势地位，还曾经一口气创下十大世界纪录。“高铁外交”大大提升了中国的国际形象，向世界展示了中国的软实力。

品牌不仅是企业无形的资产，还是社会的财富，强势品牌本身就可以创造巨大的价值。品牌价值是品牌提供给用户或消费者的品牌整体实力的全面反映，是与某一品牌相联系的品牌资产的总和。品牌在向消费者提供产品价值的同时，也在传递着一种文化价值、情感价值。品牌在给顾客带来更大的效用和价值的同时，也会给企业带来更高的经济价值。在国际市场上，我国的品牌价值远未达到世界领先水平。全球著名品牌咨询公司 Interbrand 公布了“2014年全球企业品牌价值排行榜”。结果表示“苹果”品牌价值以1188.63亿美元名列榜首，“谷歌”以1074.39亿美元名列第二位，“可口可乐”以815.63亿美元名列第三位。而中国的“华为”品牌价值43.13亿美元，名列仅第94位，成为首次闯入百强的中国品牌。中国的品牌价值在排行榜上名次的变化表明，虽然我国的品牌发展较以前有了提高，但是品牌实力仍然较弱，处于落后的发展阶段。

1.2　百年品牌数量少

品牌对于国家经济和文化的发展都具有重要的意义，尤其像百年品牌经过了上百年的传承与发展，经历了时代的变迁与洗礼，带有深厚的历史印记和民族特色。这是我国商业、服务业历史发展进程中创造出的知名品牌，是中华民族传统文化的瑰宝。但是在悠久绵长的历史长河中，中国的百年品牌在逐渐凋零，走向没落。在国际市场上，中国的百年品牌既没有在数量上占据优势，同样在产品竞争力方面也无法同其他国家相抗衡。

有报道指出，有着800万人口的德国拥有2300个世界闻名的百年品牌，同时有873家企业拥有200年历史。在日本存续超过100年以上的企业已突破2.1万家，历史超过200年的企业有3146家，更有7家企业历史超过了1000年，排在世界最古老企业前三位的都是日本企业。另外，美国拥有1100多个百年以上的品牌，荷兰拥有超过两百年历史的品牌企业222家，在法国则有196家。在我国的百年品牌企业中，两极分化情况比较严重，只有少部分企业保持着旺盛的生命力。20世纪50年代，我国大约拥有“中华老字号”16000家；1991年原国内贸易部的老牌企业全行业的认定中，有1600余家老牌企业被授牌；至2006年商务部重新认定时，第一批中华老字号的数量仅有430家。许多百年老字号处于惨淡经营，甚至长期亏损、面临破产的境地。

起源于清顺治八年，距今已有350多年历史的北京王麻子剪刀厂当初是享誉国内外的一家老字号店铺，与杭州的“张小泉”齐名，市场占有率一度在50%以上。凭着三百多年的品牌积淀，“王麻子”成为北京剪刀业的象征。王麻子剪刀厂是1956年公私合营，1959年正式命名挂牌成立的。其后，王麻子剪刀获奖无数，其中1980年、1988年王麻子剪刀分别获国家银质奖，在剪刀业，“王麻子”三字无疑是金字招牌。1980年，在政府政策扶持等因素下，王麻子剪刀厂生产经营活动稳定运行，20世纪80年代末90年代初，企业产品产量、经济效益达到历史最高水平，年上缴利润近200万元，企业累计创利税相当于国家建厂投资的4倍以上。但进入90年代，在市场经济条件下，“王麻子”背上了沉重的历史包袱，销售业绩不断下降，陷入了尴尬境地。其间，相关政府部门和王麻子剪刀厂自身都做了种种努力，1995年，王麻子剪刀厂与北京市文教器材厂等10多个不相干的工厂合作成立王麻子工贸集团公司，重新注册了“王麻子”商标。但此次重组并没有挽救这个老企业，当年即亏损100多万元，此后更是连年亏损。最终在长期的亏损之下，于2003年被迫宣布破产。

相比之下，西方国家却拥有很强的品牌管理意识，一些经营百年之上的企业处于不断地发展中，表现出欣欣向荣的景象。创立于1911年美国的国际商业机器公司（IBM），是全球性的信息技术和业务解决方案公司，业务遍及170多个国家和地区。IBM作为计算机产业长期的领导者，在大型/小型机和便携机方面的成就最为瞩目。其创立的个人计算机标准，至今仍被不断沿用和发展。IBM在2014年全球营业收入达到928亿美元，在Interbrand发布的“2014年全球企业品牌价值排行榜”中排名第四位。爱立信公司于1876年成立于北欧的瑞典首都斯德哥尔摩，距今已有140多年的历史。从早期生产电话机、程控交换机发展到今天全球最大的移动通信设备商，爱立信的业务遍布全球180多个国家和地区，是全球领先的提供端到端全面通信解决方案以及专业服务的供应商。IBM和爱立信等西方国家百年品牌的发展反衬出我国百年品牌在品牌意识、管理策略等方面的欠缺。

随着信息技术和科学的不断发展，百年品牌的市场和消费范围也随之扩大。由原来的区域市场扩展到国内市场，最终走向国际，消费者也逐渐涉及年轻一代。面对新的市场形势和消费方式，百年品牌原有的经营方式与管理策略已经不能完全满足现代企业的发展要求。尤其对于中国百年老字号来说，主要靠手工技艺取胜，凭借口头传播建立声誉，并不注重对品牌的宣传和传播。因此导致百年品牌的影响力逐渐缩小，在激烈的市场竞争下失去优势。

整体看来，我国在制造业方面取得了令世界瞩目的成就，在科技、文化、经济等领域也有突破性的进步。但在品牌建设和管理方面，我们要注重树立百年品牌意识，将我国的百年品牌发扬光大，提高国家整体的品牌实力和文化软实力，才可以在国际竞争市场上取得一席之地，增大中国的话语权。

第2节 理论混乱 体系匮乏

品牌现象在很早之前就已经出现。在国外，品牌发展历史经历了品牌发展萌芽期、成长期、壮大期、成熟期和黄金时期。从古希腊原始的无意识状态，经历了以英国为中心的品牌萌芽和发育时期后，在19世纪中期到20世纪初期，逐步成长壮大，品牌注册意识开始觉醒，广告公司大量涌现。到20世纪后，品牌已经走入成熟和拓展期，企业品牌成为企业重要的无形资产，出现了具有现代意义的品牌。20世纪80年代以后，许多公司采取了复杂的品牌管理系统，品牌价值越来越受到重视，品牌学得到了真正意义上的发展。

在中国，最早的商品品牌可以追溯到商代。新疆的和田玉、陕西的蓝田洛翡玉、河南的密县玉等商品，用出产地域的不同以示区别，是在同一物种之内的异名，可是说是商品的品牌名称的萌芽。随着封建社会的发展，商业贸易的繁荣、手工业品种类繁多、市场竞争的加剧，品牌意识得到了充分的张扬，具有一定知名度和影响力的品牌开始出现。19世纪后，中国的品牌发展一方面在传播科技的迅速发展和普遍运用下得以迅速传播和扩展，同时民族品牌也因处于民族经济举步维艰的特殊历史背景下艰难生存。一直到改革开放后，我国一批品牌才重获新生，中国才真正迎来品牌经济的时代，呈现出新的发展面貌。

尽管品牌的发展历史有千年之长，但是现代意义上的品牌学在世界范围内却属于新兴学科，在中国更是起步较晚，处于不断发展的阶段。最初品牌学并非独立的学科，而是依附于公共关系学和广告学，并且和市场营销等领域紧密结合。2003 年品牌学才从我国的市场营销学中分离出来，成为一门跨学科的独立科学。因此，我国的品牌在理论和实践方面较弱。企业的商标品牌保护尚未形成科学有效的标准体系，对于企业资质鉴定和品牌价值提升也缺乏系统的理论指导，在品牌建设、品牌管理和品牌保护上呈现理论混乱、体系匮乏的局面。

2.1 品牌定义混乱

尽管品牌现象存在并持续了很长的时间，但是在概念的界定上，社会各界对其定义相当混乱，将品牌同其他的概念混淆在一起。主要有以下几种观点：认为质量就是品牌，将企业品牌同企业产品的质量等同，对产品或服务的质量要求极其严格，力求保证完美无缺，但不注重从其他的方面培养企业品牌形象；认为产值就是品牌，将企业的重心放在产值的提高上面，一味地追求数量上的优势；认为管理就是品牌，把企业计划、组织、协调、控制的基本职能看作是对企业品牌的管理，从而忽视了对企业品牌经营、顾客购买认知和购买行为的过程管理；认为商标就是品牌，这是普通大众最容易误解的两个概念，直接将企业注册的商标看作企业的品牌，忽视了品牌所代表的无形资产的价值。品牌定义的混乱造成了社会各界对品牌概念产生误区，造成许多企业直接忽略了对品牌的管理。事实上，无论是质量和产值，还是管理和商标，都不能等同于品牌。一方面，多年的实践发展表明，知名度高的品牌并不代表高质量和高产值，高质量和高产值的产品也不一定能够造就知名品牌。另一方面，商标是品牌的标志和名称，也是品牌组成的一部分，两者在本质上属于不同的范畴。

定义是对于一种事物的本质特征或一个概念的内涵和外延的确切而简要的说明，确定一个认识对象或事物在有关事物的综合分类系统中的位置和界限，使这个认识对象或事物从有关事物的综合分类系统中彰显出来的认识行为。对品牌简洁清晰地定义是管理和控制的基础，也是我国品牌建设体系的基础。

2.2　品牌建设体系匮乏

品牌理论在我国发展尚未成熟，许多与品牌相关学科如品牌营销、品牌设计、品牌评价等都处于发展阶段。因此，关于品牌建设和评价的标准体系，仅在 2012 年颁布并实施了《商业企业品牌评价与企业文化建设指南》。中国商业联合会是《商业企业品牌评价与企业文化建设指南》的提出和归口单位，拥有对该标准的解释权。该标准规定了在对商业企业品牌进行评价时应遵照的规则、指标和方法，并对企业文化建设提出了指导。《商业企业品牌评价与企业文化建设指南》适用于组织内部、外部和第三方机构对商业企业品牌的评价，同时也适用于组织内部企业文化建设的指导。《商业企业品牌评价与企业文化建设指南》是我国第一部品牌评价国家标准，有了系统的权威标准作指导，同时结束了品牌评价无统一标准可依的局面，使我国的品牌评价和企业文化的建设有了前进的方向。

尽管这部指南在我国品牌建设中属于里程碑式的标准体系，但在中国商业联合会宣贯该标准时，却并未得到相关部委的支持。除此之外，全国品牌价值及价值测算标准化技术委员会组织制定的关于品牌评价的四项国家标准《品牌评价 品牌价值评价要素》《品牌价值　术语》《品牌价值　要素》《品牌评价　多周期超额收益法》，为今后企业和各类组织在品牌价值管理方面提供了规范、一致的价值评价依据。除此之外，从新中国成立至今 60 多年，关于品牌建设与品牌管理的标准体系鲜有问世。

2.3　百年品牌理论薄弱

在我国品牌学整体发展较为落后的状态下，作为品牌组成的一部分，百年品牌的研究进展更加缓慢。在理论基础上，有关百年品牌的文献很少，以中国知网为例，用“百年品牌”作为主题进行检索，查找到的核心期刊文献有 47 篇，其中篇名为“百年品牌”的文献仅有 13 篇。通过检索期刊数据库的有关百年品牌的文献，可以从侧面反映出来我国现阶段对于百年品牌的研究还没有形成完整成熟的体系。同时，我国对于“百年品牌”“老字号”“中华老字号”等概念区分比较明确。尽管在2006年4月商务部发布了《“中华老字号”认定规范（试行）》，并在“振兴老字号工程”的工作方案中规定了中华老字号的申报条件：“拥有商标所有权或使用权；品牌创立于1956年（含）以前；传承独特的产品、技艺或服务；有传承中华民族优秀传统的企业文化；具有中华民族特色和鲜明的地域文化特征，具有历史价值和文化价值；具有良好信誉，得到广泛的社会认同和赞誉；国内资本及港澳台地区资本相对控股，经营状况良好，且具有较强的可持续发展能力”，但是尚未形成普遍统一的定义，也没有对这些概念进行标准的界定。通常人们口中的“老字号”就相当于“百年品牌”。虽然如今的中国百年品牌指的就是通常意义上的中华老字号，但是随着时间的不断推进，许多百年品牌便不仅仅局限于老字号的范围。部分成立时间较晚、具有百年以上的历史，拥有良好的口碑和声誉的品牌企业便会跻身于百年品牌，进入百年品牌的竞争市场。因此，虽然现在“百年品牌”“老字号”还具有很高的相似度，但是在未来的发展中，两者会发展为不同的概念，代表不同的范围。国家应该制定相关的标准对此类概念进行区分，以便于品牌的建设和管理。

品牌在中国经历几十年的发展，使国民逐渐树立了品牌意识，在一定程度上取得了成就。相比于西方国家的品牌学和其他学科的发展，我国的品牌意识较弱，品牌价值评价和管理体系不完善，与品牌相关的各种概念定义混乱。对百年品牌的研究更加匮乏，在百年品牌的管理、建设和百年品牌意识的培养等方面缺乏系统的理论指导，造成我国在百年品牌市场的竞争力薄弱。

第3节　各自为政　引导偏失

在我国的百年品牌发展的过程中，存在的一个重要问题就是国家各个部委各自为政，在百年品牌建设方面错误引导，使百年品牌的建设没有统一的标准和章程。

3.1　各自为政

在开展品牌建设工作方面，国家相关部门都对品牌建设出台了政策和指导意见。其中，工业和信息化部于 2015 年 3 月 13 日发布了《关于做好 2015 年工业质量品牌建设工作的通知》，强调从五个方面开展工业质量品牌年度建设工作。第一，改善质量品牌社会和市场环境，制定发布品牌管理体系国家标准，支持有条件的行业制定本行业品牌管理体系标准。积极宣贯国家和行业标准，制定措施鼓励企业执行严于国家和行业标准的企业标准，让标准成为对质量的“硬约束”。第二，推广先进质量方法，引导企业学习实践卓越绩效模式、精益生产、六西格玛和现场管理等质量管理方法。支持中国质量协会完善质量标杆服务平台、在线诊断平台和数据库建设，深入开展质量技术奖评选工作，继续组织 TQM 全国统考、追求卓越质量大会等全国性质量活动。第三，深化工业品牌培育，完善品牌培育工作制度，制定工业品牌培育示范企业、产业集群区域品牌建设示范区评价管理办法。第四，提升产品实物质量，完善工业产品质量控制和技术评价实验室体系建设，适时启动实验室复核工作，支持实验室加强能力建设，面向重点领域发布指南，充分发挥对行业质量分析和质量改进的促进作用。第五，加强政策规划研究，开展质量品牌法律法规研究，推动法规和规章立项工作。

在此之前，国有资产监督管理委员会也印发了《关于加强中央企业品牌建设的指导意见》的通知，要求到 2020 年末，中央企业要涌现一批品牌战略明晰、品牌管理体系健全、品牌建设成果显著的企业；形成一批产品优质、服务上乘、具有广泛影响力的知名品牌；培育一批拥有自主知识产权和国际竞争力的自主品牌。并且提出要努力打造“百年老店”。国有资产监督管理委员会、工业和信息化部印发的关于品牌建设的指导文件表明了我国正在重视并采取实际行动来打造品牌，并且有相应的指导文件作为品牌建设的依据。但是也反映了我国品牌建设的实施依赖于不同的政府部门，没有统一的、综合的部门对其进行全方位指导。

3.2 引导偏失

品牌建设标准体系的不统一产生的另一个问题就是许多名称都冠以“品牌”的旗号，如“质量品牌”“商标品牌”等，还经常和“品牌”“企业品牌”等概念混在一起使用。这类词语本身并不能形成特定的概念，而是由两个词语拼凑而成，与企业品牌的概念并不相同。根据国家标准《商业企业品牌评价与企业文化建设指南》，企业品牌的准确定义应为“企业（包括其商品和服务）的能力、品质、价值、声誉、影响和企业文化等要素共同形成的综合形象，通过名称、标识、形象设计等相关的管理和活动体现。”这与“商标品牌”所体现出来的意义相差甚远。

国家的各个部门好比人体的不同器官，各自功能不同但是都不可或缺。国家政府不同部门负责的日常事务不同，各个部门在自己的权责范围内处理好发生的各类事情，保证国家正常稳定地向前发展。由于品牌学跨学科的特殊性，在对品牌进行管理时，往往会涉及不同的工作部门。在这种情况下，工作部门需要相互配合，协同工作共同管理好国家品牌建设和品牌发展等事宜。

第 4 节　品牌打造　流于形式

品牌代表了企业的声誉和价值，是企业文化和竞争实力的体现。如今随着全球经济的不断融合和国际市场范围的扩大，越来越多的企业开始意识到品牌对于企业发展的重要性，并开始逐渐将品牌管理提升到公司战略层面。拥有百年品牌的企业，也逐步发挥着百年品牌的作用和在竞争市场占据的优势。品牌在各类管理活动中所占的比重增大，许多企业将品牌看作核心竞争力并且专门制定了自己的品牌战略规划。然而，大部分企业在实施品牌战略管理的过程中，执行的效果与规划的差距甚大。

4.1　管理层品牌意识流于形式

品牌意识是对品牌效用及其内在价值的认知和理解，是企业对其产品自觉维护并形成品牌的意识。品牌意识为企业制定品牌战略、铸就强势品牌提供了坚实的理性基础，成为现代竞争经济中引领企业制胜的战略性意识。品牌意识包括三个方面：品牌使用意识、品牌保护意识和品牌发展意识。品牌使用意识也就是企业对品牌效用与价值、使用品牌的重要性的认知和认同，品牌对企业经营的效用是建立在品牌使用的基础之上；品牌的保护意识是指企业对保护品牌重要意义的认知和理解。品牌的创立是发挥品牌效用的基础，但更需要对品牌的有效保护为品牌发挥效用提供保障；品牌的发展意识则是指企业牢固树立发展品牌、增加品牌深度、不断创新品牌的思想，以不断提高品牌的市场形象和品牌竞争力。在一个企业组织中，作为日常管理活动的最高领导者，CEO 在公司和组织内部拥有最终的执行权利。因此，CEO 的品牌意识往往影响着整个公司品牌战略的制定和实施情况。CEO 的品牌使用意识表现了企业对品牌的效用和价值的认可程度，品牌保护意识体现了企业对品牌的重视程度，而品牌发展意识则决定了企业是否会使用品牌来提高竞争力，不断扩大品牌的影响力。

至少就现在而言，许多公司管理层的品牌意识不强烈，对品牌的认识浮于表面而非深入。虽然将品牌的发展纳入公司战略层面的规划体系中，但并未将品牌规划的实施置于同公司战略管理同等重要地位。品牌建设和品牌管理已经在广大小企业中广泛普及，但真正具有品牌意识，把品牌作为企业重要的战略规划来实施控制，这样的企业还十分有限。作为韩国第一大企业，三星有着 70 多年的发展历史。如今，其蓝底白字的品牌 Logo 已在全球范围内为人知晓。然而，有历史、有业务、有规模，并不意味着有品牌。三星集团虽在过去几十年间不断发展壮大，但真正意义上的品牌建设却是从 1993 年开始的。经过前期业务积累和 90 年代后对市场机会的洞察与把握，三星潜心建设品牌十余年，于 2003 年成功登上世界品牌百强榜。三星的前任会长李健熙一直强调品牌价值在竞争中的作用。为把三星的品牌价值迅速提高到世界顶级水平，他提出做奥运会顶级赞助商（TOP 赞助）计划。为此，三星大胆地开展全球性的品牌资产管理，于 1998 年成为长野冬季奥运会官方赞助商。此后，三星赞助了悉尼奥运会、盐湖城奥运会、雅典奥运会等，2008 年成为北京奥运会全球赞助商。凭顶级赞助商头衔，三星给世人留下了顶级品牌的印象。

4.2 企业忽视品牌发展

许多企业过度重视短期利益损害了品牌的长远发展。众所周知，从一个默默无闻的企业到享誉国际的知名品牌，并非一朝一夕可以完成的事情。品牌的建设和塑造是系统而又持久的过程，可能需要几代人孜孜不倦的努力。百年品牌的塑造过程更加漫长，需要百年历史的积淀和岁月的磨砺，才能铸就不衰的品牌传奇。一般情况下，企业将尽可能在短期内获得最大的经济效益看作企业生存和发展的最终目的，要求企业内各部门短期内产生可预见的效益。在短期利益的驱动下，企业会下意识地将品牌建设的重要性排在其他管理活动之后，减小对品牌建设的投入。

雀巢公司始创于 1867 年，到现在已有 150 年左右的历史，成为世界上最大的食品制造商。为了更好地实现品牌传播的一致性，雀巢公司大量地减少了在全球的广告代理机构，采用更加集中的广告服务，取得了令人满意的效果。雀巢公司根据欧洲市场在未来更加一体化的趋势，就采取了这样的一种新策略：在尽力使新产品达到更大的一致性外；同时也接受品牌呈现在各地的细微差异。雀巢公司采取了大量的措施，这反映在公司制定的长期计划中。计划的目标有：为雀巢公司最重要的战略品牌，如雀巢咖啡制定基本的传播战略；为这些战略品牌制定关于包装和标志符号的方针，以产生更大的一致性；通过减少为每个品牌效劳的广告代理商的数目，以提高同消费者沟通的效率和效力。为了正确贯彻新的方针，告知分公司如何实施，雀巢公司提出了三个重要的文件。内容涉及公司战略品牌的营销战略及产品呈现的细节——标签化标准（Labelling Standards）只是一个指导性文件，它对标签设计组成的各种元素作出了明确规定。如雀巢咖啡的标识、字体和所使用的颜色，以及各个细节相互间的比例关系。这个文件还列出了各种不同产品的标签图例，建议各分公司尽可能早地使用这些标签。包装设计手册（Package Design Manual）是一个更为灵活使用的文件，它提出了使用标准的各种不同方式，例如包装使用的材料及包装的形式。最重要的文件是品牌化战略（Branding Strategy），它包括了雀巢产品的营销原则、背景和战略品牌的主要特性的一些细节。这些主要特性包括品牌个性、期望形象、与品牌联系的公司、其他两个文件涉及的视觉特征、品牌使用的开发。如今，雀巢公司的品牌被世界众多国家所熟悉，业务遍及世界几十个国家，其中最重要的原因之一就是实施品牌化战略。

4.3　品牌负责人地位不高

相对于 CEO 来说，企业的品牌负责人是直接负责品牌规划的管理人员，品牌负责人在品牌管理中充当着一把手的作用。在中国，品牌负责人一般担任品牌经理的职位。品牌经理的概念最早诞生于 1931 年的美国宝洁公司，品牌经理制度规定了品牌经理要从产品的研发开始，直至产品的概念定位、生产、广告宣传、销售、市场跟踪等环节，实施全过程负责，同时还要协调产品开发部门、生产部门以及销售部门的工作。品牌经理既要有长远的规划和发展，又要着眼于短期内需求的满足，塑造清晰的品牌形象并保持明确的品牌战略。百年品牌企业的品牌经理不仅要担任以上职责，由于百年品牌在文化中的特殊性，还要自觉担负起弘扬中华民族、传承企业百年文化的责任，将社会责任和企业责任合为一体。

实际上许多企业并未赋予品牌经理较高的权利和地位，也没有让其承担起相应的职责。品牌部和品牌经理的设立仅为了流于形式的品牌战略规划，企业没有从具体的品牌的建设和发展的角度来对其做出相关规定，品牌经理也没有参与公司高层战略规划的权利。品牌经理更多的是履行营销宣传的工作职责，而不是将品牌建设同整个公司的发展策略结合在一起。

4.4　百年企业品牌意识落后

百年品牌相较于其他新兴企业来说，是由传统的老字号发展而来，在管理和业务扩张方面更加因循守旧。百年品牌企业的品牌意识和品牌管理思想也相对落后。作为老字号企业，它们曾经历过战争，也享受过和平带来的繁华，新中国成立后在时代浪潮的冲击中亦曾风雨飘摇，改革开放后在市场经济和 21 世纪互联网时代里不断调整着适合自己的位置，或稳健或步履蹒跚地走到了今天。现阶段百年品牌的企业只有少部分发展壮大，成为国内具有竞争实力的知名品牌。除此之外的其他百年品牌，对于自身的品牌管理的活动很少，或者一些企业直接发展成为旅游业的附属产业，专门为旅游的顾客提供特色产品。现代旅游已成为人们生活的重要内容。随着为满足人们旅游需求而提供各种旅游产品和服务的旅游产业的快速发展，极大地促使本地区的优秀传统文化得到发掘和保护，成为激发人们旅游动机的重要吸引物，吸引着广大的海内外旅游者。这种发展模式在一定程度上促进了百年品牌的传承，扩大了百年品牌的影响力，但是对于百年品牌发展影响较为微弱，老字号应将旅游资源优势转化为经济实力，必须深刻挖掘老字号深厚的文化底蕴，收集、梳理老字号品牌蕴含的企业价值观念、经营管理理念、世代沿袭下来的传统商业文化、商业文明和传统知识。

流于形式的品牌打造在中国百年品牌企业和其他企业中普遍存在，CEO 的品牌意识、品牌负责人在公司中的地位、企业对品牌建设的重视程度都会对企业品牌建设的进程产生影响，进一步影响我国整体的品牌实力。打造全球知名的百年品牌，就要领导带头重视品牌在企业发展中的重要作用和无形的价值资产，将品牌建设和品牌管理真正纳入公司的战略层面。

第 5 节　教育薄弱　人才匮乏

我国自主品牌的培育、发展和壮大是一项需要承前启后、继往开来的伟大事业，能否取得品牌强国地位并不断地保持发扬下去，不仅取决于各级政府、各个企业和众多的专家学者能否积极贯彻品牌强国战略、协调一致地推动品牌事业发展，还取决于能否不断地培养出大批优秀的品牌管理专业人才，这是关系品牌长远发展的根本性问题。

品牌在当今世界已经是我们经济生活中不可离弃的必备条件，但是我们能够获得这种必备条件的前提是真正地掌握品牌管理技术，要掌握品牌管理技术的前提是培育品牌管理职业人才。品牌知识教育薄弱，品牌管理专业人才匮乏是我国品牌发展落后于西方国家的另一原因。人才是一种稀缺的、宝贵的资源，对于国家经济发展、社会进步具有重要推动作用，专业的品牌管理人才对我国品牌的发展与建设是不可或缺的。目前我国在品牌管理人才的教育与培养课程上没有明显的进展，也没有形成完善的培养体系和人员考核标准。

5.1　品牌人才培养体系匮乏

现在，品牌人才培养尚未形成完整的和系统的体系。品牌专业人才培养是增强企业品牌培育能力，加快培育有竞争力的工业品牌的长期性工作。中国品牌人才的培养基本依托于高校，使大学生在高校完成品牌相关的课程和实践，考核合格之后为其颁发毕业证，进入品牌管理领域工作。然而，在我国为数不多的高校中品牌学还只是作为普通课程进行讲授，并没有形成具有品牌学学科优势的大专院校，在高校的研究和教学处于比较薄弱的地位。而且，品牌学作为世界范围内的新兴学科，与管理学、广告学、策划学、市场营销学和传播学都有紧密而又广泛的联系，真正属于跨学科领域。在高校课程的设置上，缺乏对跨学科综合掌握的能力，无法培养出具有多学科知识的复合型人才。

除了高校对品牌人才的培养之外，我国还有相关部门开设了品牌专业人才的培养，比如工业和信息化部在 2013 年按照《工业和信息化部关于加强 2013 年工业质量品牌建设工作的通知》开展了品牌专业人才培养研究和试点培训，取得了成效。此次培训是工业和信息化部针对各省、自治区、直辖市及计划单列市工业和信息化主管部门、全国性行业协会、有关技术支持单位所提出的，重点培养企业中级品牌管理人员，逐步完善品牌人才培养的专业能力。工业和信息化部开展的培训是我国品牌专业人才培养体系的重大进步，也为我国的品牌建设工作输送了一批有专业技能和专业知识的品牌人员。但对于我国当前品牌专业人才的培养来说仍然不够。我国品牌人才的教育和培养体系仍需不断完善，为品牌的建设和发展提供了有力的人才保障。我们要从以往拼命创造名牌的计划程序中解脱出来，要进入打造品牌的竞争市场之中。我们培育品牌管理专业人才，就是要使企业在市场中运用专业的品牌管理技术将名牌培育成为著名品牌。

5.2 品牌人才缺失

品牌管理是一项复杂的系统工程，对管理人员的综合素质和专业素养都有着很高的要求。品牌管理从业人员，不仅需要具备市场营销、广告宣传、新闻传播、公共关系、企业管理等方面的专业知识背景，更重要的是要对品牌理论和品牌发展的内在规律有较深刻的认识和掌握。根据市场学会的调研结论，中国现有工商企业内有 500 多万人从事品牌管理工作。另有 20 多万家管理咨询和广告公司，专家估计其中约有 80 万人主要从事品牌管理工作。再加上 1 万多家新闻单位为企业品牌传播服务的人员，共有 600 多万人从事品牌管理工作。但是，目前品牌管理从业人员大多仅有大专以上文凭，且主要来源于市场营销、工商管理、广告设计和新闻传播等相关专业，还没有真正地接受了品牌管理专业教育的专业人才。对品牌管理的特殊性缺乏深刻理解，思维和工作方法上难免存在许多局限，难以充分适应企业品牌发展的需要。

现有企业的品牌人才多是企业内部和半路转行衍生出来的，没有经过系统的品牌培训和指导。尽管他们可能对公司内部的事务管理、操作流程、运营发展等了解比较清楚，可是在品牌的建设、发展方面却无法做到专业的管理。部分企业会聘请海归派国际专业品牌公司的品牌人才，这类人才通常受到良好的专业的教育，吸收了国外品牌发展的优秀理论，在品牌管理和建设方面有较为深入的研究。同时他们对中国本土市场的了解和品牌认知不充分，在品牌规划和管理时不能很好地与实际情况相结合，使企业品牌的发展受到限制。

5.3 品牌部设立形式大于实际

近年来随着品牌的不断发展，品牌所带来的效用和价值也在逐渐体现。Interbrand 成立于 1974 年，是全球著名的品牌咨询机构，已经连续几年对中国最具品牌价值的公司进行研究，并且发布最佳中国品牌价值排行榜，对企业品牌所带来的价值给予了充分的肯定。品牌展现的效用和价值使企业开始重视品牌，在公司设立品牌部和品牌经理，负责品牌相关的日常事务。但是企业成立的品牌部，往往事先没有经过充分的调研和准备，事后也没有对其进行相应的投入和维护，而是把品牌部作为公司发展品牌战略的门面。品牌经理作为品牌的直接负责人有名无实，在品牌战略和发展上也没有发言权。

5.4　缺乏专业品牌领导者

作为品牌的最高领导者，品牌总监、首席品牌官的位置长年空缺。品牌总监和首席品牌官是现代组织中设置的专门负责品牌战略管理与运营的高级官员，是一个企业价值设计的参与者和企业品牌资产经营的责任者，是品牌时代化的产物。首席品牌官与品牌经理不同，其职责主要包括：直接参与企业重要事项的分析、决策与营运协调，为企业提供全面深入的品牌战略方面的决策和专业支持；负责企业品牌战略制定及品牌传播策略规划与实施，全面提升企业产品品牌知名度与影响力；根据企业业务发展战略，制定企业总体品牌市场推广战略策略、媒体传播推广战略策略；全面负责管理和指导企业品牌推广部门的宣传推广工作和品牌推广部门的规划与完善建设；全面负责与媒体、政府等部门的协调沟通，保证企业品牌形象的广泛树立和推广工作的顺利开展。

“2014 年全球企业品牌价值 100 强排行榜”排名第三位的可口可乐，是 1886 年在美国成立的企业。作为拥有 100 多年历史的百年品牌企业，可口可乐的发展是相当成功的。可口可乐是世界上最大的汽水、即饮咖啡、果汁和果汁饮料的供应商。通过全球庞大的饮料分销系统，200 多个国家的消费者每日享用 19 亿杯可口可乐系列产品。可口可乐公司长期致力于推动社区可持续发展，一直倡导环保节能理念，支持积极健康生活，为员工创建安全包容的工作环境，并努力推动业务所在地的经济发展。可口可乐及其装瓶合作伙伴在全球拥有 70 万名员工，是全球十大私营雇主之一。同时，可口可乐是中国家喻户晓的国际品牌之一，其系列产品在中国市场上深受欢迎。可口可乐为中国消费者提供了超过 15 个品牌 50 多种口味的饮料选择，其系列产品在中国的每天享用量达到 1.4 亿杯。在可口可乐公司的品牌管理方面，就有品牌总监负责可口可乐品牌的运营和维护，这也是可口可乐品牌能如此家喻户晓的重要原因之一。

品牌总监和首席品牌官在企业的品牌战略管理中占据如此重要位置，在企业部门却很少设立首席品牌官的职位，品牌总监和首席品牌官常年空缺。品牌经理负责所有与品牌相关的组织活动，但是品牌经理权责的受限性导致许多品牌发展战略未得到很好的规划实施。未来品牌管理将更具有职业化和技术化特征。正因为如此没有职业化的专业品牌管理阶层，就不可能形成有效的品牌管理制度，品牌拥有者和管理者的细致、专业的分工就不会严格有效区分，管理资源就不会充分发挥整合作用，同样品牌管理的技术化将决定着管理质量的优劣和管理成本的高低。

当今世界企业间的竞争归根到底就是人才间的竞争，人才是企业的生命之源。谁掌握和控制了尖端的人才，谁就在竞争中获得了主动权与制高点。在品牌建设与发展中，拥有专业技能的品牌人才更是企业提升竞争力的法宝。在一些高端的品牌管理中，涉及国际化的交流，对从业人员不但有语言的要求，而且对素质和国际品牌知识的掌握程度要求都极严格，所以知名企业宁愿高薪聘请这个行业的专业管理精英也不会退而求其次。尤其是在中国，随着众多国际品牌打入国内市场，国际高端品牌管理专业硕士人才必将炙手可热，由此可见，国际高端品牌管理专业硕士人才已经成为当前最为稀缺的人才。在我国当前专业品牌人员匮乏的状态下，更要抓紧专业品牌人才的培养，积极完善、有效加强品牌管理专业人才队伍建设，为我国品牌的发展贡献力量。

百年品牌发展中所表现出来的一系列问题都是我国现阶段品牌的真实写照。百年品牌是从传统社会传承而来，相对于新兴企业来说，传统的思想在一定程度上束缚了百年企业的品牌意识，限制了百年品牌企业的发展。因此，当今社会下国家百年品牌企业要想发展壮大，走向国际市场，就一定要树立先进的品牌管理意识，引进专业的品牌人才，完善内部治理体系，才能发挥出品牌无形的资产价值。

参考文献

[1] 余明阳，韩红星．品牌学概论［M］．广州：华南理工大学出版社，2008.
[2] 石章强．上海老品牌的复兴之路［M］．杭州：浙江人民出版社，2013.
[3] 宋晶．论品牌意识与品牌运营［J］．财经问题研究，2001（12）：67－69.
[4] 解艾兰．中国品牌发展现状、问题及对策［J］．中国科技产业，2010（Z1）：124－127.
[5] 龚立新．关于“品牌经理”制的几个问题［J］．企业经济，2004（9）：66－67.
[6] 孟铁鑫．城市老字号的旅游开发研究［J］．科技和产业，2010（11）：16－18.

第 7 章　我国品牌发展存在问题的主要原因

我国作为一个品牌弱国，在品牌发展的过程中存在一定的问题，本章试着梳理总结我国品牌发展存在问题的主要原因，探索我国品牌建设整体水平不高的根本问题所在，为推动品牌的进一步发展打下基础。

第 1 节　政策体系的残缺

品牌政策体系的建设对于品牌的发展有着至关重要的意义。我国品牌的政策体系存在一定的缺陷，主要存在以下几个方面：国家层面的品牌战略缺乏、现有品牌政策过于侧重品牌评定、专业的品牌人才培育机制尚未建立、品牌扶植政策不足等。

1.1　国家层面的品牌战略缺乏

世界主要品牌大国都有完整的品牌战略思路，对其品牌的整体发展起到了巨大的推动作用，从而逐渐形成了一批又一批的百年品牌。诸如韩国塑造品牌的“身土不二”原则；日本打造品牌的高品质、高可用性、高稳定性的特质；德国品牌的质量可靠、精细周全、先进高档等观念以及美国以严格的制度及规范为其品牌的自由化提供标准生存环境，各国的品牌战略均为其品牌的打造及品牌国际化提供了一定的帮助。

相比之下，我国在国家层面缺少整体品牌战略，并没有形成统一思想，各地政府发展也侧重不同。我国品牌国际认知度不高，提及我国的品牌形象，大多想到的便是中国制造而非中国创造。完整的国家品牌战略不仅有利于本国自主品牌的发展，更是对国家形象的一种宣传与提升。

国家不仅仅是一个政治体、一个经济体，还是一个文化体。国家的发展不仅存在于经济物质层面，更根本的是文化的发展。在国家品牌战略上，西方发达国家更多是在寻求一个开放的国际市场，通过强大的国际品牌定位来获取财富的同时，始终在不遗余力地推广自己的文化和价值观，试图通过改造他国大众意识来建立文化支配权，这在很大程度上把经济全球化也变成了一场文化扩张运动。面对这种激烈的竞争，任何国家都不应轻视自己的文化传统和资源，都不能放松打造具有全球竞争力的国家品牌。在经济全球化、文化多元化的背景下，品牌文化附加值的作用越来越重要，将品牌与文化有机融合，打造出有特色的品牌将是本土企业发展的关键因素。

我国在建设国家品牌战略的同时，也应根据我国客观情况加以考虑。我国作为一个地域广、民族多、地区文化差异大的大国，各地具体情况均有不同，在积极打造与宣传国家品牌战略的同时，应针对不同地区、不同行业的历史背景、自然环境、民族特色、行业分布等不同情况，通过地区差异性战略、地区政府专项扶植等方式打造差异化品牌战略。通过国家整体战略，带动我国品牌发展，在国际舞台上占有一席之地，同时形成各地区的地方品牌及行业战略。在百年品牌的打造上，国家及地方政府应根据地区的不同特点，制定相关地区品牌战略。比如北京在餐饮文化上汇聚百家特色，独树一帜，百年餐饮品牌数量较多，其中，中华老字号餐饮管理企业聚德华天控股有限公司将北京地区数十种餐饮老字号进行整合，进行统一的人员管理与培训，并针对其不同的特点突出不同老字号的本质特色，将规范与特色结合起来。这样一种典型的行业内联合、整合战略，对其他地区品牌战略的发展与建设有很好的示范作用。

1.2 现有品牌政策过于侧重品牌评定

目前，我国品牌政策多是“以评促进”，通过品牌评定进而推动品牌建设。在国家的名牌战略体系中先后形成了“中国名牌产品”“国家免检产品”“中国驰名商标”“中华老字号”等系列评选。国家和地方的品牌评定给予了企业品牌发展的方向，但过分强调会导致企业失去品牌评定的真正意义。企业品牌在国际化舞台上的影响并不仅仅依靠特定的评选机制就能拥有一席之地。西方发达国家中影响力较大的跨国公司，诸如美国苹果、IBM，日本丰田、索尼，德国西门子等公司都是在其品牌发展的领域内拥有较高质量的产品、较好的口碑，进而获得了消费者的认可。企业品牌的好坏最终是由市场与消费者决定的，在当今信息公开化程度高、产品同质化现象严重的情况下，仅仅依靠评定等方式，企业难以立足。

因此，政府应在产品质量、标准、政策、法规等方面给予监管；在银行贷款、税收、出口方面给予企业奖励，鼓励知名品牌企业参与国际竞争，而不能充当裁判的角色。同时，对于我国众多“老字号”、百年品牌的发展，一方面在对其品牌的评定机制中应积极引入数据思维、量化方法，通过对企业经营情况、品牌知名度、品牌信用度的量化分析，从而完善品牌评定机制；另一方面，我们应积极针对百年品牌的打造与建设，对其进行针对性的政策帮助，在目前我国互联网行业蓬勃发展的同时，应有效将百年品牌的发展与互联网行业积极有效结合，通过互联网的媒介方式为百年品牌进行宣传，为其经营与发展提供新的思路。

1.3 专业的品牌人才培育机制尚未建立

品牌的建设与打造需要培育专业品牌人才，制定相关人才培养机制。目前我国高等院校还没有设立品牌专业，很多品牌人才都是从企业内部或者半路转行衍生出来的，在专业知识层面存在一定不足，即使是海归派和国际专业品牌公司的品牌人才，由于对中国企业发展状况和环境并不是十分了解，往往是水土不服。尤其是针对我国百年品牌而言，大多数百年老字号还停留在家族式管理，并无系统的、现代的管理模式，背后主要的原因就是企业普遍缺乏品牌创新管理型人才。品牌人才的匮乏，阻碍了中国品牌国际化进程的步伐，我们应从政府的角度给予鼓励且在政策上支持高等院校开办品牌专业课程，并同时建立完善的培训机构，引进国外的先进教学经验和模式，推动中国品牌人才的培育工作。现代企业的管理与品牌的打造需要专业的品牌人才。品牌人才的培育最终要体现在企业品牌管理制度的提高上。起源于宝洁公司的品牌经理管理方式为我们国家对于品牌人才建设提供了一定的思路。品牌经理制度是一种对企业品牌进行管理的制度模式，它打破了以往各个品牌的管理工作进行职能化分割的做法，让每个品牌都只由一个品牌经理进行全面负责，制定品牌发展计划、监督计划实施、实施纠正行动等。

1.4　品牌扶植政策不足

随着经济全球化的不断深入和国际竞争的日趋激烈，推进品牌战略、加快品牌建设已成为世界各国抢占国际市场、带动本国经济持续发展、跻身经济强国的重要法宝。本土品牌的发展，尤其是百年品牌的发展对于国家品牌文化传播、打造品牌强国有着深远的意义。国家和地方政府相关政策的出台对于打造品牌强国有着重要的影响。

世界品牌大国在其国家品牌的扶植上不遗余力。韩国政府对其国产品牌尤其是在文化产业方面，制定了诸多扶持政策。通过一些韩国影视剧，我们可以看到韩国人对“韩牛”“韩国大白菜”的热衷，事实上，农业“国货”在韩国得人心也是韩国政府及时干预、引导转型的结果。2009年2月，美国国会两院通过总额达7870亿美元的经济刺激计划中规定所有接受振兴计划资金援助的公共工程只能使用美国制造的钢铁等产品，接受政府注资的金融企业在招聘外来员工时必须制定更严格的制度，以确保更多美国人能被雇佣。再如，有着百年历史的通用汽车作为全球最大的汽车企业，在2007~2009年美国爆发金融危机时，陷入了破产阴影，美国政府着手救援汽车产业。然而美国政府只向其输入了资本金，但并非直接管理企业。仅用了不到两年的时间，该公司就完成了改革和精简。经历破产重组后的通用汽车焕发了新的活力。2012年，通用汽车全球汽车销量达920余万辆，仅次于丰田，排名第二位。2012年，通用汽车公司营业收入达到1523亿美元，净利润达到49亿美元，这是通用汽车经历破产重组之后连续第三年保持赢利状态。

我国作为品牌大国，却在相应品牌扶植政策上存在一定的滞后和问题。改革开放前，在具有短缺经济特征的计划经济体制下，我国广大消费者对产品、服务及其品牌基本上没有自由选择余地，消费者和企业的品牌意识都相当淡薄，尽管我国一些行业也进行“省优”“部优”产品的评选，但就全国的总体状况来看，没有开展专门系统的品牌建设工作。同时，我国关于品牌扶植政策的研究起步较晚、研究数量较少。国家相关部门在课题项目的设置，以及相关科研基金经费方面应予以倾斜，鼓励国内的专家学者对品牌扶植政策进行理论上的研究，对其发展提供理论指导和智力支撑。

第2节　产权制度不完善

产权制度是现代企业制度的核心内容，合理的产权制度是提高企业运行效率的正要保证，科学的产权制度能够使企业在发展中建立有效的产权激励和约束机制。建立归属清晰、权责明确、保护严格、流转顺畅的现代产权制度，是市场经济存在和发展的基础，是完善基本经济制度的内在要求。当前我国经济社会发展中出现的一些矛盾和问题，都直接或间接地涉及产权问题。建立健全的现代产权制度，是实现国民经济持续快速健康发展和社会有序运行的重要制度保障。目前，我国产权制度主要的缺陷有：产权归属不清晰、产权结构单一、对企业知识产权的保护不足等。

2.1　产权归属不清晰

产权理论认为，产权是指被制度保护下的利益，产权制度是一种基础性的经济制度，它不仅仅对经济效率有重要影响，而且构成了市场制度以及其他许多制度安排的基础。一般来讲，人们要合作先要弄清各自所有的资源，即界定产权，因为产权就是对资源排他的占有和使用。正如产权理论所揭示的那样：在某资源还没有明确产权归属的时候，利用该资源就会冒不能够全部获取这一资源带来收益的风险，或者说，替别人付出了成本；反过来说，如果利用该资源遭到损失，也不必全部地承担该行为所带来的损失。现代企业制度中产权明晰的表现是，如果企业的资产是由国家单独出资形成的，其企业的所有权，即对资产的占有、使用、收益和处分的权利属于国家；如果企业的资产是由包括国家在内的多个出资者投资形成的，其企业的资产所有权属于包括国家在内的多个出资者按投资数额分别所有；企业则拥有包括国家在内的出资者投资形成的全部法人财产权，即由企业资产所有者委托或授权给企业法人对企业全部资产行使占有、使用、处分和收益的权利。企业产权关系明晰后，任何人都不得非法侵犯所有权和法人财产权。

我国品牌产权不清，尤其是中华老字号等百年品牌的归属问题一直困扰着我国品牌的建设。由于新中国成立初期的公私合营和一系列的改革，现在许多老字号的归属已经不清，究竟哪个地方和企业应该拥有该老字号很难分清，这样就产生了一系列的问题，企业之间产生矛盾，造成内耗，法院也很难做出评判。杭州张小泉起诉上海张小泉从 1999 年至今仍没有结论，一旦把张小泉判给一方，另一方就是侵权，历史的原因造成的产权不清随着企业的发展逐渐显现。产权清晰不仅是优化产权结构的前提，也是决定企业产权结构安排的条件之一。产权明晰的根本目的，不仅是要使所有权，即归谁所有的问题弄清楚，更重要的是，要使所有者能够凭借这种所有权获得利益，实现其目标。

2.2 产权结构单一

一元化产权结构主要表现为产权主体唯一性、增量资产部分的产权不清晰、产权不可分割性。单一性的产权结构主体单一、股权高度集中，主要投资者或业主个人占有企业绝对优势的股份，基本上是所有者与经营者同一，所有权与经营权重叠的状况。投资主体所能筹集的资金数量有限，无法提供企业进一步发展所需要的资本，因而使企业难以实现规模经济。在这种封闭性产权制度条件下，资本社会化程度低，阻碍了资本的组合、联合，限制了企业大规模地利用社会资金的渠道，企业发展主要依靠自身积累和原有股东的再投入，企业的资金瓶颈和规模制约成为企业进一步发展的障碍，企业股权高度集中在少数人手中，也使得企业决策常常出现失误。企业发展要依靠三种资本：物质资本、人力资本及社会资本。我国单一产权结构企业增量资产部分的产权不清晰主要表现在忽视了人力资本的作用，即人力资本没有参与合理的利益分配。不同的出资人岗位不同、能力不同、贡献不同，对增量资产的分割上却只考虑原有资本金存量的比例，很少有企业考虑人力资本的作用。忽视人力资本造成的产权不清也表现在出资人管理者与非出资人管理者之间，出资人管理者可以享有剩余索取权，而非出资人管理者只能享有劳动收入——工资，并没有参与增量的分割。这就使得非出资者往往出现懈怠情绪，甚至占企业的便宜和侵吞企业财产。产权的一元化结构决定了产权不具有可分性。这种产权的不可分割性决定了产权不具有流动性。产权的可分割性使得人们在拥有和行使这些产权时实行专业分工，获得分工带来的增量效益。产权的交易流动，使资源在全社会范围内流动，提高资源的配置效率，分散风险。一元产权的不可分割性和不可流动性使得企业产权主体无法通过产权的转让获得潜在的收益，也无法通过产权的流动分散产权结构单一化所积聚的风险。

现阶段，我国大部分民营企业还带有很浓厚的古典产权制度特征，在民营企业内部，生产资料所有权在很大程度上决定着其他各项经济权利，甚至基本上单一地决定着经济过程的决策，劳动者几乎不能参与企业经济决策和管理。与此同时，我国众多老字号自 1956 年公私合营改制为国有企业直到 20 世纪 60 年代，其产权制度是一种出资人所有权和法人财产权合一的产权制度，在这样的制度背景下，政企完全合一，企业既是一个行政组织，又是一个社会组织，唯独不是一个经济组织。企业虽然有技术上的边界，但没有真正经济意义上的边界，这与出资人所有权和法人财产权相分离的现代企业制度是格格不入的。没有现代企业制度下的产权分离，也就谈不上现代企业内部的所有权对经营权的激励和监督，用加强企业内部管理代替企业改革的做法也是难以奏效的。老字号企业近年来也不断进行改革，但产权并没有进行根本性改革，因此使企业的资产管理、经营、监督责任不清，企业经营者行为约束不力，企业职工的民主监督权利不能落实，从而严重制约了企业的发展。

2.3 对企业知识产权的保护不足

中国企业自主知识产权和知名品牌的发展不仅直接影响企业自身的生存和前途，而且关系到国家的整体经济实力和现代化建设。目前我国企业整体对知识产权保护不足，主要表现为：第一，我国自主知识产权和知名品牌数量少。改革开放以来，中国企业的专利申请受理量增长较快，专利授予总量庞大，据统计，自1985年4月1日《中华人民共和国专利法》正式实施以来，全国累计专利申请数量达1160余万件。然而专利申请量虽然大，但专利授权量不大，很多专利申请未获授权。据统计，2014年我国专利申请量达220余万件，授权量120余万件。从专利的人均占有数量来看，2012年，我国每万人口的发明专利拥有量达3.23件，较同期日本的105.3件、韩国的96.1件、美国的35.6件仍有非常明显的差距。第二，我国专利技术水平不高，发明专利占比较低。据统计，2014年我国发明专利申请量73.4万件，但同年的授权量仅为16.2万件，不足申请量的1/4。专利数量不足还体现在发明专利授权占专利授权总量比例不高，2014年我国授权的120.9万件国内专利中，发明专利为16.2万件，仅占总量的13.4%。尤其是在关键、核心技术领域，国内拥有的专利仍然不足。第三，我国品牌名牌缺乏自主知识产权支撑，价值相对较低，直接影响企业经济效益。我国多数企业由于缺乏核心技术的自主知识产权，对外贸易主要采取来料加工和承接订单方式，自主品牌不能得到强有力的技术支撑，造成我国企业在国际贸易和国际分工中处于不利地位。第四，我国专利和商标的国际化水平低，自主知识产权流失和品牌陨落问题相当严重。经济全球化必然要求专利和商标国际化。在国际商标注册方面，2014年国内的申请人到其他国家申请领土延伸保护的达到2140件，但同年国外的申请人到中国申请领土延伸保护超过了2万件。同发达国家相比，我国企业的专利和商标国际化程度较低。据世界知识产权组织的统计，2013年我国向海外申请发明专利总量29211件，仅占我国申请人提交发明专利申请总量的3.98%，而美国、日本、德国和韩国向海外申请发明专利的总量则分别高达214072件、201528件、110914件和63552件，占其国家申请人提交发明专利总量的比例分别为42.65%、42.58%、60.0%和28.43%。对比分析不难看到，我国企业向海外申请发明专利的数量与一些发达国家相比还有非常大的差距。

第3节 创新精神的沉寂

创新作为一种理论可追溯到1912年美国哈佛大学熊彼特教授的《经济发展概论》，其著作中提出：“创新是指把一种新的生产要素和生产条件的‘新结合’引入生产体系。”20世纪50年代，随着西方发达国家技术能力的提高，创新对经济提高起到了关键性作用，创新理论引起了广泛关注。之后相继出现了以索罗（R. Solow）、斯通曼（P. Stoneman）等为代表的技术创新学派，以道格拉斯·诺斯（Daoglass C. North）为代表的制度创新学派；20世纪90年代，又出现了以伦德瓦尔（B. A. Lundvall）、波特（M. Porter）为代表的国家创新学派。品牌创新，实质就是赋予品牌要素以创造价值的新能力的行为，即通过技术、质量、商业模式和企业文化创新，增强品牌生命力。品牌创新带给品牌新的活力，为品牌的打造与发展带来积极作用。企业在品牌核心价值不变的情况下，应及时升级和更新自己的品牌形象和产品，从而能够满足市场多变的趋势，避免审美疲劳，刺激和引领消费者感官和需求，带来更持续的发展。

根据中国科学技术发展战略研究院发布的《国家创新指数报告2014》显示，中国创新能力世界排名第19位，与西方发达国家仍有一定差距。我国在品牌创新的问题上一直存在一定的问题，主要包括：技术创新不足、商业模式单一、重引进轻消化吸收、创新精神受传统文化思维禁锢等。

第一，我国企业技术创新不足。技术创新指生产技术的创新，包括开发新技术，或者将已有的技术进行应用创新。科学是技术之源，技术是产业之源，技术创新建立在科学道理的发现基础之上，而产业创新主要建立在技术创新基础之上。现代科技日新月异，技术更新速度的加快带来产品更新换代速度的提高和市场生命周期的缩短。纵观世界品牌100强企业，其产品无不具有强大的技术或创新商业模式的支撑。可口可乐的神秘配方、英特尔的电脑芯片技术、苹果公司的体验技术、微软公司的软件技术都是其独步天下的“秘技”，使其产品畅销全球，享誉世界。而中国入围世界 500 强的大企业靠的是强大的政府背景和垄断优势所带来的资本优势，依靠技术和商业模式入围的企业凤毛麟角。中国国际性品牌的塑造必然要依托一套具有自主知识产权的技术创新体系，“中国制造”向“中国创造”的转变需要全体企业的共同努力。因此，技术创新是中国自主企业品牌竞争力提升的核心要素，是中国企业走向国际舞台的重要支柱。近年来，随着我国经济发展良好，国家和企业对于科技带动创新意识的形成，在科技经费投入也逐渐加大。根据《2014 年全国科技经费投入统计公报》数据显示，2014 年我国研发经费投入总量为 13015. 6 亿元，相比 2013 年，增加 1169 亿元，增长 9. 9%；研发经费占 GDP 总量的 2. 05%，相比 2013 年提高 0. 04%。2014 年，我国企业支出研发经费 10060. 6 亿元，相比 2013 年增长 10. 9%，增速分别比科研院所和高等学校高 2. 8% 和 6. 1%。企业对全社会研发经费增长的贡献为 84. 2%，相比 2013 年提高 4. 5%，对研发经费增长的引领作用进一步凸显。近年来，我国研发经费投入总量呈不断上升趋势，先后超过英国、法国、德国和日本，成为仅次于美国的世界第二大科技经费投入大国；研发投入强度与发达国家 3% ~4% 的水平相比虽然还有差距，但呈逐年提高的态势。应该说研发经费投入总体符合我国经济社会发展的基本要求和阶段状况，但与发达国家比较，我国研发投入的效益还有待进一步提升。

第二，我国企业商业模式单一。商业模式创新指企业价值创造所提供基本逻辑的变化，即把新的商业模式引入社会的生产体系，并为客户和自身创造价值。新引入的商业模式，既可能在构成要素方面不同于已有商业模式，也可能在要素间关系或者动力机制方面不同于已有商业模式。在产品自身很难创新的同时，更应关注于经营方式的创新。我国国有企业在国家行业地位中属于中坚力量，国有企业长期形成依赖于资源垄断获得利润的同时，却忽视了经营模式的多元性，这对于企业品牌的打造以及走向国际化构成很大的障碍。如今，高度发达的互联网为我们提供了诸如社交媒体、电子商务这样低成本高效率的品牌打造手段。第十二届全国人大三次会议上，李克强总理在政府工作报告中首次提出

“互联网 +” 行动计划。而“互联网 +”的核心就在于用互联网这一能够大大降低连接成本的新工具去改造传统产业。我们看到许多依靠电子商务兴起的“互联网品牌”，它们正在飞快地俘获新生代的心，传统线下品牌则逐渐在互联网时代归于平寂。因此，依靠“互联网”提供的良好的“基础设施”，将生产制造能力嫁接上去，传统企业、中小企业也能打造属于自己的品牌。同样，在百年品牌的建设中，与互联网相结合应是我们品牌战略的方向之一。例如，中华老字号餐饮管理企业聚德华天控股有限公司与“饿了么”合作，其旗下的多个百年老字号品牌鸿宾楼、砂锅居、烤肉季、峨嵋酒家、护国寺小吃与烤肉宛都将上线“饿了么”平台。与此同时，在互联网环境的大背景下，企业经营与宣传的方式应与网络社交媒体相结合，积极通过社交媒体打造、宣传自身的品牌文化，如创建微博、微信公众号等方式来提高品牌知名度，增加与用户之间的黏度。除了以传统店面方式进行销售外，利用电商等渠道，采用互联网模式对其进行快速、便捷的销售。同样，这对百年品牌在经营上有着不言而喻的好处。诸如百年餐饮行业与互联网外卖相结合，打造老字号外送服务，食品行业与电商结合，实现平台专柜。这些都是在当今网络环境下我国百年品牌在营业模式上的创新方式。

第三，我国企业重引进轻消化吸收。国际经验表明，技术的消化吸收和模仿创新是后进国家发挥后发优势、实现经济和技术赶超、创建品牌的关键所在，没有对转移技术的消化吸收和在此基础上的模仿创新，就难以实现自主技术能力的提高，更谈不上创立自主品牌。据权威机构统计，创立一个世界名牌，至少需要 25 年时间，仅广告宣传就需要投入约 2 亿美元。国内企业在实践中纷纷感叹创品牌难，创名牌更难，创出口名牌更是难上加难；在这种情况下，国内企业普遍重产品、轻品牌，重眼前利益、轻长远利益，以致长期不能形成自主开发能力和自主知识产权的产品。

第四，我国企业创新精神受传统文化思维禁锢。我国百年品牌受传统文化的影响，创新思维受到禁锢，企业一贯认为产品、品牌应是打造精品、强调传承，而缺乏了创新的勇气和思维。品牌的形象比较中庸，个性不够鲜明，品牌之间的差别性不够明显。企业文化创新指为了使企业的发展与环境相匹配，根据本身的性质和特点形成体现企业共同价值观的企业文化，并不断创新和发展的活动过程。企业文化创新的实质在于企业文化建设中突破与企业经营管理实际脱节的僵化的文化理念和观点的束缚，实现向贯穿于全部创新过程的新型经营管理方式的转变。品牌文化的创新，在于经营理念的创新。打造企业内部优质管理团队，在老字号独特的特色之外，实行统一制度管理，提高经营效率，积极宣传品牌文化，更贴近消费主体的消费观念。

参考文献

[1] 张广玲，邹捷. 自主品牌创新的若干思考 [J]. 中国工商管理研究，2006 (10).

[2] 杨建欣. 中国国家品牌战略与政府扶持下的品牌建设 [J]. 中国品牌与防伪，2009 (4).

[3] 蔡昉. 引领新常态要有国家品牌战略 [N]. 北京日报，2015 - 02 - 13 (3).

[4] 陈志光. 现代企业概论 [M]. 北京：当代中国出版社，1997.

[5] 白暴力. 现阶段产权制度的两重性与现代产权制度建设 [J]. 社会科学研究，2015 (6).

[6] 刘明珍. 中国企业自主知识产权和知名品牌发展研究 [J]. 中国软科学，2006 (3).

[7] 孔微巍，谭奎静，秦伟新. 中华老字号的品牌传承和创新 [J]. 经济研究导刊，2007 (11).

[8] 林发新. 论现代产权制度的演变及其完善 [J]. 福建论坛，2004 (1).

[9] 高洪力，尹庆民，林妍梅. 北京老字号企业产权多元化改制的现状及启示 [J]. 北京联合大学学报，2007 (4).

[10] 李军权. 谈我国自主知识产权和知名品牌发展问题 [J]. 商业时代，2007 (20).

[11] 何晗. 中国“老字号”企业品牌战略研究 [D]. 天津大学，2006.

[12] 刘志峰，刘志国，陈兆生. 高职院校品牌专业的形成机制与培育模式研究 [J]. 中国职业技术教育，2015 (9).

[13] 武在平. 关于加快我国品牌建设的战略思考 [J]. 学术交流，2006 (10).

第 8 章　我国品牌发展与国外品牌发展的主要差距

我国品牌的整体发展与国外品牌之间存在一定的差距，只有正确地认识到差距的存在，才能在后续的发展中，有针对性地强化优势水平，提升能力上的不足，为我国品牌的长期可持续发展打下坚实基础。

第 1 节　国际市场占有差距

根据联合国开发计划署 2011 年的统计，国际知名品牌在全球品牌中所占比例不到 3%，但市场占有率却高达 40%，销售额超过 50%。与此对应的是，2011 年参与国际市场的中国企业中，拥有自主品牌的不到 20%，自主品牌出口额在出口总额中的比重不足 10%。世界品牌商标价值评估网站 Brandirectory 发布的 2015 年全球 500 个最有价值品牌企业中，前 100 名中中国仅有 8 家企业上榜，且除百度外都是国有企业，集中于通信、石油、银行业。前十名的企业中美国占了 8 位，韩国三星位列第二，中国移动位列第九。美国品牌占据了前 100 名中的大半，且都是自主发展的品牌，而我国上榜的 8 家企业中有 7 家是国有企业，从品牌排名中可以看出我国自主品牌发展依然落后于品牌发达国家。

1.1　品牌学科建设的差距

到目前为止，在我国为数不多的高校中品牌学还只是作为普通课程进行讲授，并没有形成具有品牌学学科优势的大专院校，在高校的研究和教学还比较薄弱。很多品牌人才都是从企业内部或者是半路转行衍生出来的，即使是海归派和国际专业品牌公司的品牌人才，由于对中国企业发展状况和环境并不是十分了解，往往是水土不服。据初步调查，目前国内有个别学校开始对不同层次和类别品牌学专门人才的培养问题进行大胆探索与实践。例如，在高等教育领域，2004 年 7 月华南理工大学新闻与传播学院成立了国内第一个“品牌传播系”，并在中国教育界第一次公开把“品牌传播”作为广告学本科和传播学硕士的一个专业方向；同年，东北师范大学艺术学院也开始把《品牌学》作为艺术设计本科的一个专业方向。在中职教育领域，上海商业会计学校 2006 年新开办了“品牌经营”专业，拟以全新的角度培养初级、中级专业人才，近几年也有许多高校专业将《品牌学》作为一门专业课程。虽然这些学校对我国品牌学专业的建设展开了探索，但仍然是将品牌学专业建立在其他学科体系下，并没有形成品牌学学科。

少数高校为适应品牌经济时代的发展和变化，从 1999 年开始在人才培养方案和创新课程中比较注意吸收与品牌学相交叉的一些学科知识。普遍做法主要有两种：一是在相近学科的专业课程中适当增加品牌学知识的教学内容，这方面例子最多，如在市场营销课程中安排一个章节来讲授品牌学知识等；二是开设一两门品牌学类必修或选修课程，这方面例子较多，如东北大学艺术学院开设了《品牌学》课程，复旦大学艺术设计本科专业开设了《品牌学》《品牌策划与设计》课程，中山大学市场学系开设了《品牌管理》《城市品牌管理》课程等。

关于我国品牌学专业人才高等学历教育严重滞后的根源问题，国内许多学者阐述了自己的观点。例如，一些学者认为虽然品牌总监就业前景被看好，但是，据我们所知，国内目前还没有一所大学专门设置品牌管理系、品牌学系，甚至没有设置专门研究品牌的学科。还有学者认为品牌管理专业人才匮乏是品牌建设工作滞后的根源之所在；与巨大的人才市场缺口相联系的是，目前国内还没有一家高校开设品牌管理本科专业，某些专业如市场营销、工商管理、广告等与品牌管理有一些关联，少量大学开设了品牌管理选修课，也培养了一些品牌管理方向的研究生，但总体上说，这种培养模式远远不能满足市场和经济发展的需求。调查研究发现，凡是品牌文化发达的国家，如美国、英国、日本等，品牌研究和教育事业也同样发达。例如，英国学术界拥有先进的品牌理念，各大商学院都拥有品牌管理方面的专家。又如，美国威斯康星国际大学、英国纽加索大学、美国奥城大学等院校设置了品牌管理专业的MBA。这些实践对我国设立《品牌学》本科专业具有重要的启示和借鉴意义。

1.2 品牌经理培养的差距

很多企业虽然设立了品牌部，但往往是做样子，撑门面，品牌部的经理多数是为公司高管们写报告的文员，在品牌战略和发展上没有太多的发言权，企业品牌部经理往往有名无实。受过品牌专业教育的品牌总监、首席品牌官的职位常年空缺。品牌人才的匮乏，阻碍了中国品牌国际化进程的步伐。品牌经理的概念诞生于1931年，创始者是美国宝洁公司负责佳美香皂销售的麦克爱尔洛埃。1926年宝洁公司开始销售一种与象牙香皂相竞争的佳美香皂，尽管使出了浑身解数，也投入了大量的广告费用，但销路一直不畅。负责销售工作的麦克爱尔洛埃通过研究发现，由几个人负责同类产品的广告和销售，不仅造成人力与广告费用的浪费，更重要的是对顾客容易造成顾此失彼。于是，他向公司的最高领导提出一种牌号一个经理的建议，就是一个品牌经理必须把产品的全部销售承担起来。这一建议，一举拓开了宝洁公司的多种产品的销售市场，而且拉长了各种产品的生命周期。

为解人才急需之用，近年来品牌经理人职业教育和职业资格认证培训活动日渐兴起。例如，国际首席品牌官资质认证机构等，2004年联合推出了国际首席品牌官（CBO）、品牌官（BMO）、品牌管理工程师（BME）资质认证培训项目。国家人事部全国人才流动中心等于2006年联合成立了“全国品牌管理师资质评价项目管理办公室”，并共同推出了品牌管理人才资质评价项目。中国商业联合会则在全国范围内组织并实施了品牌管理师职业资格培训项目。2007年商务部把《品牌管理专业人员技术条件》纳入《流通标准“十一五”发展规划》的重点制修订项目。高校中如清华大学、上海交通大学、中山大学等也开设了部分品牌管理方面的高级研修班课程。这些项目为我国品牌经理的发展奠定了很好的基础，但这些认证培训活动依然不具备大的影响力，我国的品牌经理更类似于产品经理，关注点更集中于产品，而非品牌。

第 2 节　知识产权保护差距

在当前以科学技术为基础的经济全球化背景下，国际贸易与知识产权二者之间的关系日益密切。一方面，随着国际贸易内容的丰富，知识产权已成为国际贸易中最关键的因素，体现在以货物和服务为载体，突出以技术和品牌为核心的竞争优势，决定了一国在国际分工和国际贸易中的地位；另一方面，不断加强的知识产权保护，不仅提高了产品的附加值，增强了一国的竞争优势，同时为维护国际贸易秩序提供了良好的制度环境。然而，与国际贸易相关的知识产权是一把双刃剑，随着知识产权在国际贸易中地位的提升，知识产权壁垒作为一种更为隐蔽的非关税措施悄然兴起，知识产权贸易摩擦不断增加，成为国际贸易摩擦形式升级的一个重要组成部分。在 2014 年商务部例行发布会上，商务部发言人表示，根据现有数据来看，中国已经成为连续 18 年遭遇反倾销调查的国家。由于技术力量薄弱，研发水平低，中国企业在保护知识产权方面意识淡薄，没有建立相应的联盟组织等，导致中国企业在知识产权保护方面要交更多的学费。知识产权保护的直接体现就是品牌的价值，一个优秀的品牌，不仅仅需要去创建它，也需要精心去保护它，最有力的保障就是知识产权的保护。

2.1　中国知识产权法律体系的建设

中国的知识产权保护立法起步于 20 世纪 80 年代，与企业知识产权相关的法律法规包括《专利法》《商标法》《反不正当竞争法》《知识产权海关保护条例》和《特殊标志管理条例》等，涵盖了知识产权保护主要内容的法律法规和一系列相关的实施细则和司法解释，使中国知识产权保护的法律法规体系不断趋于完善。为实行切实有效的知识产权法律保护，2001 年中国在加入世界贸易组织前后，对知识产权保护相关法律法规和司法解释进行了全面修改，在立法精神、权利内容、保护标准、法律救济手段等方面更加突出促进科技进步与创新的同时，做到与《与贸易有关的知识产权协议》以及其他知识产权保护国际规则基本一致。

北京中兆律师事务所马一德律师在一次采访中介绍说，虽然我国已基本建立起了知识产权法律体系，但是，由于我国知识产权制度建立的时间较短，无论是知识产权制度本身，还是运用知识产权制度的能力都存在问题。尤其是对于企业而言，在知识产权战略制定、实施与控制方面，我国企业与发达国家企业相比仍然存在很大差距，以至于我国企业在国际经济竞争中面临着十分严峻的考验。根据中国国情和企业实际发展情况，制定完备的企业知识产权战略，应对知识经济社会的挑战和加入 WTO 后激烈的国际竞争，是我国企业亟须解决的问题。随着经济的知识化与全球化，知识产权已成为企业竞争优势的来源之一。正因为如此，各国企业都十分注重知识产权工作。尤其是发达国家中的企业，更是倚仗自身在科学技术和知识产权方面的优势地位，不断提高知识产权的保护水平，并且将知识产权与国际贸易挂钩，极力推动知识产权的国际化，借此构筑和维护本国的国际竞争优势。虽然我国专利申请量已经高居世界第一位，但是国内拥有自主知识产权的企业却仅有几千家，仅占约万分之三，而一些跨国公司，如 IBM、杜邦、日立等，目前拥有有效专利数万件。不仅如此，我国专利中最能体现技术创新性的发明专利所占比例较低。我国的商标情况亦是如此。虽然国内商标注册数量一直攀升，但是我国企业拥有的自主国际驰名商标极少，在全国进出口产业 200 强中，有 80% 使用的是外国商标；总之，在国际产业链中，中国企业目前的状况是：技术上没有自主权，标准上没有制定权，价格上没有控制权，分配上没有话语权，附加值上没有收获权。

2.2 企业对知识产权重视的差距

除了我国知识产权法律体系还不够健全之外，我国企业自身的科研投入不高，对知识产权不重视也是我国与发达国家知识产权保护差距的原因之一。众所周知，日本是一个创新性很强的国家，也正是凭借日本人的这种创新精神，日本在短短的时间内就从一个落后国家跻身到世界前列。日本企业大多在引进国外先进技术的基础上，进行消化、吸收和创新，譬如在消化和吸收美国和欧洲的基础专利的同时，针对有关基础专利的应用开发和申请自有的外围专利，对权利人的基础专利形成包围圈，力图创造和解氛围，以最有利的条件达成与权利人的合作，甚至达到相互授权的目的。

与日本的企业不同，中国企业普遍引进国外技术，同时企业缺乏或不愿投资研发部门，未能对引进的技术及时加以消化、吸收及再创新。据悉，一些企业的技术引进费用与投入的研发费用之比，在最高峰时期达到12:1。过分依赖技术引进，一方面抑制了企业本身的开发创新能力；另一方面关键技术往往也难以通过技术引进获得，从长远看来不利于企业技术创新的良性发展，甚至可能陷入“引进—落后—再引进—再落后”的恶性循环。根据国家统计局、科学技术部、财政部联合发布的《2006年全国科技经费投入统计公报》显示，七大行业的科研经费投入强度超过1%：医药制造业为1.76%，专用设备制造业为1.7%，电气机械及器材制造业为1.48%，通用设备制造业为1.47%，交通运输设备制造业为1.38%，橡胶制造业为1.19%，通信设备、计算机及其他电子设备制造业为1.19%。近几年虽然企业科研经费的投入加大，但是，科研经费投入占销售额的比重也仅仅在2%上下波动，与发达国家高新技术企业8%~10%的比重相差甚远。按照国际标准，比例为2%才算正常，比例为5%才有竞争力。研发能力不足所导致的直接后果便是企业自主知识产权拥有量少，技术含量偏低，基础专利欠缺。更有甚者，一些企业在引进国外技术时，对专利技术的有效性、专利的保护期等相关专利情报收集利用不足，在支付大量使用费用后，才发现引进的技术不具有预想的价值，如引进的技术并非专利技术，引进的技术尚未获得授权或因故已被撤销，引进的技术已超出专利保护期等，导致企业遭受经济损失。同时，我国企业对商标权的重视程度明显落后于国外企业，国内企业在境外注册的比率相当低，许多知名的商标品牌被国外企业抢注，如“HiSense”“同仁堂”“英雄”“红星”“红塔山”“康佳”“新科”“德赛”“冠生园”和“中国五粮液”等，对这些知名品牌扩展国外市场产生了极大的负面影响。

贴牌生产是指为国外企业进行来料加工，成为国外品牌的一个生产车间或生产基地，形成技术在外、设计在外、原材料在外的状态。从20世纪80年代末开始，加工贸易在我国迅速发展，到90年代加工贸易在我国对外贸易总额所占的比重已经超过50%，其中，绝大多数企业重合资，重引进，轻创牌，没有自主知识产权，采用贴牌生产方式。贴牌生产中，中国企业没有形成自主知识产权的技术体系，多数行业的关键核心技术与装备基本依赖国外，产品设计、关键零部件、工艺装备主要依赖进口，中国只是产品贴牌加工的组装基地，在整个产业链分工中位于下层，企业既受制于外方，又难以获取高额利润。以电子工业为例，相关研究表明，我国处于整个电子产业链分工中的第三层次，只是进行组装和贴牌，赚取不到10%的利润，而处于上层的美国则生产高附加价值的芯片和软件，获取60%左右的利润。此外，贴牌生产中还涉及商标权、专利权、著作权等知识产权风险。部分不法外商为转嫁侵权责任风险，往往将其不具备相应商标权、专利权或著作权的产品交由中国企业贴牌生产，当中国企业将产品出口至外国时，便遭遇侵权诉讼，导致经济损失。同时，贴牌生产中，外方往往会利用其经济方面的优势地位，在知识产权方面作出不公平的约定，如中方不得发展边缘技术，不得将技术改进的成果申请专利等，从而造成了中国企业没有技术专利，付出了大量的劳动力，而收益却是最少的。

第3节　品牌营销建设差距

未来的营销将是品牌的战争，商界与投资者将认清品牌才是公司最珍贵的资产。拥有市场比拥有工厂重要得多，而唯一拥有市场的途径就是先拥有具有市场优势的品牌。国际知名品牌成功的因素就是做好品牌营销和品牌建设，坚持与时俱进，保持着品牌年轻化的状态，下面就李宁和耐克的品牌进行了分析。

中国很多企业认为靠策划方案、靠点子就能发家，只要广告做得好，产品就卖得好，所以比较注重短期的销售行为，而对品牌的长期建设和维护却比较短见。经济全球化使得竞争日益加剧，取得独特市场地位及竞争优势变得更加困难。此时多数公司逐步意识到公司品牌营销策略可以为整个公司提供附加价值。一个强大的品牌能够在消费者心目中建立并保持强有效的感知，一个有效的公司品牌营销策略能给公司带来巨大的价值，帮助公司及管理团队贯彻实施公司的长期愿景，为公司及其品牌创造独特的市场地位，最大限度激发公司员工的忠诚度等。因此，公司品牌营销策略使得公司能够更加有效地利用有形资产和无形资产，使公司品牌的表现更加优秀，大幅度提升企业的综合竞争力，从而使企业在激烈的市场竞争中脱颖而出，成为市场及行业的领导者。

我国企业对品牌营销的重视程度与国外企业相差甚远，国内企业更加重视的是产品，如何卖出更多的产品，如何开发新产品，如何减少成本以获取更高的利润，而很少思考如何提高品牌的影响力，如何保持品牌的影响力，如何进行品牌传承等，我们这里可以从李宁和耐克两个运动品牌看中外品牌营销建设的差距。NIKE 是全球著名的体育运动品牌，英文原意指希腊胜利女神，中文译为耐克。NIKE 品牌于 1972 年确立，公司总部位于美国俄勒冈州。公司生产的体育用品包罗万象，例如，服装、鞋类、运动器材等。NIKE 这个名字，在西方人的眼光里很是吉利，而且易读易记，叫得很响。耐克商标象征着希腊胜利女神翅膀的羽毛，代表着速度，同时也代表着动感和轻柔。耐克公司的耐克商标，图案是个小钩子，造型简洁有力，疾如闪电，一看就让人想到使用耐克体育用品后所产生的速度和爆发力。耐克一直将激励全世界的每一位运动员并为其献上最好的产品视为光荣的任务。耐克首创的气垫技术给体育界带来了一场革命。运用这项技术制造出的运动鞋可以很好地保护运动员的膝盖，减小做剧烈运动落地时对膝盖的影响。李宁公司是中国家喻户晓的“体操王子”李宁先生在 1990 年创立的体育用品公司。经过二十多年的探索，李宁公司已逐步成为代表中国的、国际领先的运动品牌公司。从成立初期率先在全国建立特许专卖营销体系到持续多年赞助中国体育代表团参加国内外各种赛事；从成为国内第一家实施 ERP 的体育用品企业到不断进行品牌定位的调整，再到 2004 年 6 月在香港的上市，李宁公司经历了中国民族企业的发展与繁荣。

（1）形象代言人上的差距

现代广告营销普遍要采用名人代言的方式，主要是看中了名人产生的联动效应，这是由于消费者心理影响造成的。首先看看耐克代言人的阵容，篮球领域的科比、詹姆斯、安东尼等，足球领域的C罗、内马尔等，网球界的纳达尔、莎拉波娃、李娜等，这些代言人几乎涵盖了各个领域最顶层的巨星。再看一下李宁的代言人，韦德、郭艾伦、彭帅、陈一冰等，韦德在世界的知名度高于其他代言人，但是与科比相比还是逊色一些，其他运动明星在中国都有一定的知名度，但是要发展成一个世界品牌，依靠这些在国内有一些知名度的明星效应显然是无法达到目的的。耐克选用的这些名人最先带来的是品牌的推广，见到巨星的兴奋让人们更加加深了耐克在人们心中的形象，让耐克更加家喻户晓。其次，明星的代言会增加产品在人们心目中的信任度。最后，在某种程度上很多运动迷看到心目中的巨星代言时会找到一丝自己与巨星之间的联系，这个品牌就成了普通人与明星之间联系的纽带。总之，一流巨星的代言不仅使品牌得到了推广，更会在一定程度上带来销量的提升。而李宁选择的多是中国的体育明星，从广告采用名人代言的原理看，因为其选择的代言人知名度小，因此吸引注意力也明显少了很多，另外，人们也很少能够从不知名的二流明星代言上获得产品的信任感。二流明星代言的后果不但在名牌知名度的推广上弱了很多，而且对销售的影响也较差。

（2）广告投放媒体的差距

广告投放媒体的选择：一流媒体与二流媒体的差距。评价广告投放媒体的好坏有很多因素，比如到达率、覆盖面、权威性等。这与品牌策略有密不可分的关系，地方品牌选择的多为地方媒体，如果想发展成为国际品牌就要选择国际媒体，就要利用影响力较大的广告媒体来进行品牌传播，期待获得更高的知名度。在广告媒体的选择上，将目标定位国际品牌的李宁与耐克相比差距甚大。耐克长期处于国际运动品牌的霸主地位与其广告媒体的选择密不可分。在电视媒体选择上，耐克多选择各国收视率高的权威媒体，比如在国内选择央视作为主要电视媒体，并且在众多比赛中间插播，这样能提高受众率和到达度。耐克最有效果的广告媒体莫过于其不停在奥运会、世界杯等受全世界关注的赛事上进行宣传，如 2010 年南非世界杯时耐克邀其代言球星为其拍摄《踢出传奇》宣传片，广泛引起消费者的注意，进而最有效地提升了品牌喜好度和购买意向。反观李宁，虽然在国内也一直在央视投放广告，但其要想走出中国需要更多地在国际上选择权威媒体进行宣传。在国际赛事上也鲜能见到李宁，甚至 2008 年在本土举办的奥运会上也没能拿到赞助权，在世界杯上更是很难见到李宁的身影。尤其是近几年，很少在电视媒体上看到李宁的广告。品牌要想走向世界，在国际上投放广告是必然的，只有这样才能让品牌更好地传播，才能真正成为国际品牌。在此方面，李宁与耐克还有很大差距，要走的路还很长。

（3）品牌定位的差距

第三个方面是品牌定位，专注与泛滥的差距。从品牌的功能性定位来看，耐克一直追求为热爱运动的人提供专业的运动装备。耐克从创立开始，就专注于运动，它紧紧抓住运动这个越来越受人们重视的领域，专注于为热爱运动的人们提供运动装备，热爱运动不分人种、国籍、年龄、性别，这样的定位也有助于耐克扩大受众群。耐克有自己的一个关于运动研究的探索团队，这是它的核心。这个团队中拥有 40 多名研究人员，其中许多人持有博士学位或硕士学位，涉及的学科包括生物力学、生理学、生物医学工程、机械工程、物理、数学、运动机能学和系统科学等，正是因为拥有这样专业化的团队，耐克才能不断开发出适合运动的新产品。耐克除了在功能上定位运动之外，在品牌诉求定位方面上更是传播了一种勇于拼搏、积极进取的体育精神，从它的宣传标语“Just do it”上可以看出这种积极进取的精神，这句标语使无数人有了勇往直前的勇气。反观李宁，其在品牌功能性定位上一直给人一种泛滥的感觉。李宁的定位一直在运动与休闲之间摇摆，这样摇摆的后果是消费者无法判定他到底是运动还是休闲。由于没有明确的定位，消费者对于李宁的认知不能确定，也影响了消费者的选择。在品牌个性诉求定位上，李宁的做法更加无法和耐克相提并论。它似乎忽略了品牌个性这一方面，从其种种品牌传播中无法寻找一种精神或者个性。从之前盖洛普公司为李宁做的调查中也能窥见一斑：消费者认为“李宁”像他们身边一个性格不鲜明的朋友，觉得他很亲切，很熟悉，但是就是缺乏鲜明的个性。品牌就像人，一个有个性的人会让人铭记，反之，就很难给人留下深刻印象，耐克在此方面起了非常好的标杆作用。

（4）目标市场定位的差距

第四个方面是目标市场定位，热爱运动的人与年轻人的差距。随着人们生活水平和观念的提升，人们对于运动的关注度越来越高，尤其是青少年。这样广阔的市场将会带来无穷的收益，耐克抓住这个潮流，将自己的目标市场定位为热爱运动的人。在确定目标市场的同时，耐克在产品设计、研发上也以更专业的态度打造一流的运动装备，为运动人带来安全和舒适。在品牌传播方面，耐克更是秉承运动这一主题，宣扬运动精神，将耐克与运动结合在一起。而李宁一直致力于将自己的目标市场定位为年轻人，因此，2010 年李宁正式修改了自己的 Logo，并且将宣传口号改为“Make the Change”（让改变发生），以求能够更加吸引年轻人的目光，这样做的直接后果是可能丢掉原先的忠实顾客，对于顾客忠诚度是一种损害。其与耐克定位为所有热爱运动的人的做法相比，逊色很多，定位热爱运动的人不会伤害部分消费者，能受到更多的人的追捧。目标市场定位的不同，引导了之后产品设计、品牌传播等，当李宁产品的设计更加趋于年轻化，品牌的传播运用更多年轻人甚至是 90 后的理念，这在无形之中已经伤害了原有顾客的感情，他们逐渐减少对李宁的购买和支持，这对李宁是一个损失。

耐克多年以来的广告语“Just do it”已经成为它的标志，无论何时何地何人说出这句话，我们总能联想到耐克，无论话题是否与其相关，这就是品牌的影响力；而李宁应用多年的广告语“一切皆有可能”却在 2010 年换成了“让改变发生”，这降低了李宁的品牌效应，或者许多消费者并不知道现如今李宁的广告语是什么了。其实李宁和耐克之间品牌营销的差距，完全可以反映出国内品牌与国际品牌的营销差距，国内品牌走向世界还有很长的路要走。

第 4 节　创新精神态度差距

企业的发展需要不断创新，当人们在想怎么让马跑得更快的时候，美国的福特公司已经在造汽车。IBM 从 1911 年开始的穿孔卡片设备、商用打字机业务发展直到 20 世纪 90 年代的个人电脑，再转型软件服务咨询的大变身，无不是在用创新引领发展。这些百年品牌不但能够保持经典，而且最能抗拒经济周期，即使是在全球经济不景气的情况下，仍然能够保持经营良好。我国的百年品牌企业，大家熟知的同仁堂、全聚德、泥人张、瑞蚨祥等，主要集中在餐饮、医药、食品、烟酒、服装等行业，以满足人们的日常生活需要为主，可替代性强。而国外的百年企业，像美国的通用电气公司、法国的香奈儿、日本的资生堂、德国的西门子，这些企业多集中在化妆品、电子、电器领域。

4.1　中外百年企业类型的差距

中国的百年企业多以满足人们的日常生活需要为主，不需要太多的技术支持，创新性也不够。而国外企业，比如通用电气公司，1878 年，通用电气公司的前身爱迪生电灯公司成立，通用电气公司是一家全球领先的科技、服务和金融公司，是全球最大的多元化企业，致力于解决世界上最棘手的问题。通用电气的产品和服务范围广阔，从能源、石油、天然气、水处理、航空、医疗、运输、照明到金融，客户遍及全球 100 多个国家，拥有 30 多万员工。1906 年，通用电气与中国正式开始贸易往来，1908 年通用电气在沈阳建立第一家灯泡厂。在这段时间，通用电气的第一次音频广播开创了历史，永远地改变了信息共享的速度。同时，通用电气的创新精神用一个又一个发明给现代生活提供便利，包括第一台电烤箱、第一台热感应电炉等。此外，在真空管领域的成就使得电子组件的研发成为可能，而对树脂研究的突破则把塑料带入了一个新的多样化时代。通用电气中国创新中心专注新产品研发、应用开发和采购支持，涵盖行业包括医疗、可再生能源、智能电网、高能效照明、水处理、运输和航空等重要的业务领域。目前，通用电气中国创新中心（成都）以及通用电气中国创新中心（西安）已经相继成立，与在上海、北京和无锡的研发机构形成协同效应。创新中心将实行“客户协同创新”模式，通过“引进来、走出去”的方式将客户全方位引入公司内部的创新流程，实现快速满足客户需求、与客户共同创造新价值的目标。“在中国为中国”战略构想是通用电气大力推动全球化的背景下，针对中国市场定制的具有标志性意义的长期发展战略，以全面培养本土研发人员和针对中国市场需求开发新产品新技术为目标，使中国站在通用电气全球化战略的最前端。从 2008 年项目启动以来，“在中国为中国”专项研发基金已累计投入超过 1.7 亿美元，专门研发针对中国市场的新产品、新技术和新的解决方案。截至当前，“在中国为中国”研发项目已诞生了近 40 项新技术和产品，并在中国及全球市场获得成功。反观中国百年品牌，我们极少能在其官网上看到与创新相关的内容，这可能与其主营业务大多是以满足人们的日常生活需要有关。

受传统文化影响，品牌的形象又比较中庸，个性不够鲜明，品牌之间的差别性不够明显。企业的经营者又受传统思想的束缚，在保持百年特色和适应现代社会的相互融合中缺乏与时俱进的精神和勇气，在品牌价值提升、运用现代营销策略等方面投入不足，创新意识不强，缺乏进取精神。刚刚步入 21 世纪，中国人就已经注意到了创新的重要性，国家也十分重视创新，在 2006 年提出了建设创新型国家的战略目标，创新型国家是指把科技创新作为基本战略，大幅度提高科技创新能力，形成日益强大的竞争优势，国际学术界把这一类国家称之为创新型国家。目前世界上公认的创新型国家有 20 个左右，包括美国、日本、芬兰、韩国等。这些国家的共同特征是：创新综合指数明显高于其他国家，科技进步贡献率在 70% 以上，研发投入占 GDP 的比例一般在 2% 以上，对外技术依存度指标一般在 30% 以下。此外，这些国家所获得的三方专利数（美国、欧洲和日本授权的专利）占世界数量的绝大多数。国家统计局、科学技术部、财政部联合发布的《2014 年全国科技经费投入统计公报》数据显示，2014 年中国研发经费投入总量为 13015.6 亿元，比上年增加 1169 亿元，增长 9.9%；研发经费投入强度为 2.05%（研发经费与 GDP 的比值），比上年提高 0.04%。研发投入强度已连续两年超过 2%，且呈持续上升态势，表明中国研发实力进一步增强，科技水平不断提高。

4.2　创新理念的差距

近几年我国在创新方面确实取得了许多成就，逐步从“中国制造”向“中国智造”发展，中国企业也越发重视创新，但同是创新，中外之间还是存在许多差异。《创新无国界——中国企业的创新之旅》调查显示：中国企业的 CEO 们对创新之“道”的理解与国际同仁相当一致，他们对产品、服务、业务模式和企业运营的创新都很重视并具有清晰的愿景。但是，由于所处市场环境的差异，国内外企业的创新策略有所不同。IBM 全球企业咨询服务部中国区战略变革咨询负责人徐永华说，中外企业的创新差异表现在五个方面：一是中国企业的 CEO 们更重视通过产品或服务创新来寻求增长机会；二是中国企业更注重组织结构变革，而较少对主要战略合作伙伴采取创新措施；三是技术系统与业务战略、业务模式之间缺乏联系，成为中国企业普遍存在的问题；四是在由内而外的协作创新中，中国企业更倾向于从业务伙伴和竞争对手处获得创新灵感；五是人才短缺和不利于创新的企业文化成为中国企业 CEO 面对的两个最大的内部挑战。中外企业在创新策略方面产生差异的主要原因在于，中国企业还处于增长和扩张的阶段，创新重点仍然停留在某项职能的新建或转型上。在经济环境更为成熟的国家，企业已经跨越了这些阶段，转而追求专业化和灵活性。

中国企业更倾向于改进现有产品/服务（43%）和扩展产品线（16%）。与此相对照，国际企业则倾向于推出新的产品和服务（国际为 18%，中国为 4%）。在销售渠道方面，国际企业较少依靠直接销售团队（中国为 63%，国际为 38%），而是更广泛地借助电子渠道和呼叫中心。中外企业都将组织重建和战略结盟视为业务模式创新的两大利器。但是，中国的 CEO 更注重组织结构变革，而较少对主要战略合作伙伴采取创新措施。在业务模式创新方面，国营企业和民营企业的表现也大不相同：由于民营企业常常面临财务和人力资源不足的状况，开展战略合作有助于它们为更多的“创新”活动筹措资金，同时，降低单个企业的运营风险，进入更多市场以促进持续增长；而国营企业的创新重点则在于内部职能的改进、非核心业务的剥离和分拆以及适当的企业治理模式。目前，对中国企业而言，业务模式创新所带来的主要成果在于市场进入和降低成本，利用业务模式创新加强核心优势并提高专业化水平的中国企业还屈指可数。相反，国际企业业务模式创新的两个主要目标是：实现战略灵活性，将固定成本变为可变成本。在外包策略和借助第三方运营能力方面，国内外企业之间同样存在很大差异。中国企业在跨过增长和扩张模式的路障之后，还要在外包和共享服务方面学习国际同行的创新做法。

目前国内创新存在的另一问题是，尽管人口众多，但缺少拥有创新经验和思维模式的合适人才。这可能是由我们的教育模式引起的，中外教育模式有许多差异，国外的教育更侧重于让学生自己动脑，更注重学生的创新性，而国内的教育模式更侧重于传递知识，忽略了学生自身的创新性，固定了学生的思维模式，导致了国内现如今创新型人才的缺乏。

参考文献

[1] 谭宏，张锐，张燚，等. 高校品牌学专业建设理论与实践研究 [J]. 重庆文理学院学报：社会科学版，2008，27 (3)：38 -43.

[2] 王子立. 中国知识产权的国际化之路：北京市中兆律师事务所马一德律师专访 [J]. 国际人才交流，2010，4 (4)：32 -34.

[3] 张瑛. 国际贸易中的知识产权 [N]. 光明日报. 2012 -09 -08 (6).

[4] 曾报春，任崇正，林岳澄. 中国企业进军国际市场的知识产权保护 [Z]. 2005 -09 -20.

[5] 刘祖轲. 李宁与耐克的四大差距 [J]. 经理人，2012 (5)：10 -10.

[6] IBM 商业价值研究院. 创新无国界：中国企业的创新之旅 [R/OL]. http：//www - qooibm. com/cn/services/bcs/event/innovationtrrp/index. shtml.

[7] 解艾兰. 中国品牌发展现状、问题及对策 [J]. 中国科技产业，2010，2 (2)：124 -127.

[8] 中国成世界第二大科技经费投入国 [EB/OL]. [2015 -11 -23]. (2015 -11 -23) http://tech. huanqiu. com/news/2015 -11/8025909. html.

[9] 国家统计局，财政部. 2006 年全国科技经费投入统计公报 [J]. 中国科技信息，2007 (22)：7 -8.

[10] 两个"500 强"差距有多大 我国企业规模仍偏小 [EB/OL]. (2004 -09 -06) http://news. xinhuanet. com/fortune/2004 -09/06/content_ 1949317. htm.

第 9 章　我国振兴百年品牌企业应采取的措施

政策体系残缺，产权制度不完善，创新精神沉寂，品牌学科发展和理论体系不完备等原因影响着我国百年品牌企业的发展。为振兴我国百年品牌，政府和相关管理部门应该强化统筹规划，建立健全体制机制，为品牌学的学术研究和学科建设提供良好的政策支持，企业在注重观念更新，完善公司治理结构的同时，也要加强品牌管理力度。

第 1 节　强化统筹规划　建立健全体制机制

为振兴百年品牌企业，政府和相关管理部门应该通过制定城市规划，出台保护性和倾斜性政策以保护百年品牌。要加强对百年品牌企业扶持力度，特别是资金支持。深化企业改革，减少政府对企业的干预，让品牌的所有权回归经营者手中，进一步明确产权关系，尤其是品牌的无形资产，在百年品牌企业中建立和完善现代产权制度，为百年品牌企业的发展提供制度保障，解决经营者的后顾之忧。企业要完善经理人制度，健全激励机制，破除体制僵化、经营管理方式落后和营销策略不当的体制机制性障碍。

1.1　政府推进百年品牌企业发展的政策支持

百年品牌企业的发展不仅需要企业自身的努力，也离不开政府的支持。政府对百年品牌的支持主要体现在以下几个方面。

（1）建立和健全品牌保护制度。制定品牌保护法律法规，规范市场环境，为百年品牌企业的发展创造良好的社会和市场环境，制定如《商标法》《产品质量法》《专利法》《广告法》《反不正当竞争法》等法律法规维护品牌所有者的权益，打击假冒伪劣产品。目前我国已经制定了这方面相应的法律法规，关键是要做到有法必依、执法必严，切实保护品牌所有者的权益。在健全保护制度的同时，培育企业的知识产权保护意识，为企业提供相关辅导和培训。

（2）制定百年品牌培育政策。政府各部门协调配合，通过设立专门的品牌建设组织，制定品牌培育政策，如制定品牌创新的支持政策、品牌发展的产业政策等，为企业提供财政支持、资金融通、税收优惠、出口补贴、信息交流、管理培训、法律咨询等服务，推进企业的品牌建设。制定品牌保护政策和人才管理政策，鼓励人才流向百年品牌企业，对百年品牌企业优先贷款，降低土地使用费，减免、缓交各种税收等。建议国家发展和改革委员会下设国家自主知名品牌建设推进工作领导小组，国家各有关部门相互协调配合，共同推进中国自主知名品牌建设。国家自主知名品牌建设推进领导小组按照“统筹协调、明确责任、协同配合、全面推进”的原则，引导各部门各司其职，共同推进自主品牌建设。

（3）建立品牌国际推广制度。政府通过展会、比赛、国际交流、文化节等形式帮助企业推广品牌，如法国为了推广本国名酒品牌而举办的品酒大赛。通过驻外使馆等机构，了解国际细分市场，向国内百年品牌企业介绍世界各国的环境和文化。政府还可以组织成功进军国际市场的百年品牌企业介绍其成功的经验，开展企业间的交流活动，并组织企业定期考察国外市场。政府要加强与其他国家在投资、税收、司法等方面的相互合作，为中国百年品牌企业的国际拓展创造良好的外部条件。

（4）规范品牌评价体系。政府部门要通过制定有关标准，加强对品牌评价、认定活动的管理和引导，规范品牌评价、认定活动，品牌评价、认定活动要坚持公开、公平、公正原则，按照规范化和科学化方法进行。品牌评价、认定活动要由在社会上有公信力的行业组织和社会服务机构来承担。取消以政府为主的评审机构、建立以市场为导向的模式，充分发挥政府的监管、服务职能。

（5）完善品牌服务体系。品牌的发展离不开良好的外部制度环境，政府应当为品牌的壮大与发展创造良好的社会环境，提供完善的公共服务。要建立名牌产品的公共支撑体系，包括产品质量检测体系、产品展示体系、信息共享体系、基础设施保障体系、人才培训体系等。政府应当利用媒体资源和各种渠道为宣传品牌助力，利用各种新闻媒体加大对名牌战略以及名牌产品、企业的宣传力度，形成全社会重视名牌、爱护品牌的良好氛围。

（6）推动形成多方助推机制。政府要把民族品牌名牌化战略纳入国民经济发展的总体规划，充分发挥社会各界的作用，使企业、政府、社会团体、消费者等发挥特殊的作用。通过扶持行业协会和建立第三方咨询管理机制，为百年品牌企业提供各种有关企业发展战略、品牌建设、组织构架、营销策划等方面的咨询服务，切实提高老字号企业的现代化管理水平和市场竞争能力。联手行业协会、培训机构，由政府和企业共同出资，开展联合招生、定向培训年轻人才，增强技能课程的培养能力，经考核后择优录用，为百年品牌企业储备实用型人才。

1.2　政府应建立和完善现代企业制度

政府应该深化企业改革，完善现代产权制度，减少对企业的干涉，让所有权回归市场和经营者手中，解决企业所有者的后顾之忧。这样企业才能真正加大对品牌的投入，增加品牌价值。

1.2.1　现代产权制度建设的意义

现代产权制度在社会经济运行中有很重要的作用，通过明晰产权，可以提高激励作用，规范收入分配，约束产权职责，改变资源的配置格局，从而建设现代企业制度。

第一，现代产权制度能够确立企业法人地位的独立性，保证资产运营的稳定。企业所使用的现实资本作为法人产权与股权相分离，也就是说，资产的真正所有者将资产的直接占有使用权让渡出去，他手里仅握有股权证书。作为对资产收益的索取凭证资本集中到法人企业手中，形成真实资本以及独立的法人财产权。股东不能直接从法人企业手中直接收回资本，只能通过资本市场将股权证书寻找替代他的新投资者来充当股权所有者。所以现代产权制度在保持企业产权独立性的同时，有着较为明显的资产运营的稳定性。

第二，建立健全现代产权制度有利于增强企业、经营者、劳动者的创业性、创新性、劳动积极性，促进一切劳动、知识、技术、管理和资本的活力竞相迸发。健全现代产权制度可以使企业获得更多的经济收益，这是市场经济条件下包括企业、经营者和劳动者在内的各类市场主体创造性地开展生产经济活动的动力所在。清晰界定产权、明确权责关系和依法严格保护产权，为追求产权、实现尽可能多的经济收益提供了制度保证。

第三，现代产权制度所体现的所有权权能的分离，便于对所有权实现过程中的职责分解、界定，促成责任明晰，形成有限责任关系且促成了资产权利与责任的相应落实，提高资产运营效率，分散资产经营风险。

第四，建立健全现代产权制度有利于提高资本的运行效率，实现社会资本的优化配置。在健全的法制环境下，产权的获得和扩展只能在市场流动中实现。因此，产权的流动、重组和融合是市场经济发展的必然现象。从微观角度看，产权的顺畅流转是企业和创业者实现经济效益、扩展产权的重要手段。从宏观角度说产权的顺畅流转有利于资本在全社会的优化配置。

第五，建立现代产权制度有利于改善企业资本组织形式，建立规范的现代企业制度。产权清晰是建立规范的现代企业制度的首要条件，只有产权清晰，才能有效形成明确的资产所有者的企业法人财产权，从而使企业成为享有民事权利、承担民事责任的法人实体。企业也才能以其全部法人财产，依法自主经营、自负盈亏，对出资者承担资产保值增值的责任。产权的顺畅流转，不仅有利于企业开展资本经营，提高企业效益，而且有利于推进各种性质的资本收购、兼并、相互参股，实现投资主体多元化，形成良好的企业财产组织形式和规范的法人治理机构。所以现代产权制度是建立现代企业制度的基础和核心。

1.2.2 现代产权制度建设对百年品牌企业的影响

产权制度不明晰会给百年品牌企业的发展带来困难。一方面是百年品牌企业的无形资产等所有权不明晰、企业经营权不到位，没有真正的法人财产权会导致其政企不分、政资不分，行政主管部门对企业生产、经营、投资、分配等经济活动统得过死，使老字号企业逐渐失去生存空间与发展的有利条件。王麻子剪刀厂是全国有名的品牌，20 世纪 90 年代初，国内市场占有率达 50%，但是由于企业没有经营自主权，企业逐渐亏损至负债率达到 216.6%，最终宣布破产。另一方面，产权制度的束缚也会导致机制僵化。在经营理念上，不能根据市场的需要调整结构、开拓创新、挖掘和延伸老字号的品牌内涵、提高含金量，不注意吸收和运用先进营销理念开拓市场，逐渐失去传统优势，失去市场份额。

因此，产权多元化改制对百年品牌企业重现活力，增强国际竞争力具有重要意义。老字号企业的产权制度必须改革与创新，形成投资主体多元化的产权制度，这是市场经济发展的必然趋势，也有利于老字号企业建立“产权清晰、责权明确、政企分开、管理科学”的现代企业制度；有利于企业“自主经营、自负盈亏、自我约束、自我发展”。

1.2.3　企业应完善职业经理人制度

随着现代企业制度的演变，公司治理成为公司决胜的关键，职业经理人作为具有丰富的管理知识和经验的特殊人群，在企业间竞争的加剧和公司所有者自身管理能力有限的情况下，必然成为公司管理层的核心，在公司治理问题中发挥越来越大的功能。职业经理人制度是企业所有者与职业经理人之间的一种监督与制衡机制，通过合理配置所有者与职业经理人之间的权利与责任关系，以保证股东利益的最大化，防止职业经理人对所有者利益的背离。

为建立和完善职业经理人制度，首先必须完善公司法人治理结构，健全现代企业制度，完善监督管理体系，为职业经理人制度建设创造良好的职业环境。建立职业经理人制度，也要明确职业经理人市场准入机制、退出机制、考核制度、薪酬制度等。有效的激励与约束是职业经理人制度建设的重要环节。要建立薪酬收入等物质激励为核心的多元分配激励机制，把职业经理人风险收入与目标奖励相结合，建立健全企业核心骨干长效激励约束机制，符合法定条件、发展目标明确、具备再融资能力国有控股上市公司，可实施股权激励或激励基金计划。要建立科学、合理的职业经理人业绩考核评价指标体系、经营投资责任追究制度及完善的公开监督体系。通过建立完善考核评价标准体系，考察职业经理人的职业知识、职业经理人对企业的忠诚度、诚信度、历史经验和成绩。为确保信息的真实性，还要增加评价结果真实性验证程序，还要完善职业经理人教育体系，加强对现有培训机构培训形式和内容的监管。

第 2 节　注重观念更新　优化公司治理结构

建立现代企业制度是发展市场经济的必然要求，是我国百年品牌企业改革的方向。为适应市场经济的需要，企业领导者必须扭转惯性思维，及时转变陈旧观念，进一步解放思想，与时俱进，树立起强烈的市场意识、效益意识、开放意识以及创新意识，尽快适应社会主义市场经济的发展规律。因此，百年品牌企业应该按照现代企业制度的要求，实行规范的公司制改革，健全责权统一、运转协调、有效制衡的现代公司治理结构。依据《公司法》处理好所有者与经营者的关系。加快人事制度改革，引入竞争机制，大胆启用年轻人才，为老品牌注入新活力。

2.1　企业应注重观念更新

以经济全球化、信息网络化、知识经济化及可持续发展为特征的新经济时代的到来，给企业的生产方式、经营管理乃至领导决策与活动都带来重大的变化。在社会主义市场经济条件下，我国企业要适应当前新经济时代经营管理环境的变化，必须对企业管理理念进行调整。

百年品牌企业要树立市场意识，要根据市场的发展变化趋势，及时准确地调整产业、产品结构以取得好的经济与社会效益。树立以市场为导向的经营观念，以市场为导向进行生产经营活动，以市场需求为中心，生产经营市场需要的产品，达到企业经营目标。企业有了正确的营销观念，就必须进行市场选择，即进入什么市场。企业对任何一个市场，可以通过科学的分析、研究、评估，从而制定目标市场策略。在同一市场的同类产品中，谁的产品获得消费者喜爱，谁就会有竞争优势。在激烈的市场竞争，要推行人无我有、人有我优、人优我廉的策略。企业要制定可行的产品营销策略时，树立现代产品观念，实现产品核心功能、物质外形和售后服务的高度统一。同时开发新产品，加大产品创新力度。企业管理者应遵循市场经济规律，尊重消费者权益，严把质量关，只有这样，才能使自己的产品适销对路，牢固地占领市场。

百年品牌企业要树立创新意识。在市场经济条件下，现代企业及其管理者牢固树立创新观念，不断增强创新能力，是社会主义市场经济发展和深化企业改革的必然要求。企业管理者要在观念、技术和管理上都树立创新的观念和意识。管理者要真正树立起市场观念，使企业的生产和经营能适应瞬息万变的市场变化，以市场为主导决定企业的行为。技术创新对企业的发展有着极为重要的推动作用，是企业获得竞争优势的核心，企业只有通过技术创新活动才能发展自己。企业要进行产品和工艺创新，不断研制开发在材料、功能、外观等方面满足消费者需要的产品，开拓新市场或扩大市场份额，通过利用新技术、新设备、新装置、新材料和新方法，提高产品质量、改进功能、降低消耗、减少污染。管理创新是对百年品牌企业的发展也极为重要。为适应市场的需要，要把过去熟悉的管理体系、管理制度、管理程序、管理考核、管理的制约与监督等赋予新的内涵。围绕建立现代企业制度创新管理思想，使企业内部管理的一切机制和管理行为都须有利于生产力的发展，有利于市场的开拓与建立，有利于资源的合理开发与充分利用，有利于调动一切积极因素。企业要树立以人为本的观念，在尊重人、理解人、关心人的基础上，充分利用每个人的长处，使之恰到好处地用到某一个环节上来并形成一种团队力量，同时围绕激励与制约机制创新管理思想。

2.2　企业要优化公司治理结构

公司治理结构，指为实现公司最佳经营业绩，公司所有权与经营权基于信托责任而形成相互制衡关系的结构性制度安排。

百年品牌企业应健全制度体系，完善法人治理结构，保障产权约束到位。明确股东会、董事会、监事会、经理层各自的职责权限及其相互制衡的关系。股东（大）会由全体股东组成，是公司的最高权力机构和最高决策机构。公司内设机构由董事会、监事会和总经理组成，分别履行公司战略决策职能、纪律监督职能和经营管理职能，在遵照职权相互制衡的前提下，客观、公正、专业地开展公司治理，对股东（大）会负责，以维护和争取公司实现最佳的经营业绩。董事会是股东（大）会闭会期间的办事机构。股东（大）会、董事会和监事会皆以形成决议的方式履行职能，总经理则以行政决定和执行力予以履行职能，界定董事长与总经理之间的职责权限及其关系，确保董事会对经理层的战略控制，提高工作的效率和效益。引入独立董事制度是完善公司治理结构的一个重要方面，有利于监督和参与企业决策。独立董事一般都来自公司外部并且由具有专业知识的人员来担任。应当加大独立董事的数量，同时赋予独立董事一定的实权，建立独立董事规章制度，使其真正发挥独立董事的监督作用。完善公司外部监督机制，健全企业的监事制度，委派一些具有专业知识的政府人员或银行工作人员到企业担任监事会成员，同时加强事后监管和处罚力度，完善股东诉讼制度，健全公司治理结构保护体系。

百年品牌企业应优化公司股权结构，发展股权代理机构。企业的最终决策权在于股东，股东的要求决定了公司决策机制、管理机制与运营风格，所以公司要完善治理结构必须从合理的股权结构入手。一股独大的持股现象和股权结构会导致政府对企业干预过多，影响企业的正常经营。为了促进我国企业的健康发展，应当减少国家对企业的持股比例，优化股权结构，适当发展股权代理机构，让股权代理机构对企业经营状况进行监督。

百年品牌企业应建立长效的激励机制。百年品牌企业的公司治理结构改革必须加快建立对企业经理管理层长期的激励机制，实行长期激励与短期激励相结合，使其长远利益与短期利益均与企业相同，个人利益与企业效益挂钩，以激发其工作热情和积极性，增强主人翁责任意识，将更多的精力投入企业经营中去。第一，推进对经营管理者的激励。在进一步完善年薪制的基础上，应区分企业不同类型，制定出台增量资产奖励股权、股票期权激励等政策。对有突出贡献的科研设计人员、项目负责人及管理、技术骨干，实现扭亏为盈或大幅度减亏的企业负责人和其他有功人员，同样应给予奖励。第二，深化企业用工制度和内部收入分配制度改革。所有企业都应遵循《劳动合同法》，与员工签订劳动合同，建立新型劳动关系。坚持按劳分配与按知识、能力、技术、管理等要素分配相结合，对关键岗位、关键人才加大分配的倾斜力度。对企业职工工资总额和员工工资水平及增长实行预算安排和规范管理，确保职工工资收入随企业经济效益提高而正常增长，分享经济发展成果。

百年品牌企业要完善公司治理结构立法体系，建立长效的约束机制。建立和完善法人治理机制，加强约束机制建设，强化审计制度和预防体系建设，注重各项制度运行的有机联结和互动，以此保障约束机制的系统化、协同化和高效化。虽然《公司法》对公司治理的约束机制和监管机制作了进一步的完善，但对一些违规行为在具体操作上又表现为监管不到位或执行力度太弱。在公司治理结构中，重要的就是要完善股东诉讼代表制度，对于董事权力的滥用和股东权利的保障，各国法律都规定了各种抑制及救济办法。其中，股东的代表诉讼提起权是有效的和最终的制约手段。因此，我国在建立和健全法人运行机制和治理结构的同时，更应设立股东代表诉讼制度，从立法上确立和完善保护公司、股东及债权人权益不受侵害的法律保障体系。

2.3　企业要加快人事制度改革

企业之间的竞争是人才竞争，现代企业对人才的竞争归根到底也是人力资源管理的竞争。进入 21 世纪后，人力资源管理已经上升到企业战略的高度，成为企业获取竞争优势的重要手段，因此百年品牌企业也应该加快人事制度改革。建立现代企业人事制度重点应从以下几个方面入手。

一是实行岗位管理，明确落实岗位责任，制定行之有效的岗位考核奖惩办法，把企业员工按岗位性质分为管理岗位、专业技术工人岗位、普通工人岗位和后勤保障岗位。从而打破过去各种用工的身份界限。

二是实行全员劳动合同制，在建立劳动关系的范围内做到人人签订合同，让人人取得平等竞争的机会。在企业内部人事地位平等、业务平等，差别只表现在岗位上。在签订劳动合同的过程中，采取平等、自愿的原则，这样既体现了员工的权利与义务，也体现了企业用工制度的改革。

三是招收录用引入竞争机制，通过建立企业内部就业服务中心，公开平等、择优录用，使员工的录用、交流通过内部就业服务中心来实现。同时，对录用后的员工，采取从临时工（或短期合同工）起步，逐步择优转化为正式工（或长期合同工），采取台阶式升降、转换，使岗位、贡献与待遇有机结合起来，以充分调动企业员工的主观能动性，增强企业的活力。

四是建立正常的员工职位评审聘任考核制度。按企业员工所从事的岗位来决定其任职资格条件，按企业员工的德、能、勤、绩进行考核评审，从而决定是否聘用，并建立一个能上能下的聘任机制。

第 3 节　提升品牌活力　加强品牌管理力度

明确品牌定位，除继承品牌核心价值外，还应创造性地运用自身品牌资源，不仅要关注产品的物理属性，还要使其品牌符合消费者的心理认同。企业应坚持顾客导向、强化品牌传播、进行品牌国际化扩张、加强品牌经营、激活品牌优势、增强品牌保护意识、重视品牌价值提升、进行合理的品牌延伸，让消费者能够看到一个历久弥新的品牌形象。企业应重视引进优秀人才，制定全球化经营战略。加强市场研究，充分了解消费者的需求，树立全方位营销战略思维、全球营销战略思维和服务营销战略思维，不断进行服务创新，综合运用各种营销策略，提升品牌价值和知名度。

3.1　企业要明确品牌定位，注重品牌体验

百年品牌必须有明确的产品定位。品牌不仅是一个牌号和产品名称，它还是产品属性、名称、质量、价格、信誉、形象的总和，是一种有别于同类产品的个性表征。它带给消费者的是一种购买该产品和选择该产品的理由，也是消费者对产品的体验和感受。它应该使消费者在与之接

触的过程中产生品牌拥有者所期望出现的联想，使消费者对品牌的感觉实在化。企业应具有明确、统一、差异化和个性化的内涵和品牌定位，切准目标市场，利用百年品牌的文化底蕴制造差异。品牌定位在同类产品同质化程度高、市场消费差异性大、消费特征和结构复杂、同类产品市场竞争者众多、竞争激烈的情况下显得尤为重要。品牌定位应明确市场需求特征、市场引导因素、企业自身和产品特征、市场竞争特征、市场环境变化等因素，基于品牌的核心价值，使定位更加科学、合理、有效、可操作，并根据市场状况动态调整品牌定位。

百年品牌在继承其核心价值的同时，要创新其品牌形象，以激活品牌优势。作为一个经历百年风雨而不倒的品牌，之所以能经营至今，一定是其核心价值得到了顾客的认可，并具有其独特的魅力。因此，品牌的基本核心价值不能改变，它们是一个老字号品牌的灵魂和精神。企业在进行品牌建设的时候必须考虑每个企业能生存和发展下去，肯定有它生存和发展的法则，如果我们轻易地去否定它，一味地迎合新的市场游戏规则，那么企业将很难有所作为。但是，继承品牌的核心价值并不意味着品牌内涵和形象一成不变。百年品牌面临的最大挑战往往是如何创造性地运用自身品牌资产，使之继续活跃在现代市场上，吸引现代消费者。吸引消费者的重要因素之一就是品牌形象，但当前的许多老字号品牌的形象已经相当陈旧，消费者希望看到一个历久弥新的老字号，所以企业在保持核心价值的同时，也应创新其品牌形象。百年品牌要在产品、技术上勇于创新，在营销策略上要进行价格创新、渠道创新和促销创新，提供比竞争对手更加完善全面的服务，满足顾客更新更高的需求，从而形成鲜明的个性，塑造新的品牌形象，增强品牌的竞争力。

百年品牌要注重消费者的品牌体验，满足消费者的情感需求。品牌的物质层面是其表层文化，由产品和品牌的各种物质表现方式等构成，包括产品、品牌名称、品牌符号、色彩、包装等，它是品牌理念、价值观、精神面貌的具体反映。在消费者消费效用最大化目标驱使下，情感价值对消费者的消费行为和消费效用满足会产生较大的影响，在多种购买决策中，消费者依据情感作出决策。情感的一项主要功能是弥补理性的不足。信任和情感是品牌忠诚的构成元素。仅仅依靠产品的功能性和价格，已经无法赢得顾客的中长期偏爱，技术进步也让竞争品之间的实质差异不够显著。在这种情况下，赢得顾客情感的认同才是取胜的关键。所以品牌在文化体系中不仅被理解为一种产品的标识，在更深层次上也成为人们情感诉求的寄托和表达。人们对于品牌的选择和使用，往往反映了一种生活方式和人们对待事物的态度，使得品牌具有了文化导向的作用。也正是因为品牌被赋予了社会文化的内涵，品牌的设计者和宣扬者也试图通过塑造文化品位去引导人们消费，以品牌制造的文化导向引领商品导向和市场导向。赋予品牌情感价值，应从品牌的物质构成开始，创造性地运用自身资源，在产品设计上，不断注入人性化思想，为消费者提供更多利益，同时满足消费者更加多元化、个性化的需求。品牌名称、标识、色彩等品牌要素要体现品牌价值观和战略思想，并将它们贯穿于各要素之中。在注重产品客观质量提升的同时，研究消费者心理，为消费者提供更好的品牌体验。顾客品牌体验是品牌消费过程的体验，其间的每一环节都会产生顾客对品牌的价值评判，都会增加或减少顾客的品牌意识，因此，在品牌塑造的过程中，除了注重品牌本身的传播外，还应营造良好的品牌环境，加强消费者对品牌的认识，形成消费者对品牌的良好评价。

3.2 企业应加强百年品牌管理

百年品牌企业应以顾客为导向。企业作为向市场提供商品和服务的社会经济组织，其目的是赢利。为了实现企业的长远发展，企业应从注重利润、提高品牌知名度和市场占有率等短期利益上升到注重品牌资产积累的长远利益，树立企业发展的战略思维，以满足顾客需求、增加顾客价值为企业经营出发点，调查分析顾客的消费能力、消费偏好以及消费行为，创新产品开发和营销手段，动态地适应顾客需求，建立并维护企业品牌与顾客之间的关系。

品牌管理是品牌生存发展的关键。从战略上讲，品牌管理是有效监督、控制品牌和消费者之间关系的全方位管理过程，是为了形成品牌的竞争优势，使企业的行为更忠于品牌核心价值和精神，是对品牌资产进行管理，是创建、培育以及提升品牌资产的过程，品牌资产包括品牌认知度、知名度、忠诚度、联想度和其他资产。通过品牌管理，可以实现品牌价值提升，提高产品创利能力，通过品牌的延伸与潜力挖掘，扩大品牌的获利范围，延长品牌作用时间，防止品牌随主导产品过时而老化，减少品牌资源的流失和浪费。百年品牌也应从自身的不同阶段和状态出发制定品牌管理战略，维护品牌的长久性和统一性。分析品牌环境、需求、资产、竞争、营销和企业整体实力，对品牌所处的内外环境有清醒深刻的认识，制定正确的品牌战略，突出品牌特色，提高客户对品牌区分的敏感度和信任度，充分利用品牌的商业价值。通过构建和修正品牌识别系统塑造品牌，赋予品牌具体的特征。品牌管理要注重系统性，在市场分析及品牌调研，设计品牌策划方案、品牌定位与设计、品牌推广以及策划效果评估等方面进行全面管理，提高系统要素之间的协调与配合。

百年品牌企业要强化其品牌传播。在激烈的市场竞争中，百年品牌在沿用自身强大的品牌进行口碑传播和广告宣传的同时，也需要灵活运用各种媒介手段来强化品牌传播。广告是品牌的基本传播手段，但随着传播媒介的多样化，单纯的广告宣传对品牌传播的效果已经大大降低。除了利用广告以外，企业还应利用赞助社会慈善或福利事业、参与公益性活动，扩充宣传百年品牌的历史和传奇故事，建立网站等传播手段，综合利用杂志、报纸、广播、电视、网络等方式传播品牌，对品牌进行整合传播。

百年品牌企业应具有国际视野，在注重品牌本土化传播的同时，注重品牌的国际化扩张。品牌通过扩张，进入国际化市场，是企业发展到一定阶段的重要发展战略。扩张是企业做大做强的重要手段，如果运用得当，可以大幅提高产品竞争力及企业的市场实力，带来利润、市场占有率、市场竞争力、市场亲和力、企业效益等多方面内容的提升。企业应借鉴国际化品牌的成功模式，根据自身实际，做好品牌定位，以国际化视野实现企业品牌突围。同时，为解决企业品牌与国际市场诸多限制之间的矛盾，应在遵循 WTO 规则的基础上锁定国际市场，争取更大的市场空间，尝试按国际化要求研发外向型企业产品或服务。企业也应以多渠道展开对外交流，培育大型跨国企业集团，以品牌战略创建国际化产业基地。所以百年品牌企业的发展要有国际化视野，坚持国际化标准，适应国际化的规范，拓展国际化市场，让民族品牌与世界著名品牌在对话和竞争中不断发展壮大。

百年品牌企业要增强其品牌保护意识。品牌形成的基石是产品的功能和质量的领先，是消费者认识品牌、熟悉品牌、接受品牌、忠于品牌的最根本的动因。百年品牌凝结着民族精神、历史文化和地理属性，是一种独特的标识，它有着丰富的文化内涵及情感，是巨大的无形资产，是百年品牌企业的核心竞争力。企业应增强品牌保护意识，积极进行品牌保护，增强企业及员工维护品牌形象的责任感；通过运用高科技防伪手段，向消费者宣传识别真伪的知识，协助有关部门打假等实现企业品牌的自我保护；建立和完善应急处理机制来应对突发的品牌问题。企业在参与国内外市场竞争的过程中，企业品牌往往会遇到不正当的品牌竞争，假冒仿冒产品充斥市场，对企业及品牌造成不良影响，因此企业必须增强法律意识，利用法律武器来保护自身的合法权益。企业要增强商标的注册意识，通过商标注册来实现对商标的保护，在打入国际市场时，要及时申请国际商标注册，以避免品牌纠纷。

百年品牌企业要重视品牌价值提升。提升品牌价值，品牌不只是一种标识、一种形象、一种符号意义，更是有形价值与无形价值的结合体，是企业的核心价值所在，百年品牌应结合新经济时代的特征，在适应现代消费者需求的基础上，充分发挥自身历史沉淀，挖掘自身的社会价值和文化价值。品牌的终极价值就在于能够促进业务以各种可能的方式实现增长，同时在业务增长中又互动地增进品牌价值。通过品牌间的营销合作（如百事和雅虎的合作推广）、生产合作（如达能和光明的生产线共享）、分销合作（松下和 TCL 的通路共享）、研究和设计合作（通用和福特共同研发电池）等品牌联盟方式、品牌延伸方式、品牌授权方式是品牌价值提升的常用策略。

百年品牌企业要进行合理的品牌延伸。品牌延伸是企业开拓市场赢得竞争优势的重要战略之一，老字号应在综合考虑企业资金实力、消费市场状况、现有产品的销售情况等因素的基础上充分利用品牌资产，制定合理的品牌延伸策略以便用较小的风险获得最大的市场效益。成功的品牌延伸策略可以提升品牌的形象，加速消费者对产品的认知，为消费者提供更加充分的选择，满足消费者多样化需求等优势。现如今有不少老字号企业通过合理的品牌延伸策略获得了成功，如云南白药进军日化行业，向牙膏行业、伤痛喷雾和洗发水行业拓展，凭借其独特的配方和显著的效果以及良好的口碑传播，在竞争如此激烈的日化行业取得不可替代的地位。然而每一项品牌延伸策略的实施都不可避免地存在一定的风险，不恰当的时间采取不合理的品牌延伸策略，盲目推出新产品可能会破坏企业整体品牌形象，模糊品牌核心价值和定位，稀释品牌资产，造成品牌传播紊乱，进而导致企业经济损失等。因此前期的市场调研、资金储备以及正确的决断显得尤为重要，企业应审时度势，仔细衡量各方面利弊，不可盲目地追求经济利益而忽略了实际情况。在进行品牌延伸时要对企业内外部环境有客观的认识，延伸品牌要准确定位，强化与核心品牌的关联度，坚持品牌理念的一致性，维系品牌的核心价值和个性。

3.3　企业应重视引进优秀人才，制定合适的经营战略

企业要重视引进优秀品牌管理人才，帮助企业制定品牌战略并细化战略，协助企业执行战略目标。首先，要注重品牌管理人的道德素质，要挑选具备较高的职业操守，忠诚于企业，尽职尽责的人才。其次，注重品牌管理人的专业知识水平。品牌经营管理是一种需要广博知识作为基础的工作，面对不同的客户，需要管理人员迅速“补充”知识。高素质的品牌经营管理人员必须进行专业的品牌经营管理训练和专项学习以提高学习能力，培养创造性思维，不断扩大知识视野，能适应不同类型的客户需求，以便更好地为客户服务。同时，优秀的品牌经营人员还需要具有较高的业务能力。一个高水平的品牌管理人员应该认真提炼挖掘品牌的核心价值，杜绝文字游戏的创意，为服务的企业负责，以帮助企业建立正确的品牌观，不能急于求成，同时不断关注其服务的品牌，给予适当的提醒和建议，协助企业挖掘出能够经得起时间考验且能够在日积月累中升华的品牌核心价值。

经济全球化和互联网的发展，极大地改变了市场和企业的运作方式，

百年品牌企业应树立全球营销战略思维和全方位营销的战略思维。在注重品牌本土化传播的同时，注重提升品牌的国际影响力，促进百年品牌新的发展。除了传统的销售渠道外，要突破空间和地域的限制，建立一种多层次的、立体的营销方式，企业应加强市场研究，以个别客户的需求为起点，整合企业的全面关系网络，通过掌握客户占有率、顾客忠诚度和客户终生价值来达到获利性的成长。企业可以通过新产品、新渠道、新的地理市场、新客户细分、新价值链、新的相关业务等路径实现新的增长。如戴尔公司通过推出电脑的全程服务，打造服务支持产品；宇通客车通过全球布局，扩展地理市场；携程旅行网通过推出企业商旅管理服务，细分客户市场；IBM 通过分拆价值链，与产业链上专业的软件开发专家微软、芯片制造专家英特尔合作，实现业务外包，打造新的价值链。探索、创造并传递价值给主要市场的客户，为企业带来利润的以价值为基础的活动不仅是全方位营销的战略理论，也已经成为现代品牌的建立方式。

随着全球经济一体化的发展，百年品牌企业必须树立全球营销战略思维。市场竞争的日益激烈化，市场上产品同质化越来越严重，依赖产品本身的差异化来获得竞争优势的机会越来越少，而服务在竞争中的作用越来越大，依靠提供优质的服务来获取竞争优势成为企业竞争制胜的法宝。服务在产品中的比重越来越大，企业的竞争优势不但取决于所提供的产品的质量，更是取决于所提供的服务的质量。企业必须把服务营销战略思想作为自己的经营宗旨，并把它落实到生产经营中去，对企业营销战略的全过程进行全方位的设计与改善，不仅要创造出一流的产品，还要创造出一流的服务。

第 4 节　加强学术研究　强化品牌学科建设

实践是理论的基础，科学的理论对实践的发展具有指导作用。百年品牌的建设和发展同样离不开百年品牌的理论支撑和品牌学科的发展。因此必须加强百年品牌的学术研究，解决理论混乱的窘境，同时大力建设品牌学科，为振兴百年品牌提供理论支持。

4.1 品牌学科建设和品牌理论研究的理论价值和现实意义

当前品牌学专业人才的极度匮乏，已成为制约我国品牌理论创新和品牌发展的关键因素。人才培养以专业建设为依托和保证，专业建设则以学科建设为基础和前提。我国品牌学专业人才匮乏的最为关键的一环就是一直没有完成品牌管理学科的研究，使得现有的有关品牌管理的教育没有专业化，从事品牌管理的人员都无法接受系统的品牌理论学习，甚至是从事品牌管理课程教学与科研的高校教师，几乎都没有系统的品牌学科思想。能否尽快完成适合我国国情的品牌管理人员的培养，对我国百年品牌的发展有着重要的理论价值和现实意义。

加强品牌科学研究是探索品牌规律的需要。品牌是一个十分复杂的社会现象，它存在各种不同范围、不同层次的运动规律。要正确认识和掌握这些规律，必须通过品牌科学研究，因此，我们务必重视品牌学科的建设，以利于探索品牌规律并遵循品牌规律塑造和发展品牌。加强品牌科学研究是发展品牌科学理论的需要，也是政府决策、品牌建设者实践的需要。科学的品牌理论对于品牌经济的变革和发展具有先导作用，品牌理论来源于品牌实践。而品牌科学研究是使大量丰富的品牌实践，包括品牌经验总结和品牌科学实验，上升为品牌科学理论的必由之路。从一定程度上说，没有品牌科学研究就没有品牌科学理论的发展。加强品牌学学科专业建设有利于解决我国自主品牌战略实施中亟待突破的人才问题。无论是品牌事业的缔造者还是构建者，都需通过品牌学学科教育获得系统的理论知识，而非仅靠商业直觉或咨询培训所能达到。加强品牌学学科专业建设还有利于解决品牌研究中普遍存在的小型、封闭、分散等组织问题，从而提高整个研究的群体性、机构性和规范化水平，有利于解决我国品牌理论体系建设中存在的零散性问题，提高品牌知识之间完整结合的程度。

加强品牌科学研究也是品牌学教学科研人员教学研究的需要。我国品牌理论研究和学科建设进展缓慢。目前我国对“品牌”的概念尚未形成得到普遍认可的定义，对“百年品牌”“老字号”“中华老字号”等概念的定义比较相似，对概念间的区分深度不够。研究百年品牌的文献也很少，以中国知网为例，用“百年品牌”作为主题进行检索，查找到的核心期刊文献有 47 篇，其中篇名为“百年品牌”的文献仅有 13 篇。通过检索期刊数据库的有关百年品牌的文献，可以从侧面反映出我国现阶段对于百年品牌的研究还没有形成完整成熟的体系。理论研究的薄弱，造成了在企业资质界定、商标品牌保护、品牌价值提升等方面的混乱。品牌学在世界范围属于新兴学科，我国对品牌学的研究起步则更晚。2003 年，品牌学才在我国从市场营销学中分立出来，成为一门独立的科学。到目前为止，在我国为数不多的高校中品牌学还只是作为普通课程进行讲授，并没有形成具有品牌学学科优势的大专院校，在高校的研究和教学还比较薄弱。

为了促进我国百年品牌的发展，需要政府、企业家、研究人员必须在战略上重新认识品牌问题，必须认识到仅仅学习、吸收国外经验有很大的缺陷，应该走自主品牌创新的发展道路。而自主品牌创新的维度，不仅包括品牌事业和品牌理论的创新，还应包括品牌学学科专业的创建和发展。加强品牌学科建设是解决我国品牌问题的需要。品牌学科应研究解决我国在品牌理论发展和实践中迫切需要解决的问题，比如怎样贯彻品牌规划、实施品牌战略；怎样使品牌更有效地为国家建设服务；怎样才能更好地做到品牌与制造相结合；怎样才能使品牌革新符合我国现阶段经济社会发展的需要；怎样更有效地设计品牌、塑造品牌，以提高市场经济的运行质量；怎样改进品牌塑造和发展的途径和方法；怎样消除品牌中各种滞后现象等。加强品牌学科建设也是进行品牌经济建设的需要。品牌科学研究在当前要有重点地、系统地总结我国品牌的历史经验，尤其是对改革开放以来的品牌实践经验，更要重视并加强总结和研究，使之上升为理论，用来指导现在的品牌经济建设。

4.2 加强品牌学科建设和品牌理论研究的路径

根据科学学理论，一门新学科的形成一般要经历三个阶段：一是思辨阶段，主要是提出命题，进行广泛的学术讨论，积累学科建设的相关材料；二是描述阶段，主要是发现学科发展的规律；三是结构阶段，构建科学的学科理论体系。目前，我国品牌学作为新科学的研究可以说处于第一阶段即思辨阶段，建议先由国内品牌杂志设专栏展开品牌科学建设的讨论，在广泛讨论的基础上再进行深入研讨，由中国名牌战略推进委员会、中国市场学会品牌战略委员会联合中国社会科学院牵头，召集中国品牌管理研究院有关领导、国务院发展研究中心决策咨询专家、教育部学科建设专家、科技部科技管理专家、全国品牌业内权威人士、高校品牌教育精英等产学研及政界多方有关人士参加中国品牌学理论研讨会，进一步探讨品牌学的基本原理，对品牌学予以科学的学科定位，建立品牌学学科体系为品牌学发展奠定坚实的理论基础，继而进入品牌学研究的描述阶段和结构阶段。

品牌学作为一门新学科若要不断发展下去，必须完备三个条件：一是有坚实的基础理论；二是有一支专门从事本学科研究的强有力的理论队伍；三是已经纳入教学科研体系。当前我国必须尽快加强品牌学理论研究组织机构和人才队伍的建设。应该集中、整合全国品牌相关学科的精英力量，成立最高水平、最权威的中国品牌科学研究机构，尽快建立、完善中国特色的品牌学学科理论体系，促进中国乃至世界品牌事业的快速持续发展。

总体来说，为促进品牌相关理论的发展，国家相关部门在课题项目的设置，以及相关科研基金经费方面应予以倾斜，鼓励国内的专家学者对百年品牌企业进行理论上的研究，明确百年品牌的内涵和外延，为企业的发展提供理论指导和支撑。为促进品牌学科的建设，国家相关部门应对具有学科基础的重点院校进行品牌学科建设的政策扶持，通过加大财政资金的投入，引进国际学科领军人才，增设品牌学专业硕士，设立奖助学金，科研基金的倾斜等措施，培养一批具有学科优势的大专院校，形成品牌学人才培养的重要基地。

建设品牌学科，要求政府予以政策和资金支持，推动学科建设。政府要在总体上进行规划，为品牌学科的发展提供政策支持，中央高校品牌学科建设主要由中央财政给予引导支持，地方高校主要由地方财政统筹安排。进一步增强高校财务自主权和统筹安排经费的能力，为品牌学科的发展提供资金支持。将资金用于与实验基地的合作、教材建设、图书资料采购等专业条件建设。由政府带头，推动完善与社会、学校相结合的品牌学科共建机制，鼓励有关部门和行业企业积极参与、加强与高校合作，健全社会支持长效机制。

建立品牌学科，还要优化课程结构。要充分了解行业需求，精心设计课程结构，提高实践课程比例，为应用型人才提供一个面向行业需求、面向未来人才需求的专业知识结构，奠定其服务社会的基础。课程结构是专业建设的核心内容。品牌学科的人才培养目标是培养出能在工商企业、管理咨询公司、广告设计公司、新闻单位等社会组织中从事品牌管理、品牌营销、品牌传播、品牌设计、品牌策划、品牌咨询、品牌培训、品牌评估、品牌研究等工作，具有较系统的品牌学基础知识、基本理论和专业技能，熟悉知识产权法、商标法、代理法等商业法规和国家有关品牌战略的政策，了解国内外品牌事业的现状和发展趋势，具有调查研究和综合分析、解决品牌实务问题的能力，具有高度责任感和职业道德的应用复合型高级专门人才。因此学科课程结构也应围绕这些方面扩展。

建设品牌学科，要加强师资建设，提高教学质量。学科的建设要有一支满足教学质量要求的师资队伍。师资队伍建设要根据专业和课程的要求，一方面培训已有教师使其尽快达到教学质量要求；另一方面要采取有力措施引进急需的优秀人才，优化师资队伍结构，建设一支满足教育教学要求的师资队伍。师资队伍建设是专业建设的关键所在。学科建设初期，需要学科带头人组织大家共同承揽项目，共同开展科学研究，形成共同的研究方向。政府还要制定相关政策以引进高水平高层次的学科带头人和学科骨干，使其尽快融入学校并带好队伍。

参考文献

[1] 王咏梅．品牌战略与企业成长——理论研究·案例分析［M］．北京：经济科学出版社，2007.

[2] 祝合良，王平．中国品牌发展的现状、问题与对策［J］．经济与管理研究，2007（8）：23－28.

[3] 马晓红．政府促进企业品牌发展对策思路［J］．知识经济，2009（17）：104.

[4] 刘啸．推进中华老字号品牌发展的对策建议［J］．改革与开放，2013（4）：45.
[5] 许敏玉，王小蕊．中华老字号品牌发展瓶颈及对策［J］．企业经济，2012（1）：60－62.
[6] 武瑞玲．现代产权制度是建立现代企业制度的基础和核心［J］．中国市场，2006（13）：28－29.
[7] 高洪力，尹庆民，林妍梅．北京老字号企业产权多元化改制的现状及启示［J］．北京联合大学学报：人文社会科学版，2007（4）：29－32.
[8] 郑和娟，刘建民．论公司治理结构中职业经理人制度建设［J］．财会通信，2014（6）：99－101.
[9] 谢岚．探索建立现代企业制度上的国有企业职业经理人制度［J］．企业研究，2014（10）：116－117.
[10] 黄海江，姜国民．试论企业管理者的市场意识［J］．北方经贸，1999（6）：97－98.
[11] 杨智敏．试论企业管理的创新意识［J］．常德师范学院学报：社会科学版，2001（1）：22－23.
[12] 陈齐芳．国有企业公司治理结构存在的问题及其改进［J］．企业经济，2011（12）：34－37.
[13] 张经强，周虹．西方发达国家公司治理结构对我国的启示［J］．特区经济，2007（9）：91－92.
[14] 牟远明．现代企业人力资源管理与人事制度改革［J］．学术交流，2005（8）：90－93.
[15] 中华人民共和国商务部．中国品牌发展报告［M］．北京：北京大学出版社，2008.
[16] 解艾兰．中国品牌发展现状、问题及对策［J］．中国科技产业，2010（Z1）：124－127.
[17] 张玉艳．江苏省中华老字号品牌发展现状及对策建议［J］．中国商贸，2014（25）：177－178，180.
[18] 朱立．品牌文化战略研究［M］．北京：经济科学出版社，2006.
[19] 欧阳友权，杜鹃．我国文化品牌发展现状、问题及对策［J］．黑龙江社会科学，2009（5）：121－124.
[20] 程海燕，陈小凤．我国企业在品牌发展中遇到的问题及对策研究［J］．商场现代化，2014（32）：30.
[21] 张玉艳．江苏省中华老字号品牌发展现状及对策建议［J］．中国商贸，2014（25）：177－178，180.

［22］樊传果．品牌学［M］．郑州：河南大学出版社，2010.
［23］张慧．安徽省老字号品牌发展存在的问题及对策研究——以胡玉美为例［J］．商场现代化，2015（16）：15－16.
［24］周云．品牌管理学科化发展研究［M］．北京：企业管理出版社，2013.
［25］张锐，张燚．品牌学——理论基础与学科发展［M］．北京：中国经济出版社，2007.
［26］谭宏，张锐，张燚，刘进平．高校品牌学专业建设理论与实践研究［J］．重庆文理学院学报：社会科学版，2008（3）：38－43.

第四部分

经典传承　百年启示

第 10 章　我国百年品牌典型案例

品牌作为营销学的重要概念，在古代中国并没有相应的说法，品牌意识在中国的不断深化是近几十年才开始的。但是，中国有许多传承超过百年的老字号，这些仍然焕发着生命力的老字号就是中国的百年老品牌。本章选取了老凤祥和张裕葡萄酒两个经典的老字号品牌作为我国百年品牌的典型案例，展现我国百年老品牌的发展历史。

第 1 节　老凤祥（1848 年—）

创始于 1848 年的品牌老凤祥，经营至今已达 160 多年。悠久的品牌历史，为其积累了丰富的行业经验、沉淀了精湛的工艺技术并打造了独特的品牌文化。如今老凤祥，更加倡导创新与拓展精神，品牌的知名度、美誉度及诚信度逐年稳步上升，处于同行业的领先地位，是中华老字号中罕见的保持连续高速增长的优秀企业。

百年民族品牌勇于开拓进取，通过不断传承创新，提升其品牌、工艺、文化及产品的价值。2015 年，老凤祥品牌价值已达 159. 72 亿元，年销售额达 328. 25 亿元。至 2015 年 6 月底，全国老凤祥银楼网点数量达到了 2852 家，其中老凤祥自营银楼和自营专柜 174 家、老凤祥银楼连锁专卖店 1168 家、老凤祥经销网点 1510 家。老凤祥产品在“黄金、白银、铂金、钻石”等传统首饰类的基础上，不断开拓完善，目前，已形成“白玉、翡翠、珍珠、有色宝石、牙雕、珐琅、K 金眼镜”等“老凤祥新七类”产品系列，且旗下的旅游纪念品、工艺品、收藏品与中华牌铅笔等产品也广受好评。老凤祥谱写了一曲曲璀璨艳丽的“文化”乐章，这与老凤祥对高级人才的重视是分不开的，它拥有国家级工艺美术大师7人、市级以上工艺美术大师18人，各类中高级技师72人，高级人才已成为企业发展的“创新之源”。

百年文化的沉淀与传承，使老凤祥品牌享誉国内外。至2015年，老凤祥连续11年入围“中国500最具价值品牌”（由世界品牌实验室（World Brand Lab）主办的世界品牌大会评定），且现居第161位。2015年，其在全球知名调研机构BRANDZ“最具价值中国品牌100强”评选中排名第60位，在中国珠宝首饰业中位列第一。同年，在“上海100强”企业排行中位列第29位，在“上海制造业企业”的排位中提升至第11位，在由中国企业家协会发布的“中国企业500强排行榜”中排名第371位，在国际专业咨询公司德勤（Deloitte）发布的全球奢侈品报告（Global Powers of Luxury Goods）中，位列“全球规模最大的50家奢侈品公司”第16名。此外，2008年，“老凤祥金银细工制作技艺”荣列国家级非物质文化遗产保护名录；2010年，中国黄金协会授予老凤祥“中国黄金首饰第一品牌”荣誉称号；2012年，老凤祥获上海设计之都年度品牌大奖，且同年被评为首届中国黄金珠宝行业最具影响力零售品牌、2012全国珠宝饰品诚信经营服务十佳单位；2014年，老凤祥在中国文化企业竞争力排行榜中名列工艺美术业榜首，同年在由国内权威品牌机构《品牌观察》杂志评选的“中国品牌500强”中排名第108位。多年来，老凤祥曾先后获得中国驰名商标、中国名牌产品、中华老字号、全国用户满意企业、全国用户满意产品、中国商业名牌、中国商业服务名牌、全国商业质量管理奖、轻工业卓越绩效先进企业特别奖、“全国售后服务十佳单位”等国家级荣誉。

1.1 老凤祥的百年风雨

百年民族品牌经久不衰，且越做越强。如今，老凤祥已然成为中国珠宝行业的领先企业，在海外市场也屡有建树，正逐步由民族品牌成长为世界品牌。是什么成就了老凤祥今天的辉煌呢？通过探寻老凤祥百年来走过的风雨路，或许能找到其中的答案。

1.1.1　创始之初

老凤祥创建于 19 世纪的上海，它的前身是“凤祥银楼”。据《镇海籍宁波帮人士》记载，其最初的始创人为浙东镇海十七房人郑熙。1843 年，郑熙在上海开埠，次年赴沪开设钱庄，并在嘉兴、绍兴、湖州、汉口、广州等广设分号，派驻店伙，随时通报金融信息。1848 年，郑熙在上海小东门方浜路创办“凤祥银楼”，前店后场，银楼收购金银器皿熔炼制成首饰出售。店内有一批技艺精湛的把作师傅，所制作的金簪、镶玉簪、项链、扣花等金质饰品，成色足赤，款式新颖，精镶细嵌，玲珑剔透，生意十分红火，获利甚厚，为沪上银楼业巨擘。1853 年，“小刀会”攻克上海前夕，郑熙提前将店铺临时搬迁至宁波，宁波“凤祥银楼”即始办于该年。1855 年，上海局势稳定后，银楼得以在豫园旧址重新开业。1857 年，郑熙病重回到十七房，不久病故，银楼转卖他人。1886 年，“凤祥银楼”迁至现今的南京路山东路口，店号“怡记”。1905 年，银楼正式改名为“老凤祥银楼”，店号改“植记”，首饰产品上刻戳记“松鹤”。1908 年，老凤祥在南京路盆汤街（今南京东路 432 号）翻建了一座洋楼房迁入，从此便再未变址，店号改为“庆记”，戳记改刻“吉庆”，这座银楼如今也成为中国仅存的百年原店原址银楼。

1.1.2　兴衰动荡

20 世纪 30 年代之前，老凤祥经营得不愠不火；而到 30 年代，它迎来了其发展史上的第一个鼎盛时期。这一时期，老凤祥总店的库存金数以万计，日销黄金千两。其精致首饰、中西器皿、珠翠钻石、玲珑镶嵌、法蓝镀金等产品驰名中外。当时许多社会名流都与老凤祥颇有渊源，其中，杜家祠堂定制银鼎礼器一事让老凤祥一时风光无限，并使之迅速成为当时上海滩九大银楼❶之首。上海滩大亨杜月笙对老凤祥情有独钟，他购置了相当数量的戒指、耳环、项链、珠翠钻石、玲珑镶嵌、法蓝镀

---

❶　民国时期上海的银楼业有九家银楼较为著名，并称“九大银楼”，它们分别是凤祥、杨庆和、裘天宝、方九霞、宝成、庆云、费文元、庆福星、景福。

金、中西器皿等老凤祥产品，对其爱不释手。杜月笙 60 岁大寿时，在浦东高桥大办寿宴，送礼者投其所好，杜家“收获”的礼品多半是老凤祥的金银摆件。1931 年，杜家祠堂落成，杜月笙特别关照要从老凤祥银楼定制银具作为典礼礼器。于是，杜家后辈赶到老凤祥银楼，转述了杜月笙的要求。老凤祥也不负所望，成功铸制了一只水缸般大小的银鼎。当时，如此规格的银器尚属首例，是当时上海银楼业界的一个创举。除杜家外，上海名流宋美龄、章士钊等也都与老凤祥的首饰有着不解之缘。

抗战时期，中国政治局势动荡，银楼业也未免罹难。1947 年 2 月，国民党政府第二次放弃售金政策，禁止黄金买卖，致使上海所有银楼、首饰店业务遭受重创，老凤祥被迫停业。当年 4 月 1 日，老凤祥得以复市，但中央银行拒售黄金，且硬性限价，银楼仍无法正常营业，仅靠售银艰难维持。至 11 月，与同行多次请愿无果，老凤祥等诸多银楼难以为继，陆续遣散职工，关闭门面。

1.1.3 两度剧变

新中国成立后，老凤祥迎来了新的历史转变。20 世纪 50 年代，党的社会主义改造和新经济政策给老凤祥带来了转机，为其日后辉煌的发展打下坚实基础。1951 年 4 月 4 日，老凤祥华东地区分行根据中国人民银行总行的指示，在上海市区开设金店。同年 8 月 1 日，国家成立专项筹备小组，由国家出资十五万购买了南京东路 432 号原“老凤祥银楼”整幢大楼的固定资产，并在社会招聘职员、技工 32 人，原老凤祥银楼留用 10 人。10 月 22 日，金店开始生产，至 10 月 31 日的 9 天间就生产了九成金制品 3091 件、银制品 555 件（其中有九成金伟人像 12 帧、八成银大件改新 333 件）。12 月底，金店归由中国人民银行上海市分行领导。1952 年 1 月，“国营上海金银饰品店”正式成立，并于 1952 年 6 月 16 日正式对外营业。开始对外营业当天，参观及购货顾客达八千多人，售出货品逾 140 两，其中金质毛主席像章尤为受广大顾客欢迎。12 月，为适应沪西工农市民需要，扩大业务，国营上海金银饰品店在静安寺（万航渡路 2 号）设立支店。在新的市场环境下，金店生意蒸蒸日上，1952 年，共销售黄金 995 公斤，白银 875 公斤；1953 年，共销售黄金 3287 公斤，白银 2619 公斤，这一业绩相当于抗战前上海全市银楼正常年景的总销售量。

改营金店是新中国成立后老凤祥银楼第一个重大变化，第二个重大变化发生在党的十一届三中全会之后。当时，为满足人民日益增长的物质文化生活的需要，1980 年 10 月，国营上海金银饰品店率先在上海恢复市民来料加工黄金饰品的业务。1981 年 10 月，国营上海金银饰品店又增设市民来料换货业务。1982 年 8 月，国营上海金银饰品店改名为"上海远东金银饰品厂"，并被轻工业部指定为内销金饰品定点生产企业，负责生产 12K、14K 和 18K 金的戒指、项链、挂件三类产品，并于 1982 年 10 月 1 日起上市试销。此后，老凤祥为配合南京路改造和发展生产，于 12 月底迁至漕溪路 260 号，并扩建了新厂房，厂房面积由原来的 3000 平方米扩大到 6900 平方米。而在原南京东路 432 号只保留了最底层的资产，作为厂门市部进行营业。1983 年 3 月，老凤祥门市部正式开始内销黄金饰品，销量与日俱增。1985 年 1 月，上海远东金银饰品厂门市部改名，恢复"老凤祥银楼"招牌，设计并采用了"凤祥牌"商标。1985 年 9 月 15 日，产品采用统一编号沪 C。1985 年，老凤祥共生产黄金饰品 3281.6 公斤，200 多个品种，完成产值 3.3 亿元，利税总额 1936 万元。历经百余年，老凤祥终于在原址旧店以"老凤祥银楼"的招牌重新开张，其品牌、企业和银楼业务终于得到统一。

1.1.4　市场困境

20 世纪 90 年代，受到市场经济的冲击，许多老字号濒临破产，老凤祥也未幸免，陷入极大困境，这一时期也是老凤祥经营史上最艰难的一段。后来的经理石力华回忆道，"接手老凤祥时，确实危机重重"。当时黄金饰品行业毛利率较低，且是纯国有机制下运行，经营者理念与市场不匹配。同时，老凤祥在计划体制下以黄金分配为主的商业环境想做大非常困难，除了市场方面的消极因素，人才队伍的流失也成为老凤祥面临的重要问题。尤其在 1992 年邓小平南方视察之后，国家开始着力扶持民营经济发展，间接使老凤祥的经营更加困难。因为当时民营企业体制比较灵活，相比于国营企业在经营成本与服务方式上都有较大优势。

这种市场格局背景下，国企老凤祥在激烈的市场竞争中逐渐势微，经营每况愈下，度日艰难。1998 年，老凤祥的销售额仅有 7 亿元，年利润勉强可达 1000 万元，远不及上海同行。此时的老凤祥，企业内部管理混乱，人心涣散，优秀的设计师、工匠不断流失。无奈于惨淡业绩，老凤祥只能选择限制银楼开放，以降低开支。百年品牌摇摇欲坠，危在旦夕。

1.1.5 再次登顶

然而，在 10 年后，老凤祥却出人意料地再次登上中国黄金珠宝行业的顶峰，2010 年老凤祥的销量相比 21 世纪初增长了 20 多倍，利润增长了 70 多倍，品牌价值超过 60 亿元。老凤祥究竟如何可以东山再起？这要从一支铅笔说起。1935 年，江苏人吴羹梅创办了中国首家全能型铅笔制造企业——中国标准铅笔厂。新中国成立后，中国标准铅笔厂成为中国首批公私合营企业之一，于 1954 年更名为中国铅笔一厂。改革开放后，中国铅笔一厂得到了快速发展。1985 年，胡书刚出任新厂长，他极力推行企业内部管理的改革，且效果显著，中国铅笔一厂迅速成为当时铅笔行业中规模最大、效益最佳的企业。不久，为了谋求进一步发展，胡书刚决定通过上市来解决企业融资问题，并且仅用 8 个月便得到了当时上海市体改委的批准。1992 年 7 月，中国铅笔一厂登陆资本市场，发行 A 股和 B 股，共募集资金约 1.2 亿元，更名为中国第一铅笔股份有限公司（以下简称“第一铅笔”），成为我国较早改制上市的股份制企业。此后，第一铅笔将募得资金大部分用于发展公司主营业务上，企业规模再次急速扩大。2000 年时，第一铅笔的资产规模较 1991 年已扩大 50 余倍，利润增长近 22 倍，跻身“世界铅笔制造业三强”。作为国有控股企业，第一铅笔的数次战略转型成功，其宝贵经验使之在激烈的市场竞争中屹然不倒。第一铅笔的宝贵经验，正是当时摇摇欲坠的老凤祥所极度欠缺的，而厂长胡书刚的高瞻远瞩终让两个本不相关的企业把命运紧紧地联系在了一起。

1998 年，作为第一铅笔控股股东的原上海轻工部门的某位领导找到了胡书刚，表达了其希望收购老凤祥的想法。胡书刚经调查后，认为老凤祥有着深厚的文化积淀和出色的人才资源，而黄金珠宝市场也潜力巨大。因此，胡书刚决定通过定向股权收购的方式，斥资6840万元收购老凤祥50.44%的股权。被收购之初的老凤祥，商铺货品混杂，工厂停产亏损，而且很多顶级工艺面临断层危机。据老凤祥市场部经理王恩生回忆，1998～2001年，公司流失了相当多的设计师、技师、能工巧匠以及经营管理人员，他们纷纷跳槽到竞争对手处——那些昔日依赖老凤祥供货、此时却把老凤祥远远甩在了后面的企业。昔日黄金珠宝业的“黄埔军校”，面临着前所未有的困境。

2000年后，胡书刚决定将企业改革的重心工作聚焦到老凤祥。首先，任命石力华担任老凤祥总经理，对企业的经营模式及管理层进行调整。石力华一上任即和新的经营团队探讨分析“老凤祥的发展模式是什么？赢利模式在哪里？管理模式和经营模式如何适应市场规则?”其次，清理店铺。从2001年到2003年，他们对银楼中的承包柜台进行了为期两年的清理，“老凤祥自己的银楼，必须卖自己的产品。”再次，放手经营渠道。此前的老凤祥公司对下属子公司开银楼有严格限制，而改组后老凤祥全面放手，允许子公司自行开立银楼，此举使老凤祥在上海的银楼数量获得较大突破。最后，恢复下属工厂生产。“走出这一步非常难，因为当时企业未分配利润亏损1200万元，银行也要抽资。我们只能靠土地置换来还钱，和银行商量不要抽资，逐步把生产能力恢复。没有生产能力，企业怎么生存呢?”石力华回忆说。在巨大的资金压力下，石力华等管理层通过一系列产业、产品的结构调整，初步解决了企业的生存能力，并成功遏制了过去产销分离的恶性循环。

经过3年的全面整顿，老凤祥大刀阔斧地推行了包括撤并岗位、关停并转下属微利或亏损企业、分流安置冗员、下放部分小微企业、组建混合所有制单体、完善职工持股会，并引入经营者持股等一系列改革举措，有力地激发了企业内在的造血功能，使一个濒临破产的企业重新走上了良性发展道路。整顿完成后，老凤祥终于在2004年步入上升期，并由此开启了十余年的快速增长。在这十余年，老凤祥黄金销售红火，同时企业也注重不断调整和创新产品结构，先有黄金加上铂金、钻石、白银、白玉、翡翠、珍珠、有色宝石首饰“八仙过海”，后又增加珐琅、K金眼镜、工艺旅游纪念品等新品类，逐步形成了12大系列“全方阵”

的完整首饰产品链，产品年更新率高达34%。在营销上，老凤祥也屡出新招，如2005年老凤祥于国内首创回购生肖金条和纪念金条、2007年老凤祥于国内首创克拉钻回购、2010年老凤祥推出30分至99分钻戒回购等营销活动。在人才发展上，老凤祥也硕果累累，其名师设计中心网罗了包括国家级工艺美术大师张心一、上海市工艺美术大师陆莲莲等人。此外，老凤祥还获批400余项专利，在国内外珠宝设计制作比赛中夺得170余项大奖。2001～2013年，老凤祥的销售额增长了45倍，利润增长了218倍，并已成为中国民族企业中罕见的“四百企业”[1]。

2014年，老凤祥再次取得了一系列优秀成绩，品牌影响进一步提升。为突出“品位”和“经典”两大元素，提升老凤祥品牌的内在价值，老凤祥将时尚创意和文化创新融入品牌的市场推广，集聚百年品牌世代传承的市场氛围。全年为弘扬“中国黄金第一品牌”的市场影响力，累计投入6034万元市场推广费用，通过多种媒介工具，将“老凤祥”品牌向更宽广的地域渗透，促使产品走入更多的“寻常百姓家”。老凤祥的品牌于2014年第10次入围第三方权威机构世界品牌实验室发布的“中国500最具价值品牌”排行榜，十年蝉联这一殊荣。同时加快了产品结构调整，扩大新七类产品的销售占比。全年包括新七类产品在内的非黄金产品销售额达到32亿元，同比上升33.10%，其中，翡翠销售5.54亿元，增幅达到8.79%，有力地改善了赢利能力。在全年公司营业收入基本持平的情况下，由于主营业务毛利率提升0.49个百分点，新增利润14094万元。其次，渠道拓展进一步扩大。2014年，老凤祥继续把加盟店的扩张放到首要位置上。针对三线、四线城市空间大、需求旺的特点，分区域推进老凤祥加盟店在全国各城市的均衡布局，扩大产品的市场覆盖面，做大销售规模。全年新增加盟店188家，累计达到1104家，以创纪录的年增长数提前完成“十二五”规划设定的千家目标。加上已设立的167家自营银楼（专柜）和1465家经销网点，截至年末，老凤祥全国营销网络已达到2736家，同比净增112家。渠道的持续拓展，为老凤祥产品销售注入了正能量，尽管受金价不稳定的冲击，黄金饰品

[1] 四百企业：拥有百年历史、百亿销售、百亿价值和百强品牌的企业。

的销售单价平均下挫了 13%，但黄金饰品实物销量再创历史新高，全年高达 89.74 吨，同比再增 11.44%。老凤祥还加大了对外投资的力度，2014 年先后作出合资创建老凤祥珠宝首饰（东莞）有限公司、合资组建老凤祥银楼余姚旗舰店有限公司、合资组建老凤祥银楼北京前门（店）有限公司、增资老凤祥美国有限公司、合资组建老凤祥加拿大有限公司等多项投资决定，总投资规模近 11700 万元人民币。

1.1.6　着眼未来

今天的老凤祥，已经把目光聚焦到了未来。老凤祥在国内取得高速发展的同时，本着“立足上海、覆盖全国、面向世界”的发展方向，走向海外，落户世界顶级商圈，与国际品牌比邻而居。2012 年在澳洲悉尼开设海外第一家老凤祥品牌特许专卖店。2014 年 12 月 5 日，在毗邻时代广场的美国纽约第五大道 585 号开出了首家老凤祥银楼旗舰店，营业面积 450 平方米，老凤祥银楼纽约旗舰店正以其民族风格的装饰在世界名品云集的“时尚地标”占据一席之地。2015 年 9 月，在加拿大温哥华著名的“名店街”艾尔伯尼街 1016 号，老凤祥温哥华银楼专卖店盛装开业。这些都标志着这个悠久的民族品牌在“民族化、国际化、全球化”的发展道路上迈出一步又一步的坚实步伐。

1.2　老凤祥的经营之道

在老凤祥漫长的发展历程中，它逐渐摸索出了自己独特的经营之道，并形成了百年坚守的经营理念，正是对它们的坚持，老凤祥才能屡次摆脱困境，并在其后再次走向兴盛。老凤祥的这些经营理念，不仅是老凤祥银楼极其宝贵的财富，也是中华民族品牌文化的凝聚，传承着近代中国的商业文明。

1.2.1　开拓创新的进取精神

从为杜家祠堂打造银制鼎器，到 20 世纪末的体制革新，再到今天的走向世界，老凤祥始终不渝地坚持着开拓创新的进取精神。打造银鼎的开创之举，为老凤祥开创其经营史上的第一段鼎盛时期作出了巨大贡献。

20 世纪末陷入困境的老凤祥，能够重新走出阴霾，并且东山再起，与其根据市场形势不断调整发展战略和经营模式关系密切。没有领导班子的重组，没有经营模式的重构，没有开拓创新精神的引领，老凤祥不可能如此迅速地走出困境，更不可能再次站上中国珠宝行业的顶峰。

1.2.2 品质内涵的执着追求

老凤祥在诞生之初，就以设计精美、工艺精湛的产品闻名，如杜家祠堂的银鼎、人民大会堂的葵花金顶、上海展览馆的鎏金金顶，都足以展示其对精湛工艺的苛求与执着。近年来，老凤祥也不断推出具备纪念意义的高级工艺品，如《八仙神葫》，它由中国工艺美术大师张心一精心设计，高级技师沈国兴、朱劲松、丁毅、沈广裕等人花费近一年时间联手制成，是在黄金雕琢的葫芦上镶嵌翡翠、红宝石等制作的“八仙”宝器，老凤祥金银细工制作工艺在这件作品上运用得淋漓尽致。老凤祥同样非常注重产品的文化内涵，例如老凤祥为进军国际市场，会根据不同国家的首饰文化，针对国外消费者对产品的不同需求，积极调整自己的产品战略，以满足市场的需求。具体来说，比如老凤祥发现美国的消费者似乎更在乎产品是否有设计感，够不够大，而不是特别注重材质是否昂贵，因此会更加注重提升产品的设计感，针对性地调整产品的大小规格。老凤祥根据不同的需求不断地完善着自己的产品，在传承中也重视对其进行创新，使其能够保持长久的活力与竞争力，而又不丧失传统的文化内涵。百年经典的老凤祥，之所以既是历史的见证，又是时尚的代言人，很大程度上是因为其对产品既执着又创新的态度。

1.2.3 重视人才的高瞻远瞩

在老凤祥的经营历程中，一向注重专业人才的培养和优秀技艺的传承，如今它拥有国家级工艺美术大师 7 人、市级以上工艺美术大师 18 人，各类中高级技师 72 人，高级人才成为企业发展的“创新之源”。重视人才的战略在 20 世纪 90 年代末助力老凤祥走出低谷的过程中更是发挥了巨大作用。当时，市场环境的突变和自身经营的不善，使老凤祥一度面临人才流失的问题。被第一铅笔收购后，为应对人才流失问题，老凤祥积极改革机制，重视人才的保障和发展，终于使人才回流，这为企业辉煌再现奠定了重要基础。度过艰难时期后，老凤祥更是加快了对人才队伍的建设进程。2005 年，老凤祥创建名师设计中心，该中心汇聚了中国最年轻的国家级工艺美术大师张心一、中国第一位国际获奖设计师张京羊、上海市工艺美术大师陆莲莲、宋菁、翟建国、付志庆、陈玲敏、刘红宝，资深的中青年设计师叶家康、叶金毅、沈国兴、黄雯、杨喆、张卫东、程晓芸等人。其设计师团队年龄结构合理，覆盖各分公司、子公司和专业厂，并形成了设计中心由大师领衔、设计部门（专业厂）由首席设计师分工负责的运作机制。目前，老凤祥名师设计中心已经拥有了象牙雕刻工作室、玉石雕刻工作室、蜡模雕刻工作室和首饰实训室、金银细工制作等，并与上海工艺美术学院等高等院校建立了“产学研”的联动。今天的老凤祥非常重视对设计师的培养。只要有国际珠宝展，这些设计师就会被送出去参观、考察，带回国际上全新的设计理念，融合到老凤祥的设计中。旗下的设计师团队在国内外各项大赛上频频获奖，设计出的如“凤之”系列婚庆首饰套件等精品，已成为老凤祥产品中重要的组成部分。

1.2.4　发扬品牌的坚定决心

品牌是老凤祥的核心竞争力，是其最重要的无形财富。承袭传统首饰的精湛手工，融汇欧美首饰的先进理念，引领首饰潮流的经典时尚，老凤祥已成为中国最具历史厚重感、品牌价值感、创新时尚感的首饰业巨头。在 160 余年间，以博采众长、融汇东西的“海派精神”，批判地继承、扬弃地融汇，形成了个性鲜明、工艺精湛、质量优异、诚信公道、华美大气的经典品牌风格。如今的老凤祥，已发展成为一个荟萃古今中外、弘扬传统经典工艺、走上国际化发展道路并且具有深远影响的品牌。众多的老凤祥银楼以及各大商场中的专柜，以前环境陈列的特点大多呈现出文化气息浓厚、时尚感不足的特点，这样的陈列风格对于珠宝品牌来讲略显俗气。老凤祥注重古典和现代的融合。营造时尚但又不失沉稳的环境，很好地体现品牌定位形象的要求，自然能够提升潜在消费者对品牌形象的兴趣，同时也提升了品牌形象。随着市场化进程越来越快，抢占市场的竞争在各品牌间也愈演愈烈，而逐渐进入社会主力阶层的、易于接受新事物、时尚的年轻消费群体也越来越得到众多品牌经营者的关注，这部分客户群具有极强的消费个性化倾向。要抓住该类潜在消费者，建立并提高他们的品牌忠诚度，老凤祥知道自己应具有更强的持续创新能力，在产品以及推广中不断顺应市场需求的变化，以保持其对于未来消费者的吸引力，并提升品牌的竞争优势。在 2010 年的世博会上，老凤祥获得了贵金属产品特许经营权，在上海地区有 50 多家、全国共 60 多家专卖店获得了世博会的特许经销权，助力了其品牌的推广。老凤祥从一个区域品牌成长为全国覆盖率达 87% 的著名品牌，销售、利润保持每年 30% ~50% 的高速增长，曾被评为中国和亚洲 500 个最具价值品牌之一，在中华老字号百强榜上位列第 7 位，进入全球珠宝 100 强。过去十多年，老凤祥始终坚持塑造品牌、做强品牌、提升品牌价值，始终追求品牌的年轻化、国际化、时尚化。十多年的坚守，终成硕果。

1.3 老凤祥的下个百年

老凤祥有一本历史文献集——《凤凰集》，翻开它，过去的辉煌依然耀眼：那些几乎包含了中国所有传统首饰精华的金银器；那些与海上文人、达官贵胄、中外宾客、国际组织、名胜庙宇、典藏精作有关的趣闻轶事；那些在国务院、人民大会堂、淮海战役纪念碑、井冈山纪念碑等处留下的精湛工艺。老凤祥的过去足够辉煌，悠久的历史为其积攒下宝贵经验，如今的老凤祥仍然可以从过去的经历中受益。

在新时代，老凤祥更加强调开拓创新精神。在传承中创新，在创新中发展，已成为当今老凤祥人秉承的信仰。老凤祥品牌发展的历程也充分证明：传承，使百年品牌具有深厚的人才文化底蕴；创新，使中华老字号不断焕发蓬勃的青春活力。今天，它仍不断创新以持续改善企业的经营状况，而这些创新包括观念、机制、技术、营销、品牌等方面。老凤祥认为，观念是行动的基础，从 2001 年起便围绕“做优、做强、做大”老凤祥品牌目标，提出了以“调整、突破、发展”为内涵的三步走品牌发展战略；老凤祥重视企业结构调整布局，积极推进产业结构、产品结构调整和组织结构调整，通过完善资产经营责任制，扩大经营管理、技术骨干持股范围，营造了“干事有舞台，发展有空间”的良好企业内部氛围，实现了体制创新；老凤祥创建了“原创设计大师工作室”，将“创新与实用相结合”，形成了“产品开发—申请专利保护—推广运用”的良性循环，借此来鼓励技术创新；老凤祥依托营销创新，在营销理念、经营模式、服务方式上都实现了突破，并且成功建设了一支具有市场拓展能力、创新思维能力、优质服务理念、敢打与能打硬仗的营销团队；老凤祥还在品牌建设中，以“名牌、名品、名店、名人”“四名特色”为抓手，打造出了“经典时尚”的品牌新形象，成为“传承经典”与“引领时尚”的品牌代表。

今天的老凤祥，已经不再只是一个传统的民族品牌，它有条不紊地部署与实施着自己的海外计划，踏着坚实稳健的脚步，向成为世界品牌的目标迈进。我们有理由相信，凝结着民族品牌文化精粹的老凤祥，将以其开拓创新的进取精神作为引领，自信地走完下一个百年。

第 2 节　张裕葡萄酒（1892 年—）

张裕是中国第一个工业化生产葡萄酒的厂家，是我国造酒业著名的百年品牌。19 世纪末张裕创立，标志着我国葡萄酒生产工业化的开端，是中国酿酒史上浓墨重彩的一笔，为中国传统酒文化内涵的丰富作出了极大的贡献。经过百余年发展，如今的张裕已成为多元化并举的大型企业，是中国乃至亚洲最大的葡萄酒生产经营厂家。

2.1　酿制百年醇香

1892 年张裕公司的创建，被北京中华世纪坛记载为当年中国所发生的四件大事之一，人们对张裕的认可度可窥一斑。在《张裕公司志》里有这么一句话：“尽管我国葡萄种植、酿造的历史可以上溯到汉朝，但葡萄酒工业化生产实以张裕公司为开端。”这句话并非吹嘘，因为葡萄酒的酿制在当时十分困难，张裕出现之前，中国人餐桌上可能只有舶来的葡萄酒。既然并非易事，那么张裕是如何实现葡萄酒的工业化生产的？

又是如何将葡萄酒和张裕品牌在不熟悉它们的中国市场中推广开来的？张裕的故事或许能够为我们解答这些疑惑。

2.1.1 弼士建厂

烟台张裕集团有限公司的前身为烟台张裕酿酒公司，由中国近代爱国华侨张弼士先生创办，是中国第一个工业化生产葡萄酒的厂家。说起张裕的成立，还有一段故事。张弼士本是广东大埔人，出身贫寒，为生计所迫，十八岁就作了“卖猪崽”去南洋干苦工。由于他天资聪颖，勤奋过人，三年就小有积蓄，由此发迹。三十年后创办张裕时，他已是富可敌国的南洋首富，名下企业二十有余。1871 年，张弼士在雅加达应邀出席法国领事馆的一个酒会，一位法国领事讲起，早些年曾到过中国的烟台，发现那里漫山遍野长着野生葡萄，用随身携带的小型制酒机榨汁、酿制，造好的葡萄酒口味相当不错，还说有一天想到烟台开个葡萄酒公司。说者无意，听者有心。张弼士在 1891 年回到国内后，就多次到烟台考察，发现其地理纬度和气候条件，与法国波尔多大致相同，具备酿造葡萄酒的天然条件。第二年，张弼士拿出 300 万两白银，创办了中国历史上第一个葡萄酿酒公司——张裕酿酒公司。

早年贫寒的张弼士在其所办实业名前均冠以“裕”字，寓意富足，如裕昌、裕和。可惟独创办张裕时，将“张”字置于前。只因张裕是张弼士在国内创办的第一个企业，极为重视，而且当时清廷大势已去，乱象频出，这种气候下耗资 300 万两之巨的项目面临的风险可想而知。外加官场腐败，政治无能，宫里宫外、各部衙门处处都要张弼士亲自打点，费心劳神可见一斑。如此殚精竭虑地操办一个企业，在他一生中并无二例。

2.1.2 四大难题

1908 年出版的《二十世纪香港、上海和中国其他通商口岸之印象》中关于张裕公司有这样的记载：“葡萄种植者、制酒者和商人都以极大的兴趣注视着张裕公司的未来，因为这个以首创生产葡萄酒而闻名的公司，是苏伊士以东的唯一从事这种生产的公司。”张弼士具有浓厚的开放意识，公司创建即以公司制形式运营，这在 120 多年前的中国可谓少之又少。世界著名酒评家休·约翰逊和杰西丝·罗宾逊在 1971 年合著的《世界葡萄酒地图》中指出："张裕是当地葡萄酒厂的先驱，至今仍是最大的酒厂。"外界对张裕公司的评价如此之高，然而鲜有人知的是，张裕在创立之初面临着诸多困难，尤其是市场、原料、工艺以及酒窖建设等难题。

当时，人们对舶来的葡萄酒还了解不多，市场打开不易。谙熟经商之道的张弼士，深知亟需一位朝野上有声名的大官为公司题词以振声势。此人既要有极高的官职，书法上的造诣又要登峰造极，可查遍了朝廷里的王公大臣，却难以找到合适的人选。当时光绪皇帝的老师翁同龢名满天下，人品学问高人一筹，书法又精道，是收藏家们眼热的"大家"。有人提议请翁同龢题写张裕公司的门头，张弼士听了大喜过望，连呼"天合吾意!"但他转念一想，翁同龢因其哥哥翁同书曾被李鸿章上书弹劾而结成了世仇，一时间愁眉不展。张弼士思忖再三还是决定亲自登门。翁同龢虽与李鸿章结成世仇，但为人洞明通达，对张弼士实业兴邦的韬略也颇为欣赏，自然乐得送个人情，一气呵成写下"张裕酿酒公司"六个大字，只见运笔遒劲，雍容浑穆。平时千金难求的翁氏墨宝，每字只象征性地收了润笔费白银 50 两。这六个大字现已成为张裕金字招牌，更是张裕的一笔宝贵的文化财富。

在中国的酿酒葡萄种植史上，不能不提到两位张姓人氏：一位是西汉的张骞，他从西域带回了酿酒葡萄，也带回了酿酒艺人，这使汉武帝大饱口福。可惜这些葡萄和手艺都没能传下来，等到另一位张姓人氏清末实业张弼士想要在烟台创办葡萄酒厂的时候，能找到的只是一点食用葡萄了。葡萄酒的说法是"七分靠原料，三分靠工艺"，没有理想的酿酒原料，纵有三头六臂也造不出好酒。张弼士把眼光远远地投向了出产好葡萄酒的地方。1892 年，张弼士斥资 300 万两白银，购下烟台东部和西南部两座荒山，开辟了 1200 亩葡萄园。先是从美国购进 2000 株葡萄作为尝试，不料，这些葡萄结出的果实极少，糖度也不够，还没来得及到收获的时间，就已经腐烂过半。不得已，1897 年，张弼士又从欧洲购回了 120 多个品种的 64 万株葡萄救急。浩浩荡荡的船队历时半年，风尘仆仆地抵达烟台，尽管工人们时时处处都将这些葡萄奉若掌上明珠，但这些栽种不久的草木贵族出现大面积的死亡，只成活了两三成，看上去还弱不禁风。几经折腾，张裕的园艺师总算悟出了一点道理：外来葡萄根部遭受了虫害，欲除这个弊端只有一计，另行寻找接根葡萄。五万株接根葡萄很快运到，嫁接后果然不负众望：成活率高达十之八九。谁知天意难测，不到三年，大面积枯萎噩梦般出现，众人刚刚酝酿的笑容像被扫帚扫过一样，消失得荡然无存，任是冥思苦想，就是找不出症结所在。当众人束手无策的时候，张弼士再次显示出了他非凡的见地：为什么不想想土质呢？既然这里的土质栽不活外来葡萄，能不能在中国本土寻找接根的葡萄？派去东北的人回来了，大批苦味山葡萄当年落地生根。第二年把洋葡萄与之嫁接，第三年就可以移到大园。这段姻缘美好得出人意料，生下的“混血儿”简直无可挑剔，糖度高，色素好，抗虫抗病抗寒。这些葡萄的成功引进，告别了中国缺乏优质酿酒葡萄的历史，其影响历经一个世纪而不衰，堪称葡萄种植的一次革命。目前，在国内栽培的90%以上的酿酒葡萄品种都是由张裕最初引入中国并选育的。

虽然汉朝张骞就带回了葡萄酒，唐朝也有“葡萄美酒夜光杯”的诗句，但谁曾想，到了宋朝，真正的葡萄酿酒法就已经失传了。众所周知，酿酒师是酿酒艺术的灵魂，张裕建厂之初，虽然得到了盛宣怀等名流大臣的鼎力相助，但也面临着一个难题：没有精湛技术的酿酒师。张弼士创办张裕公司时，翻遍了古籍都找不到酿酒之法，只好另辟蹊径，聘请国外酿酒师。从1893年开始，张裕分别聘请了几位外国酿酒师，然而最终都以各种原因难以真正解决酿酒问题。直到1896年，身为奥匈帝国驻芝罘（烟台旧称）领事馆的副领事马克斯·冯·巴保男爵毛遂自荐，来到张裕，成为张裕第一代酿酒师。这位巴保男爵是奥匈帝国的名门贵族，还出身于酿酒世家。其父是欧洲名噪一时的葡萄酒专家，发明了“克洛斯特新堡糖度表”（KMW），今天的奥地利依然采用这个标准来划分葡萄酒等级。早年巴保的父亲由奥匈帝国皇帝招到维也纳，请他想办法遏制席卷奥匈帝国的葡萄园根瘤蚜灾情，并于1860年创办克洛斯特新堡葡萄酒学校。巴保男爵就在父亲的学校学过酿酒，还持有奥匈帝国颁发的酿酒证书。他主持酿造的红玫瑰、白玫瑰、樱甜红、高月白兰地、夜光杯、佐谈经、琼瑶浆等 15 个品种的葡萄酒产品工艺各异，个性鲜明，很快风靡一时。在 1915 年首届“巴拿马太平洋万国博览会”上夺得金奖的张裕可雅白兰地、琼瑶浆（味美思）、红玫瑰葡萄酒、雷司令，都凝聚了巴保男爵的心血。成功的愉悦让巴保发现了真正的用武之地，他干脆将办公室设在张裕，一边酿酒一边办理外交。巴保在张裕一口气干了 18 年，直到 1914 年第一次世界大战爆发才奉命回国。为纪念巴保所做贡献，张裕将新疆酒庄命名为新疆张裕巴保男爵酒庄。继巴保男爵之后，又有来自意大利的巴狄士多奇等多位西洋酿酒师效力于张裕。1931 年，在巴狄士多奇的带领下，张裕酿出了中国第一款干红解百纳。如今张裕已拥有国际一流水平的中外酿酒师团队 100 余名。张裕传承百年酿酒传统，融合中西酿造之精华，为消费者呈上各具风味的葡萄酒。

为了酿造优质葡萄酒，张弼士还决定建造地下大酒窖，选址在烟台海岸边。储藏葡萄酒的酒窖在温度、湿度等各方面有着严格的专业要求，张裕先是请了荷兰人雷德勿设计酒窖。在海岸边兴建大型建筑对于当时的人们来说还是第一次，由于距海不足百米，土层为沙质，大酒窖第一次建造开工不久就因渗水而坍塌。张成卿又与来自奥地利的酿酒师巴保男爵一起，决定采用铁梁拱连、钢砖砌墙对酒窖进行改建，但这些铁梁钢砖却难以承受潮湿的环境，锈蚀程度日甚一日，最终毁于 1903 年 5 月的一场洪水。面对两次失败，张成卿集思广益，最后采用中西结合的办法。酒窖顶部用中国传统烧制的大青砖发碹；墙壁用上吨重的大青石砌成，墙体内再以碎砖、沙石填充。同时再用当时的舶来品洋灰（水泥）扎墙缝、抹墙面，使窖体异常坚固且平滑；蜿蜒而下的螺旋梯亦用永不锈蚀的石条所造；窖体内外又设计了巧妙的隐蔽排水系统，确保不渗不漏。结合了中西建筑的智慧，张裕地下大酒窖历时 11 年经三次改建，终于在 1905 年大功告成。作为中国史上首个葡萄酒地下酒窖，张裕百年酒窖占地面积 2666 平方米，窖深 7 米，有 8 个纵横交错的拱洞，犹如迷宫。酒窖内四季保持约 14 摄氏度的恒温，湿度为 75 度左右。更堪称奇的是，其整体方位北距海岸不到百米，低于海平面一米之多，却能坚如磐石、固若金汤，是世界上独一无二的“海滩边的酒窖”。走进张裕百年酒窖，细心的人们会发现穹顶上布满斑驳的苔迹。酒苔是岁月遗留的自然痕迹，在世界上所有历史悠久的酒庄酒窖，都会发现酒苔。虽然目前还没有专门的科学研究结论，但在法国、意大利、西班牙一带的传统葡萄酒产区，酿酒师们一直以来普遍相信：天然的酒苔为酒窖营造了一种特殊的微生物环境，能够通过氧气与橡木桶内的酒液形成微妙的互动，从而使酒更加香醇。中国首款收藏级葡萄酒——张裕百年酒窖干红即出自这里，百年酒窖干红对酿酒工艺和葡萄原料的要求极为严格。酿造它的葡萄均来自“世界葡萄酒七大黄金海岸”之一的烟台产区 300 亩优质葡萄基地。从采摘到入罐限定在 2 小时以内，同时采用法国 Allier 地区百年树龄的橡木桶，历经四季恒温的张裕百年地下大酒窖数年岁月磨砺，终酿出全球每年最多 6 万瓶的张裕百年酒窖干红。

2.1.3 声名鹊起

张裕葡萄酒精心酿制，受到了饮者诸多的肯定，其中不乏名人雅士的赞美，当时便有许多名人雅士为之题词。其中，1912 年孙中山先生题写的“品重醴泉”，可谓是张裕百年历史中最闪亮的章回。据载，1912 年 8 月 21 日，孙中山先生应袁世凯之邀北上，由上海经水路在烟台作短暂停留。在烟台举行的各界欢迎会上，中山先生有一个简短的演说，其中对张裕称赞有加：“欲商业兴旺，必从制造业下手，如本埠张裕公司，设一大造酒场，制造葡萄酒，其工业不亚于法国之大厂，将来必可获利。张君以一人之力，而能成此伟业，可谓中国制造业之进步。”欢迎会结束后，中山先生在各界人士的簇拥下参观了张裕公司，他饶有兴致地品尝了酒窖中陈酿的葡萄酒和白兰地，频频点头表示赞赏。在工作楼的留言台前，张裕总经理张成卿早已吩咐众人备好笔墨，把上好的宣纸裁作横幅，恭候中山先生题词。中山先生提起笔略作思忖，以雄劲的楷书写下四个大字：“品重醴泉”。“品重醴泉”是孙中山唯一一次为中国企业题词，题词原件目前由烟台市博物馆收藏，现为国家一级文物。

2.1.4 扬名海外

为庆祝巴拿马运河开通，美国决定于 1915 年在旧金山召开“巴拿马太平洋万国博览会”，即旧金山世博会，30 多个国家应邀参加。应时任美国总统伍德罗·威尔逊的邀请，当时的中华民国政府委任工商界领袖人物、张裕公司创办人张弼士为“游美商业报聘团”团长，著名爱国人士黄炎培先生为报聘团秘书，率团前往美国参加旧金山世博会。这是中国历史上首次以政府名义组团参加世博会。

1914 年 12 月，74 岁高龄的张弼士率报聘团一行 40 余人从上海出发，坐船于 20 多天后抵达旧金山。旧金山世博会上，中国参展的商品主要有茶叶、瓷器、丝绸、白酒和张裕葡萄酒，共计 4000 多件，张裕葡萄酒在农业馆展出。西方人士对中国的茶叶、瓷器、丝绸早已耳熟能详，但对中国的葡萄酒还满怀疑虑。

一天，面对冷冷清清的展台，张弼士决定主动出击。他倒了一杯张裕可雅白兰地，向一位名叫莫纳的法国商人走去。莫纳先生漫不经心地摇晃着酒杯，不料那琥珀色液体弥漫出的酒香扑鼻而来，令他十分惊讶。泯上一口，醇厚的味道使他更觉陶醉。回味再三后，莫纳询问道：“此酒产自哪里?”张弼士悠然一笑，吐出四个字：“中国烟台”。

1915 年 5 月，世博会达到高潮。大会成立高级审查委员会，由美国代表出任会长和副会长，书记分别由美国、澳大利亚、阿根廷、荷兰、日本、古巴、乌拉圭以及中国代表出任。其后又成立了由 500 人组成的审查官组织，中国有 16 人参加。1915 年 8 月，评审工作接近尾声，张裕的可雅白兰地、红玫瑰葡萄酒、琼瑶浆（味美思）和雷司令白葡萄酒分别获得甲等大奖章和 4 枚丁等金牌奖章，并获得最优等奖状。

巴拿马万国博览会对参赛物品的选择，可谓是精益求精、一丝不苟。张裕葡萄酒能够一举夺魁足见其名贵。无怪乎在颁发金牌奖章、奖状和发还样品的典礼上，张弼士竟是如此激动。他捧着红绸裹着的奖杯，犹如接过刚出生的婴儿，频频亲吻，泪花亦夺眶而出。祖国产品获奖的消息也在旧金山的华人中引起了轰动，华侨社团特意设宴庆祝。张弼士在庆祝宴上发表即席演说：“在这盛大的酒宴中，一眼望去，锦绣华堂，全是令人自豪的东西。一是早已驰名世界的中国菜；一是享誉全球的中国瓷器，摆满整个大厅；还有一件是这获得金奖的中国葡萄酒，都是举世无双的好东西。唐人是了不起的，只要发愤图强，就能‘后来者居上’。”

谁都不曾想到，自 1892 年张弼士创立中国首家葡萄酒企业——张裕公司以来，不过20余年，中国葡萄酒就在与欧洲产品的同台竞技中战而胜之。当时巴拿马万国博览会会刊及旧金山报将张裕获得金奖评为“最不可思议的事件”。纽约时报甚至给予张弼士“中国的摩根”“中国的洛克菲勒”这样崇高的称号。中国葡萄酒第一次走上世界博览会，就缔造了一段世界传奇。从此，张裕以其优良的品质蜚声海内外，在著名的牛津词典上，被收录的唯一一家中国葡萄酒企业即为张裕。

2.1.5 困境逆行

张裕的发展并不是一帆风顺的，到了新中国成立初期，张裕面临着技术和人才青黄不接问题，恢复生产极其困难。1956 年 3 月，张裕公司向毛主席写了张裕葡萄酿酒公司生产情况报告，报告中涉及张裕的历史沿革、基本情况、存在问题、本年工作规划、今后发展意见等方面的内容。报告中特别提到张裕葡萄酒销路的所向问题，我国驻外使团、使节、外国专家、苏联驻军、高级知识分子则为主要供应对象，国家级的大型宴会亦时常用到张裕葡萄酒。由于销售对象的高层次，销售市场相形狭窄，并呈萎缩状等，报告中所言流露出诸多困难。张裕的困难引起了毛主席和其他中央领导人的高度关注。就是这个报告，让毛主席对以张裕为龙头的中国葡萄酒业有了更深远的思考。毛主席在一次糖酒食品工业的汇报会上，向张裕也向中国葡萄酒业表明：“要大力发展葡萄和葡萄酒生产，要让人民多喝一点葡萄酒。”周总理在听取汇报后，则指出：“要保持巴拿马（国际金奖）的荣誉！要对子孙后代负责，尽管国家目前还在困难时期……”指令主管部委扶持张裕。9 月 30 日，经周总理批准，中央给张裕特批专款 65 万元用于提高名酒质量，加大科研力度，改进工艺流程。张裕将这笔款子实实在在地用在提高名酒质量的刀刃上。

众所周知，在国宴的餐桌上葡萄酒是当仁不让的主角，无论是远道而来的各国元首，还是齐聚首都的各界名流，国宴的贵宾们都将醇美的葡萄酒作为相互交流的第二语言。1954 年 2 月，党中央和毛主席决定由周恩来总理率团，并任命周恩来总理兼外交部部长为我国出席日内瓦会议代表团的首席代表。在如此重要的国际会议期间，中国代表团可以带什么礼物给其他各国代表呢？外交礼物的选择必须遵循极其严格而苛刻的标准，一方面，它的品质要能代表一国最高水平；另一方面，丰富的文化内涵也同样不可或缺。中国代表团的代表们纷纷出谋划策，茶叶、刺绣、瓷器等都被列入考虑范围。直至代表团出发前夜，张裕金奖白兰地被百里挑一，连同中国茅台与中国电影《梁山伯与祝英台》，一起被送往瑞士日内瓦国际会议。会上，各国代表对三件礼物都赞不绝口。中国茅台无疑显示出中华国酒的地位，金奖白兰地则被认为是洋为中用、珠联璧合的结晶，更有外国代表将金奖白兰地与《梁山伯与祝英台》友好地戏称为“东方的干邑”和“东方的罗密欧与朱丽叶”。周总理的深刻用意，显然与会的各国代表已明知：中国人能够造洋酒，且有青出于蓝而胜于蓝之意。日内瓦会议的会刊《国际杂谈》概括了洋人们的这种赞誉：金奖白兰地代表了中华人民共和国科学文化的进步。周总理预期的效果果然出现，此举或可称为总理的“金奖白兰地外交”。

2.1.6　抓住机遇

张裕真正的发展壮大应该是在改革开放后，尤其是中国建立社会主义市场经济体制以来，但我们深知机遇总是伴随着挑战而来的，改革开放带来了机遇，同时也让张裕面临巨大的挑战。

张裕作为一家国有企业，改革开放初期同样遇到了体制问题的困扰，导致产品严重积压，员工积极性不高，企业经营陷入困境。1989 年年底，公司亏损 400 万元，6 条生产线停了 4 条，产品大量积压，库存量达 7000 吨，年产量的 1/3 卖不出去，资金难以周转。

严峻的形势使张裕人下决心立刻进行体制改革，彻底实行现代企业管理制度，一切围着市场转。经过一系列的改革和创新，张裕形成了强烈的市场意识和竞争意识，于是很快摆脱了困境，走上了快速发展的轨道。面对改革开放后市场经济的环境和形势，张裕敢于迎接挑战，并且抓住了机遇，完成了自身的蜕变。1992 年，张裕公司百年大庆，江泽民同志亲临祝贺，并题下“沧浪欲有诗味，酝酿才能芬芳”的佳句，为百年张裕的历史文化和公司的发展变化作了最好的注解。

百年大庆以后，以技术、产品创新为基础，张裕开始打造自己的新百年。来自官方的一组统计数据如实记录了张裕多年的风雨历程：1995

年，公司完成股份制改造，成为中国葡萄酒行业中的首家上市公司。1996 年，实现公司利税总额超过 1 亿元。1999 年，良好的业绩使得作为 B 股上市的张裕顺利完成 A 股的增发。2000 年，公司利税超过 3 亿元，并逐步形成了一个以酿造葡萄酒为主，集保健酒与中成药研制开发、粮食白酒与酒精加工、进出口贸易、包装装潢、机械加工、玻璃制品等于一体的大型综合性企业集团，有力地带动了当地经济的发展。

事实上，张裕公司新十年的高歌猛进，不仅为自身的全面大发展做好了所有准备，也有力地带动了整个中国葡萄酒业的高速发展：10 年间，中国葡萄酒的产量从几万吨增加到目前的 30 多万吨。作为行业的龙头，张裕把行业潜在市场的培育当成自己市场营销的一个重要组成部分，一直在采用各种形式（如专栏、讲座、电视专题等）启蒙消费者，力图把整个行业的市场蛋糕做大。2001 年年底，张裕各种酒的生产能力达到 10 万吨，销售额达到 17.03 亿元，成为亚洲最大的葡萄酒生产企业，以张裕公司为代表的亚洲葡萄酒新势力开始受到国际葡萄酒业的广泛关注。2002 年 9 月，张裕公司 110 周年大庆期间，由张裕公司和中国酿酒工业协会共同主办的国际葡萄酒论坛在烟台顺利召开，论坛吸引了包括国际葡萄酒组织（OIV）高层官员在内的中外葡萄酒界的业内人士共 1500 多人参加。张裕借助论坛的召开进一步明确了自身的规划：高度市场化、高度国际化。

2.1.7 国际布局

21 世纪的前十年中，为布局国际化的战略，张裕采取了一系列措施来使其品牌的形象更加稳固，其品牌国际影响力也日渐凸显。

第一，张裕实现了资本层面上的国际化。新的产权制度安排是张裕进一步国际化的最大动力和源泉。张裕目前的股东结构中包含烟台张裕集团有限公司、GAOLING FUND，L. P.、中国证券金融股份有限公司、BBH BOS S/A FIDELITY FD - CHINA FOCUS FD、GREENWOODS CHINA ALPHA MASTER FUND 等多方股东。张裕合理的产权制度安排，一方面使企业的经营、用人机制更加灵活，调动了方方面面的积极性和创造性；另一方面，外资股份的加入，将在更高层面上，加速张裕品牌国际化的进程。外资企业的加盟，为张裕带来成熟的国际市场品牌运作经验及资本管理经验。

第二，整合国际上的资源。在这一点上，一是合资合作，二是扩大出口。合资合作表现在：张裕与法国历史最悠久的干邑白兰地厂商法拉宾干邑公司的合作，张裕先锋国际酒业公司成为法拉宾公司在中国以及免税市场的独家代理和经销商。同时，法拉宾公司同张裕展开全方位的技术合作，互派技术人员，张裕白兰地的质量得到了法拉宾公司的全程支持。张裕与加拿大奥罗丝公司合作，在辽宁的桓龙湖畔，共同打造世界最大的单体冰酒基地。张裕冰酒上市，使得中国与加拿大、德国一起，将成为国际市场上冰酒最主要的供应者之一，这是张裕今后进军国际市场的主打产品，将提升公司的国际化营销水平。张裕还凭借自主品牌的影响力，在新西兰建立了张裕·凯利酒庄，这个酒庄的产品，开始在大洋洲和国内上市，现在进入国内市场的两款产品，就是定位在高尔夫俱乐部这个特殊渠道。在扩大出口的表现上：目前，张裕在海外发展了200 多个代理商，例如欧洲最大的代理商之一德国的 TXB 公司。现在张裕解百纳已经出口到了 30 多个国家和地区。欧美主流消费群体口味上的变化以及对中国文化的逐步认同，增加了张裕葡萄酒走出国门的空间和机会。

第三，人才的国际化。近几年，张裕先后和同济大学、江南大学联合办学，还选派酿酒师和工人技师，出国深造学习。目前，张裕的国家级技术中心拥有 100 多人的高级技术研发队伍，并建立了 200 人组成的酿酒师和工人技师队伍。同时，张裕引进国外优秀人才，例如葡萄种植专家盖·康皮奥先生、国际一流的酿酒师法国的诺贝·比舒尼先生和哥哈迪先生等。张裕的这些战略措施使得其坚实立足于中国，稳健地走向世界。

2.2　打造传世品质

在发展过程中，张裕注意到产品开发、定价、包装、配售变数等，都可以被竞争者效仿和抄袭，唯独存在于消费者心中的文化价值才是难以模仿和超越的。张裕将企业文化和酒文化带入营销中，使产品迅速地与其他企业的产品区分开，增加了产品在消费者心中的价值，树立了“传奇品质，百年张裕”的形象，在国内竞争者中遥遥领先。理念是本企业在长期经营中形成的，它有形成的历史和条件，因而最能体现一个企业的特性。这些特性是企业差异化经营的基础，是相互模仿的壁垒，如果没有理念上的差异，企业的核心竞争力是很脆弱的，既不能与对手区别，又不能持有长久优势。

在张裕百年经营的背后，便有“爱国、敬业、优质、争雄”的张裕理念来作为支持，而这些精神品质是张裕经过百年锤炼才得以形成的，是张裕百年的结晶，是张裕理念的个性，是永远无法被模仿的。可以说，张裕精神在岁月的打磨下，更显得光彩照人，成为张裕参与竞争的一把利器。张裕精神是如何在张裕企业的发展中体现出来的呢?

2.2.1 爱国精神使张裕不懈奋斗

张裕的诞生是其创始人强烈的爱国精神驱使的，爱国精神也发展成张裕的核心精神品质。张裕创始人张弼士，一直倡导“实业兴邦”，是晚清著名的爱国商人。清光绪十六年（1890 年），清政府想学习欧美富国的方法，特派清驻英钦使龚照瑗考察，他回经槟城的时候，特意拜访了南洋首富张弼士。张弼士对富国之路早有看法，他认为：洋人善于发挥人的特长，并以法律规范行为；对于农工及商业的关系，洋人也摆正了位置。他将其归纳为“商业不兴，则三宝绝”，南洋的繁荣就是依靠于西洋人制定的“兴商获利”方略。龚照瑗深赞张弼士的洞察力，由衷地问道：“君并非商界中人，而是天下奇才，现中国贫弱，归救祖国如何?”这正中张弼士下怀，欣然答道：“怀此志向已很久了!”在龚照瑗的引荐下，张弼士受到大清的加官晋爵，得到投资国内、实业兴邦的通行证，自此他实业兴邦的夙愿得到实现。这种爱国精神在张裕代代相传，是驱使张裕发愤图强的动力，也是张裕永不可灭的企业意识。

2.2.2 敬业情操使张裕不惧艰难

张裕人从上到下一条心，把企业的事业看作自己的事业。在 1989 年时，张裕的经营情况陡然下降，形势不容乐观。全体职工和干部在企业危难的时刻，同舟共济，积极地出谋划策、勤干苦干，在困难的面前毫不退却。企业有如接受了一场灾难的洗礼，反而焕发了新的活力，到1991 年时，经济效益已跃居烟台市首位。企业创业时需要敬业精神、企业发展时需要敬业精神、企业危难时更需要敬业精神。市场的竞争中，没有永远的胜者，但有永远的强者。强者就是拥有核心力量，无论企业在事业的顶峰还是在事业的低谷，总能寻求生存和发展。企业不可能一帆风顺，因而企业需要不骄不躁、不舍不弃的员工，需要敬业爱业的员工。

2.2.3　优越品质使张裕享誉寰宇

爱国精神和敬业精神体现在企业核心产品上，是胜人一筹的品质。在创业之初，张弼士就非常重视酒的品质，立愿要酿出能与洋酒匹敌的葡萄酒。为了保证原料上等，花巨资从国外引进百种以上的优质葡萄，并在烟台东山、西山建起规模庞大的葡萄园；为了保证制造工艺精湛，三易其聘，最后选定奥地利酒师；为了保证储藏效果，花费十多年的时间，改建三次才建好闻名中外的地下大酒窖；为了保证口感醇香，特贮藏十八年之久，方投入市场，被人们传为佳话。张裕不鸣则已、一鸣惊人，出品的酒次年就荣获巴拿马金奖。世界各国对环保的呼吁越来越高，这是与人类生存和发展息息相关的大问题，张裕也以维护地球环境和消费者利益为已任，积极地推出“绿色产品”。张裕拥有近 5 万亩的紧密型葡萄基地，以确保葡萄的绿色含量。张裕建成 2 万吨高档葡萄酒发酵站，采用高科技方法对葡萄酒发酵过程跟踪和控制，以确保酒中具有足够的微量元素和酒的纯真性。生产出来的第一批产品销往东南亚、美国、俄罗斯及西欧，立刻获得一致好评。世界上权威的国际葡萄酒学术研讨会于 1992 年在烟台召开，张裕的酒受到中外专家的好评，国际葡萄酒局局长罗伯特·丁洛特综合各方意见得出定论：“张裕产品在质量上比五年前提高很大，张裕百年 XO 级白兰地品味完美；罐式发酵香槟酒果香浓郁；解百纳、雷司令、姆斯卡、味美思都是很好的产品。”张裕的传奇品质，受到中外伟人和名人的赞誉，多次获得海内外各类重要奖项的大奖，国家技术监督局对张裕解百纳干红、雷司令干白、金奖白兰地等连续 14 年抽检结果都是优等。张裕的品质，无论是严格的检验，还是民间的品尝，都得到了一致认可和称赞，这是张裕不断追求产品质量的结果。“竞争要取胜，质量要过硬”，优质是企业参与竞争的重要条件，并与企业竞争能力成正向关系。

2.2.4 争雄傲骨使张裕屹立不倒

张裕红酒虽是学习西法精酿，但是张裕从来没有止于此，而是一直怀着与洋酒试比高的民族激情。张裕是我国早期民族工业的产物，是我国红酒业的先驱，在创业之时，张弼士就是要生产出与洋酒并驾齐驱的国酒。工夫不负有心人，张裕红酒在国际的各类评比中，多次荣获大奖，代表张裕的酿酒水平达到国际的上等水平，这是我国民族工业的骄傲。随着我国红酒业的发展，出现了越来越多的品牌，市场品牌多达 300 多个。但是品牌多，而名牌少，50% 以上的市场份额被张裕、王朝、长城品牌占据。张裕作为最早的品牌，占有一定的优势，但是必须适应竞争需要发展，才能在市场上长久立足。张裕不断地培育企业文化，并广泛宣传酒文化，在众多竞争对手中，个性鲜明，成为消费者喜爱的第一品牌。国内第一品牌，远远没有达到张裕的目标，它要与国际品牌争雄。随着中国“入世”，葡萄酒的关税将由 65% 下降到 10%，国外的各大品牌对中国的红酒市场虎视眈眈。在实力雄厚的洋企业面前，张裕早已做好了准备，不只在品质上追求完美，更在营销战线部署了精兵强将。强大的竞争对手走入国门，正是张裕走向国际的机会。威胁不可怕，威胁往往伴随着机遇，学习国外的先进经验和技术弥补企业劣势，发挥企业优势，张裕勇于面对挑战，抓住机遇，与更强的对手一比高下。

2.3 铸就百年实力

在人们的认识中，似乎只有欧洲才可以生产最为优质的葡萄酒，而张裕解百纳却改变了很多人的这种想法。目前，张裕解百纳已经出口到欧洲 28 个国家，进入了 3000 多家欧洲超市、欧洲邮购销售系统、欧洲葡萄酒专卖店、欧洲五星级饭店及德国汉莎航空公司的头等舱，成功打入欧洲市场。世界三大酒评家之一的英国葡萄酒大师杰西丝·罗宾逊按照其著名的“JR 评分标准”也给这瓶“中国创造”的干红打出了 16 分，这往往是她对法国五大名庄副牌酒的评分。

张裕在国内外获得如此赞誉，靠的正是其葡萄酒的卓越品质，而这种品质正是百年实力的凝结。2015 年，张裕已经形成了十分完善的核心竞争力体系：

第一，张裕拥有一个历经 120 余年积淀的品牌，其所使用的“张裕”商标、“解百纳”商标和“爱斐堡”商标均为“中国驰名商标”，具有强大的品牌影响力和美誉度。

第二，张裕已建成覆盖全国的营销网络，形成了由营销人员和经销商两支队伍为主体的“三级”营销网络体系，具备强大的营销能力和市场开拓能力。

第三，张裕还具备雄厚的科研实力和产品研发体系，拥有全国唯一的“国家级葡萄酒研发中心”。张裕已经掌握了先进的葡萄酒酿造技术和生产工艺，具备较强的产品创新能力和完善的质量控制体系。

第四，张裕拥有与发展要求相适应的葡萄基地，其在山东、宁夏、新疆、辽宁、河北和陕西等中国最适宜酿酒葡萄种植的区域所发展的葡萄基地，其规模和结构已基本适应公司发展需要。

最后，张裕的产品线也已基本完备，能够生产包括葡萄酒、白兰地、起泡酒等在内的百余种产品，涵盖了高、中、低各档次，可以满足不同消费人群的需要。

回顾张裕的百年大事记，我们可以发现，在品牌发展的道路上，张裕竟未曾停驻。1892 年，张裕公司成立，拉开了中国葡萄酒生产工业化的序幕。1915 年，张裕的可雅白兰地、红玫瑰葡萄酒、琼瑶浆和雷司令白葡萄酒便荣获巴拿马世博会金质奖章和最优等奖状。此后近百年时间里张裕不断进取，至 20 世纪末，张裕 B 股和 A 股先后成功发行并上市，成为中国葡萄酒行业第一家股票上市公司。

至 21 世纪，张裕更是积极部署海外战略，将品牌进一步推向世界。2002 年，张裕与法国卡斯特集团合作，建成中国第一座专业化酒庄——烟台张裕卡斯特酒庄。2006 年，张裕与加拿大冰酒出口量最大的奥罗丝公司合资建立辽宁张裕黄金冰谷冰酒酒庄。2007 年，张裕融合中国、美国、意大利、葡萄牙四国资本，建成北京张裕爱斐堡国际酒庄。2012年，烟台张裕国际葡萄酒城破土动工。2013年，新疆张裕巴保男爵酒庄、宁夏张裕摩塞尔十五世酒庄、陕西张裕瑞那城堡酒庄相继开业，并收购法国干邑地区最早的瓶装干邑厂家——富郎多酒庄。同年，张裕先锋国际酒庄联盟专卖店成立、旗下电子商务平台“酒先锋”正式上线。2014年，张裕设立五大进口酒事业部，分别是法国进口酒事业部、西班牙进口酒事业部、意大利进口酒事业部、澳大利亚进口酒事业部和美国进口酒事业部，进一步促进国际业务的开展。2015年，创建于1931年的中国最早干红品牌——张裕解百纳单品销量达4亿瓶。同年，张裕收购西班牙里奥哈产区最具影响力之一的葡萄酒公司爱欧公爵及法国波尔多蜜合花酒庄。

今天的张裕，作为中国造酒业的标杆，承载着中国酒文化走向世界的梦想，不断开拓进取，为打造世界品牌的目标而不懈拼搏。

参考文献

[1] 左沈怡．老凤祥：坚守与蜕变［J］．上海国资，2015（1）：35－39.

[2] 王铮．老凤祥的胆略和个性——访老凤祥股份有限公司董事长石力华［J］．上海国资，2015（1）：40－42.

[3] 胡书刚，刘晓翠．老凤祥：百年老品牌的重生与梦想［J］．上海国资，2012（2）：98－100.

[4] 吕磊．三次重组，老凤祥涅槃重生［J］．中国黄金珠宝，2012（3）：41.

[5] 秦青．老凤祥 跨越三个世纪的传奇［J］．中国新时代，2011（1）：86－89.

[6] 宋凡．老凤祥：老品牌的新策略［J］．中国品牌，2011（7）：38－39.

[7] 石力华．坚持传承创新 铸就百年品牌——老凤祥创新驱动高速发展［J］．上海商业，2011（10）：20－22.

[8] 何民浩．百年“老凤祥”——“老凤祥”品牌的发展研究［J］．上海经济，2010（8）：64－65.

[9] 司建楠．老凤祥：百年品牌书写“金色传奇”［N］．中国工业报，2015－07－06：A01.

[10] 沈则瑾．老凤祥：传统是“根”创新是“魂”［N］．经济日报，2015－06－22：1.

[11] 宋联可．文化成就张裕传奇品牌［J］．企业文化，2008（6）：48－50.

[12] 王强．张裕百年路 [J]．中华商标，2009 (7)：33 - 35.

[13] 唐文龙．百年张裕 品牌重塑 [J]．财经界，2010 (6)：116 - 118.

[14] 启航．张裕高端发力应对国际竞争 [J]．中国酒，2011 (4)：68 - 71.

[15] 郭晓．张裕公司企业文化探析 [J]．山东省农业管理干部学院学报，2011 (4)：59 - 60.

[16] 黄志军．百年张裕的不老秘密 [J]．现代企业文化，2012 (Z1)：96 - 97.

[17] 王玉辉．张裕：一个事件，一个时代 [J]．销售与市场：评论版，2012 (6)：36 - 38.

[18] 孙健．张裕“三驾马车”驱动未来十年 [J]．中国酒，2012 (8)：58 - 62.

第 11 章　国外百年品牌典型案例

在国际上，每个国家均有其优秀的经典品牌，而日本和德国的百年老品牌数量可谓名列前茅。本章选取了德国的西门子和日本的资生堂两个品牌进行案例分析，力图通过这两个企业的案例展现这两个国家对于发展、保护品牌的思想与经验，为我国百年品牌的管理建设提供借鉴。

第 1 节　德国西门子（1847 年—）

作为世界上最大的电气工程和电子公司之一，德国西门子是德国工业百年积淀的体现，是德国高端制造业的典型代表，其业务遍及全球 190 多个国家，在全世界拥有大约 600 家工厂、研发中心和销售办事处。如今，这个享誉世界的百年老品牌在经历了一系列的变革之后已经成为在全球拥有 348000 名员工，实现年销售额 756 亿欧元，净利润 74 亿欧元的庞大商业帝国（摘自 2015 年财报）。

1.1　发展历史

西门子—哈尔斯克电报机制造公司成立于 19 世纪中叶，当时的政治、工业和社会都处于剧烈的变革时期。技术的进步正在以惊人的速度和无法想象的方式改变着人们的生活。通过发明创造和大规模的技术革新，维尔纳·冯·西门子在推动这一变革的过程中发挥了重要的作用，他所创建的公司从一个简单的小作坊发展成一个大型企业，并于第一次世界大战前发展成为全球主要的电气公司之一。

1846 年，维尔纳·冯·西门子产生了一个对惠斯登电报机进行改进的想法，他采用最简单的方法设计了一个指针式电报机并委托他在物理学会上认识的机械师约翰·乔治·哈尔斯克来制造这一装置。哈尔斯克生于 1814 年，这是一位精密仪器工程师，当时在柏林开有一个伯蒂歇尔－哈尔斯克工程商店。最初，他对维尔纳·冯·西门子的这项发明表示怀疑，但这种态度很快烟消云散，他反而对这种结构简单、性能可靠的装置产生了极大的兴趣，并立刻着手对指针式发报机的机械部件进行了改进，因而为后来俩人合作成立公司奠定了基础。

1847 年 10 月，维尔纳·冯·西门子和约翰·乔治·哈尔斯克在柏林创建了他们的公司：西门子—哈尔斯克电报机制造公司。维尔纳的一个富裕的表兄兼法律顾问约翰·乔治·西门子向其提供了 6842 马克的启动资金。维尔纳·冯·西门子和约翰·乔治·哈尔斯克在舍内贝尔格大街 19 号一幢旧建筑中建立了一个小作坊，一周后他们获得了指针式电报机设计的普鲁士专利。新式电报机的生产逐步扩大，年底时公司已经拥有了十名员工。此时，公司也开始把它的注意力投向了其他产品的开发。例如，用于电缆的由古干塔胶制成的无缝绝缘材料、铁路报警电铃以及水表等。

在 1848 年夏，德意志国民议会与成立不久的西门子—哈尔斯克电报机制造公司签订了一项协议，在柏林和莱茵河畔法兰克福之间铺设通信线路。电报线全长 500 公里，这在当时的欧洲无疑是最长的。但当时维尔纳·冯·西门子和约翰·乔治·哈尔斯克的工作都十分繁忙。那时维尔纳还是一名军官，正忙于为战争提供服务，因此他不得不离开军队，以便集中精力于国家的这项大型订单。

当时德国国内革命风起云涌，议会害怕国有的电报线被人破坏。因而在作战部的授意下，电缆改为在地下铺设。但是事实证明这项计划是不切实际的，由于耗资巨大且时间紧迫，只有一半线路，即柏林到爱森纳赫之间的部分是在地下铺设的，其余部分则改在空中架设。根据原计划，整条线路包括 10 个电报站，18 台指针式电报机。但是在建造过程中，议会将合同的范围扩大，将德国北部最重要的城市也列入了计划中。

1849 年 3 月 28 日，指针式电报机迎来了它的最具历史意义的时刻。腓特烈·威廉四世在普鲁士的选举中当选德意志皇帝的消息在官方公布一小时以内就通过电报线传到柏林。这件事具有双重含义：不仅选举出一位皇帝而且选举的结果以一种令人难以置信的速度传递到很远的地方；然而，腓特烈·威廉四世后来拒绝了皇位，但他当年却批准了电报机的公开使用。

19 世纪 50 年代，由于公司与普鲁士电报部门意见不符，公司所有的订单都被取消，西门子公司陷入了一场严重的危机之中。但是，来自俄国的订单却给公司的发展带来了转机。1853 年，西门子—哈尔斯克公司开始在俄国建造电报网络，并于两年后结束了工程。网络全长 10000 公里，从芬兰直至克里米亚。公司与俄国沙皇签订了“长期远程”特别维修合同，并被官方指定为“沙皇俄国电报系统建造与维修承包商”。

1855 年，创始人的另一个弟弟卡尔·海因里希·冯·西门子（Carl Heinrich von Siemens）在圣彼得堡建立了一个新的分支机构，并开始利用子公司自己的利润维持运转。19 世纪 80 年代，圣彼得堡涅夫斯基大街的照明工程吸引了人们的广泛注意。按照维尔纳·冯·西门子的设计，沙皇冬宫的照明系统是“世界上最大、最壮观的照明设施”。这两个项目都是由在俄国的子公司承包的。

西门子—哈尔斯克在英国的业务由威尔海姆·西门子负责。他是个敢于承诺、精力充沛的公司代理人。1858 年，威尔海姆创建了一个子公司，并从 1865 年开始以西门子兄弟公司的名义运营。西门子英国公司的业务主要集中在制造并铺设海底电缆。在专家的协助下，该公司终于在高度发达、竞争激烈的英国电报市场上站稳了脚跟。由于威尔海姆在工程界和政府部门人际关系颇佳，业务开展得非常顺利，以至于公司在 1863 年决定在伍利奇开设自己的电缆厂。

西门子兄弟公司的最大功绩之一就是建造印欧电报线，连接伦敦和加尔各答的扩展部分。该线路全长 11000 公里，相当于地球周长的 1/4。其中最有意义，也是最危险的工作就是用“法拉第”号铺设穿越大西洋的海底电缆。这是一条铺设电缆的蒸汽船，是威尔海姆为此项目特别建造的。

除了俄国和英国以外，奥地利也是西门子公司在海外的一个主要市场。1879 年，西门子—哈尔斯克在维也纳创建了一个分支机构，并于

1883 年开始从事自己的生产。随着新世纪的一天天临近，在多瑙河畔的君主制王国中，该机构的业务不断深入扩展，并成了公司与东欧、南欧之间联系的桥梁。

但是，维尔纳·冯·西门子征服美国市场的努力并未获得成功。1892 年，他在芝加哥成立了西门子—哈尔斯克美国电力公司，但仅几年后，这家公司就关闭了。

截至 19 世纪 70 年代，公司已经在海外创建了许多分公司，并且出口业务得到大幅度增加。因此，公司急需指定海外代表，以便对所有重要的市场进行全面管理。于是，在柏林的公司总部中开设了“出口部”，并于 1908 年发展成“海外管理中心”。在第一次世界大战前，西门子在法国、比利时和西班牙都拥有独立的公司，用自己的设备进行生产。公司在全世界还设有为数众多的分支机构或“技术局”。西门子已经成长并扩展至国际领域，成为世界上最重要的跨国电气公司之一。在 1913 年，它所拥有的 82000 名员工中约 1/4 来自海外。

1880 年，维尔纳·冯·西门子提交了一份在柏林建造高架铁路的计划，却因遭到房主们的反对而被迫放弃。为此，他决定用自己的资金来建造有轨电车，以证明使用电力机车是一项可行的建议。1881 年 5 月 16 日，电力机车第一次用于公共交通，该线路全长 2.5 公里，将安哈尔特铁路的里希特费尔德车站与柏林的 Cadet 学院连在了一起。电车的行驶速度可达每小时 30 公里，它在三个月内运载了 12000 多名旅客。1890 年，电弧集电器被用来为机车供电。后来，这一系统取代了其他所有系统，并为以后的有轨电车制定了标准。

此后，西门子又开辟了新的技术领域，在欧洲建造了第一条地铁线路。该项工程仅用两年即告完成。1896 年 5 月，地铁在布达佩斯正式投入运营，一年内运送乘客达 400 多万人次，超过了从前的任何一条铁路。1897 年，西门子—哈尔斯克开始了柏林地铁项目一期工程建设。到 19 世纪末，各种形式的电力机车（从有轨电车到矿山机车）已经成为公共交通领域不可缺少的部分。

19 世纪末，汽车制造首先始于西门子—哈尔斯克和冯舒克特电力股份公司。那时维尔纳·冯·西门子已经研制出一种无轨电车“Elektromote”，可以从车上方的电缆中得到供电。当时的电车速度已达每小时70公里，可与由内燃机提供动力的汽车相媲美。但是，尽管电车技术得到了不断改进和提高，配备有汽油发动机的汽车还是显示出了高速度方面的优越性。最终人们把注意力转向了制造由汽油发动机提供动力的汽车。

1908年，西门子抓住时机买下了位于赖尼肯多夫距离西门子城不远的“Protos 汽车”，用“西门子—舒克特的 Protos 汽车”鸣响了发令枪。这一商标亦被用于该汽车厂制造的所有汽油作动力源的车辆。

当时制造的汽车主要是配备有四缸和六缸汽油发动机的小汽车，发动机的额定功率有所不同。例如，1910年该厂制造了7种不同汽油发动的汽车及电车。但是为使生产成本不至于过高，公司决定只生产一种车型，即“Protos C10/30 PS”型。这种车型后来还采用了不同厂家提供的车身。

在第一次世界大战期间，公司完全改变了原定的生产计划以满足军队的各种需要，包括制造运输车、救护车和发电卡车。由于经营不利，西门子于20世纪20年代中叶退出了汽车制造行业。公司更倾向于把注意力集中于电气工程的核心领域，它们已与汽车制造毫无关系。然而，在此后的许多年内，西门子仍然把“Protos”作为它的家电品牌。

从公司成立直至19世纪80年代的40年间，西门子—哈尔斯克始终在德国电气市场上占据着支配地位，从未遇到任何挑战。此后，其他公司才开始出现并开始迅猛发展。德国爱迪生应用电气股份公司，即后来的AEG，是由埃米尔·拉特瑙于1883年创建的，成为西门子—哈尔斯克遇到的第一个主要竞争对手。舒克特公司也是其对手之一，它是由西格蒙德·舒克特于1873年创立，并从一个生产照明灯的小工厂发展成具有世界规模的电力工程公司。

西门子—哈尔斯克公司逐渐认识到光凭家族相对薄弱的资金基础，在金融市场上是无法与像AEG这样的股份公司竞争的。但对于维尔纳·冯·西门子来说，通过改变公司的法律形式来增加资本，是坚决不予考虑的。他坚持的是家庭企业的原则。

但是，在维尔纳·冯·西门子1890年退休后，公司进行了重新调整。一直是伙伴关系的西门子—哈尔斯克发展成为一家有限商业合作式企业。维尔纳的儿子阿诺尔德、威尔海姆和维尔纳的弟弟卡尔都是公司的责任合伙人（即所有者）。维尔纳·冯·西门子本人则作为有限合伙人。由于卡尔不久就退休了，而阿诺尔德则更多地专注于公司内的社会福利和对外宣传工作，威尔海姆很快就开始按自己的方式来管理公司。

在 1897 年，正值维尔纳逝世 5 周年及公司成立 50 周年之际，企业改组成一家股份公司。而维尔纳的弟弟卡尔过去就曾经以公司对高额资金的需求为由提过这一建议。

1897 年，在德意志银行主任乔治·冯·西门子——维尔纳·冯·西门子的一个侄子的帮助下，公司完成了法律形式的转换。新的股份公司持有的资本总额达 3500 万马克。高级经理卡尔·西门子被指定为监理会主席。公司仍然被牢牢地掌握在西门子家族的手中。

20 世纪初，一场大规模的经济危机席卷了德国的电气工程行业。许多公司被迫倒闭或被其他公司吞并。与之相比，西门子—哈尔斯克股份公司则在这个合并过程增强了实力。通过收购冯·舒克特电力股份公司，并将其与公司原有的电力工程部门合并成西门子—舒克特有限公司，使公司的整体结构又增添了一根主要的支柱。1903 年，西门子与 AEG 共同建立了无线电信系统公司，从事新建立的无线电领域的开发与生产。1925 年，西门子公司收购了一家爱尔兰的电子医疗设备生产公司，开始涉足医疗工程领域。并在 1932 年与该公司合并成立了西门子—赖尼格股份公司。

无论环境条件如何日趋艰难，所有的这些变革不仅使公司在每一次社会变革后的停顿期间成功地得到了恢复，并且也为公司进一步的发展铺平了道路。尤其是在第二次世界大战之后，西门子公司遭受了十分严重的损失，如厂房和设备的破坏及原材料的损坏和丢失，除此之外，因为各种技术专利和商标在德国以外不再受到保护，而且技术资料、设计开发文件均遭破坏，公司在无形资产上更是损失惨重。然而西门子公司并没有放弃，一直坚持到了战争结束，并开始了重建工作，首先是德国国内的重建，随后在 20 世纪 50 年代，工作重点转移到了国外，到了 60 年代中期，公司成功地恢复了它在世界市场中的早期领先地位。1966 年，西门子—哈尔斯克股份公司、西门子—舒克特股份公司和西门子—

雷尼格股份公司的合并对公司未来发展起着十分重要的作用。

1966 年，西门子公司看到了全球电气市场结构和技术进程的变化，将西门子—哈尔斯克、西门子—舒克特和西门子—赖尼格三家公司通过法律途径合并重组为一家公司，即西门子股份有限公司（Siemens AG）成立。

1967 年，西门子股份公司和罗伯特·博世有限公司成立主要生产白色家电的合资企业博西家用电器公司（BSH），后成为德国和西欧家电市场的领导者。

1980 年，西门子公司的第一台数字电话交换机下线。

1988 年，西门子和通用电气收购英国防务和技术公司 Plessey。由于 Plessey 公司的持有人分裂，西门子接收了其航空电子、雷达和交通控制部分，并更名为 Siemens Plessey。

1990 年，西门子收购了陷入困境的利多富电脑公司（Nixdorf）并更名为西门子利多富信息系统股份公司（Siemens Nixdorf Informations System AG）。

1997 年，西门子推出了第一款彩屏 GSM 便携式电话。同样在 1997 年，西门子同英国宇航公司和 DASA 达成协议，向它们提供 Siemens Plessey 生产的防务装备。英国宇航公司和 DASA 分别负责英国和德国的军事装备采购。

1999 年，西门子的半导体业务被分离出来，成立了一家新的公司——英飞凌科技公司。同年，西门子利多富信息系统股份公司成为富士通—西门子电脑公司的一部分。

2004 年，西门子移动向市场推出 65 系列移动电话，良好的用户界面，人性化的操作，实用的功能设计使 65 系列手机广泛受到欢迎，但是由于软件问题导致西门子手机不得不招回，并为一年后的收购埋下了伏笔。

2011 年 9 月，西门子为了配合政府对于福岛第一核电厂事故所做出的能源政策调整，停止了德国已兴建的 17 座核电厂，并同时宣布退出核能发电事业，全力投入再生能源的发展。执行长也公开支持德国政府预计在2020 年再生能源发展占总发电量35% 为目标的能量过渡计划，同时公司的能源重点也放在再生能源的发展上。

2014 年 9 月 21 日，西门子公司同意以 76 亿美元现金，收购美国压缩机和涡轮制造商 Dresser – Rand，击退其他有意竞购的对手，凸显其欲拓展美国油气生产设备市场的雄心。

西门子公司在经过 160 多年的风风雨雨后，不仅依然屹立不倒，而且在经历了战争这种毁灭性打击之后迅速恢复，并重新达到战前的市场地位。这与西门子公司不断开拓进取的精神是密不可分的。正是西门子敢于不断开拓新市场，进入新领域，将原本不属于自身领域的业务慢慢融合进来，才有了西门子今天的商业帝国；也正是一代代西门子人将维尔纳·冯·西门子的创新精神继承了下来，才能让一个拥有 160 多年历史的老品牌依然焕发出蓬勃的生命力。

1.2　繁荣原因

德国西门子能经历 160 多年的岁月考验，在如今贸易全球化的市场上依然占据一席之地，与其自身的经营理念和有效的管理模式是紧密相关的。也正是通过不断的改进自身组织架构，调整企业战略，西门子公司才能从小作坊变成行业巨头，在一次次的风险与挑战中幸存了下来，成就了今天的电气巨人。

1.2.1　西门子均衡的组织结构

德国各企业管理机构差别很大，一般根据自身需要设立机构而且彼此之间也很少模仿。但多年的发展结果有一个共同之处即职能管理上多采用事业部制，西门子公司也将采用了多年的纵横交错的矩阵式改为事业部制。西门子公司目前设立了 16 个事业部，各部门与西门子财团的关系主要是经济关系，事业部按照规划或年度计划上缴公司利润，而经营与管理都由事业部独立决定，从而调动基层部门的积极性。[1]

均衡的业务结构使西门子很好地应对了每次行业不景气所带来的挑战。另一个成功的关键因素，是公司很好地发挥了跨行业的协同效应。

[1] 梁燕君．西门子的成功之道［J］．国际市场，2001（2）：51.

作为一个全球性的创新网络，西门子成功地将中央战略导向、分散的企业责任和组织结构以及本地价值创造结合在一起。西门子的国际业务由14个业务集团来负责，其中包括融资部分。公司也和其他合作伙伴共同经营合资企业，如与博世在家电领域（博世—西门子家电公司）及与富士通在电脑系统领域（富士通—西门子电脑公司）进行合作。这些措施是为了让西门子成为国际市场上的龙头企业。公司很重视国际电气工程和电子市场，由于电子市场发展迅速，该市场的增长速度预计将继续高于整个行业的平均水平。❶

1.2.2 西门子稳健的金融策略

在西门子公司的160多年的历史中，发展一直比较平稳。其中一个主要原因就是西门子长期奉行以稳固性和有支付能力保持企业的独立自主为原则的财政政策。这一财政政策的特点还包括公司自有资本所占比例高、贷款具有长期安全性、红利分红谨慎以及准备金和储备份额大等。按西门子管理层的话说，就是我们把利润的三分之一进行分红，三分之一作为公开的准备金，三分之一作为秘密储备金来处理。这已经成为西门子公司的老规矩了。

西门子公司采用传统谨慎的融资政策，这在同行业中也是不多见的，但它避免了公司成长中的大起大落甚至破产的风险。从1948年战后，到1996年期间，西门子的自有资本从4.6亿马克上升到了252亿马克，增长了大约54倍。其中的一半是股权融资，另一半则来自企业所取得的利润。1958年的世界前100强企业，到1994年只剩下32家依然存在。

西门子公司的参股政策也很有特色。公司参股政策特点是力图在电子技术的所有核心领域从事活动，但不在陌生领域寻求增长。在1904年，公司赢利就已经有超过一半的部分来自参股。参股不仅仅是西门子对自身资本的管理和投资，也是西门子收购其他公司的一种有效途径。

---

❶ 赵丽颖．西门子——看我怎样管理企业［J］．中外企业文化，2004（4）：27－28．

1.2.3　西门子成功的股份制转型

西门子的监事会源自家庭企业向股份制企业的转型。1897 年，西门子股份公司成立，为了保证西门子家庭的影响力，公司章程规定了可以随时防止较大的受外界影响的条款。监事会被赋予全权，监事会主席有权监督董事会的整体业务执行情况，并可以审阅公司所有的账簿和文件。监事会还有权把某些权限以及其他任务的执行委托给监事会成员或其他管理层之外的代表来执行，监事会主席当然由西门子家庭成员担任，但这并不妨碍西门子成为全球性的公众性公司。早在 1996 年，西门子公司的外资股占比就达到了 38%，分别来自 130 多个国家，而从西门子的股东结构来看，超过 90% 的持股人是个人。[1]

1.2.4　西门子坚持的创新精神

纵观西门子的发展史，实际就是西门子的一部创新史。从维尔纳发明新的电报机开始，西门子公司不断进行发明和创新，电车、电梯、直流发电机和世界上第一台数字交换机，都是西门子公司最先发明和实现的。

一流人才是西门子公司的财富，网络化知识是西门子巨人生存的保障，研究开发是它不断发展壮大的直接动力。据统计，在西门子公司从事研究开发的人员近 5.7 万人，研究开发费用约 50 亿欧元。从专利申请数量来看，西门子公司居各大跨国公司首位。研究是推动西门子技术发展的动力，西门子公司 160 多年的历史已经证实了这一点。西门子公司创始人维尔纳多项发明构筑了基础创新，至今这些创新仍在推动经济发展。

从衡量创新的三大指标来看，即研发投入、专利数量和科研人员数量，与同行业的竞争对手相比，西门子公司都具有一定的优势。创新能力不断提高是西门子公司不断发展壮大的保证。

西门子公司在全球 30 多个国家开展科研工作，研究重点在德国、美

---

[1] 张志雄．不简单的西门子［J］．管理科学文摘，2001（12）：18－19.

国、奥地利和瑞士等国家。在科研经费投入方面，西门子公司处于全球电气行业十强之首。研究开发费用的大幅度提高极大地促进了西门子公司的新产品开发，同时也带动了专利数量的攀升。据统计，西门子公司及其多数股权公司在全世界范围内享有的发明保护权共计 12 万项。[1]

1.2.5 西门子规模化的创新组织

西门子公司创建了规模化的创新组织。个人的创新并不需要花费太多的金钱，但是随着公司的膨胀，一两个聪明人的几项技术发明并不足以令企业做强做大，企业面临如何把少数人的创新能力变成集体创新能力的问题。企业发展壮大的关键，是要把个人的创造才能变成组织的创造才能。但要建立规模化创新的组织结构并不仅仅是资金的问题。西门子公司在两次世界大战期间也试图解决创新的组织结构问题。有人赞成采取集中的方式，因为有利于各研发团队之间的合作；也有人希望把技术研发团队分散到各个工厂中，这样，技术研发、产品设计、生产与销售之间可以进行更紧密的合作。最后，公司决定在保留各分公司研发机构的基础上，在母公司成立一些更高级别的研发中心：总部的研发中心把共性基础研究任务从各分公司抽出，以便不受具体业务利益波动的影响，并把研究成果提供给公司所有相关部门进行经济上的利用，同时，各分公司的研发队伍也可以承担某一领域的基础研究工作，让其他分公司的研发团队共享成果。如当时成立的通信技术中心实验室就属于第二种情况，除负责电报分公司的产品开发工作外，还从事长途电话和通过电缆进行不失真的信息交换方面的基础研究。西门子在研发能力整合方面，向来有海纳百川的大手笔。

1.2.6 西门子广泛的创新合作

西门子公司不但管理遍布全球数十个国家的大规模研发队伍，还善于与其他企业的研发中心协同工作，以提高效率并降低风险与成本。20世纪六七十年代，美国企业在大规模集成电路芯片的研究方面走在了世

---

[1] 潘占福．德国西门子公司的创新与发展［J］．科学对社会的影响，2002（1）．

界前列。西门子领导层立即意识到危机，因为芯片技术将被用于几乎所有的电子产品。如果西门子在 80 年代不能迎头赶上，就不得不从全球电子市场出局。公司立即在慕尼黑建造了开发中心，把公司电子研发组织集中起来进行大规模技术攻关，并与东芝、飞利浦等公司合作开发出了 6 兆位和 64 兆位的芯片。到 20 世纪 90 年代中期，西门子紧锣密鼓追赶世界顶级水平的努力取得了成功，在西门子与摩托罗拉、东芝合作开展的千兆级芯片项目中，曾经落后的西门子担负起了技术领头羊的作用。正因在芯片研发方面力挽狂澜，才奠定了今天西门子在通信、电信领域确立的稳固地位，其相关的研究成果和专利技术后来被应用到程控交换机、宽带通信、无线通信设备、电脑、电话和手机制造等领域，获得了巨大的经济效益。[1]

西门子公司能取得今天的成就，绝不仅仅是因为这些表面的原因，也并非有任何一家公司通过复制西门子公司的模式，就能像西门子一样经历 160 多年的历史。西门子公司能有今天的辉煌是无数的偶然和必然共同作用的结果，换句话说，就是历史中无限的巧合和西门子企业人的一代代努力奋斗一起铸就了这个国际性的百年品牌。

1.3　经验借鉴

西门子公司的成功虽然不可复制，但是仍然有许多地方值得我们国内企业和品牌去借鉴与总结。我们国内企业基本没有能真正做到像西门子公司一样，拥有一个享誉全球的知名品牌，业务涉及全球一百多个国家的跨国企业。然而，在如今市场机制逐渐开放的大背景下，我国企业面临着走进国际市场的挑战，我们亟须很多国内的知名品牌成为国际知名品牌，让世界范围内的消费者认可我们的产品品质，打造高端中国制造的形象，为我国开拓海外市场，推进一带一路政策，打造新型经济体系，进一步增强中国在世界经济领域的影响力奠定良好的基础。

首先，我们国内的企业应采取稳健的融资策略，避免高资产负债率，逐步完成企业扩张，切忌粗放式的扩张过程。我国企业在经营过程中，

---

[1] 张侃．创新——西门子的发展之路［J］．中小企业科技，2006（10）．

经常会碰到在初期盲目扩张，无视风险。在融资方式上采用高风险的方式，拥有警戒水平以上的资产负债率，一旦市场需求跟不上供给增长，风险来临，这些企业就将面临资金链随时断裂进而破产的结局。在 2015 年新三板的统计中，上半年有 114 家在新三板上市的公司资产负债率超过八成，这些公司不健康的财务状况也会加剧市场风险，从而反作用于投资者开始提高风险警戒，从而触发进一步的恶性循环。从西门子公司的经营来看，稳健的融资政策和良好的财务健康给公司提供了长期平稳发展的环境，避免了公司在市场大起大落中的风险，是西门子品牌能够延续百年的基础。

其次，我们国内企业应该注重创新。西门子公司本身就是因为新型电报机的发明而产生，其在科研方面的重视是其能在 160 多年的历史中始终占据不败地位的重要因素，西门子公司在科研创新的投入比例最高达到了其销售额的 50%。国内企业在创新研发方面的积极性普遍不高，平均对研发投入占比远低于发达国家企业的平均研发投入占比。由于我国企业对科研创新投入较少，导致了社会和企业对研发和创新有偏见，致使科研人才的流失。究其根本原因，是因为国内企业在改革开放到现在的发展模式是以扩张为主，注重数量而非质量；除此之外，由于国内在发展初期对科学技术的积累不足，自己投入开发的成本过高，相较而言，花钱去购买技术会更划算。但是随着时间的推移，我们的生产制造水平逐渐追赶上来，市场需求充分满足，消费者开始追求质量而非数量，不仅如此，当企业有钱却买不到技术的时候，企业才会发现研发创新的重要性。目前，国内无论是国家层面还是企业层面，都开始注意到创新的重要性，国家提倡创新、创业；企业加大研发投资力度，注重知识管理；全社会广泛参与创新、创业活动。我们相信在不远的将来，中国创造会替代中国制造成为中国的一张新名片。

最后，我们国内企业应该效仿西门子公司，建立有效的管理体系。西门子作为一家世界顶级的跨国公司，业务涉及全世界 190 多个国家，在世界范围内有 600 多家工厂、研发中心和销售机构，仅仅员工就有将近 35 万。这就是一个庞大的商业帝国，如果没有一个高效的管理体系，西门子公司是无法正常运转起来的。所以，我们国内的企业在走向世界的同时，也就是要成为一个个跨国企业，如何能够管理好相隔大洋的子公司，是对国内企业打造国际性的知名品牌的一个重要考验。国内企业应该借鉴西门子上百年跨国公司的管理经验，完善公司的规章制度；加强管理流程的建立，利用流程进行企业运作和管理；在管理子公司的同时也要给予子公司充分的决策自由，采用事业部制，调动子公司的运营积极性。

虽然西门子公司的成就十分令人瞩目，并且有很多经验可以借鉴，但是我们国内企业要成为真正大型的跨国企业，建立我们自己享誉全球的知名品牌，必须要坚持自己的特色和特点，不能全盘复制别人的经验。我们应该用自己的奋斗努力和创新精神，在借鉴别人成功经验的基础上，走出一条属于我们自己的品牌之路，从而让中国创造在全球市场上占有一席之地。

第 2 节　日本资生堂（1872 年—）

资生堂是株式会社资生堂（Shiseido Company，Limited）旗下品牌，总部在东京都中央区银座 7 丁目 5 番 5 号（104－0061），于 1872 年创立，经过 100 多年的发展，一直引领着日本化妆品技术与文化的潮流。目前在欧洲、美国、亚洲等地都有开展业务。资生堂注册资金 645 亿日元，总资产 8236 亿日元（截至 2015 年 3 月），集团员工人数约 46000 名（截至 2015 年 3 月）。

2.1　发展历史

资生堂（Shiseido）是日本著名的化妆品品牌。取名源自中文《易经》中的“至哉坤元，万物资生”，资生堂的涵义为孕育新生命，创造新价值。“至哉坤元，万物资生”意为“赞美大地的美德，她哺育了新的生命，创造了新的价值。”这一名称正是资生堂公司形象的反映，是将东方的美学及意识与西方的技术及商业实践相结合，将先进技术与传统理念相结合，用西方文化诠释含蓄的东方文化。

2.1.1 1872～1915年：西式药店“资生堂”创立

1872年，福原有信在东京银座创立日本第一家西洋式调剂药店。1872年的日本，在汉方药品主导市场的时代背景下，资生堂作为日本首家西洋风调剂药局，在东京银座正式成立。作为创业者的福原有信曾作为海军医院的药房长，面对品质低廉的药品横行市场的状况十分担忧，并立志在日本创建全新的医药分工系统，从而创立了资生堂。当时有信年仅23岁。由于在当时药店这种事业形式是史无前例的，出售的产品又都是品质极好的高价药品，在创业之初，经营曾经几度陷入困境。但是，资生堂追求高品质、先进性、力求极致的理念逐渐被理解，资生堂作为一家值得被信赖的药店，获得了越来越多的知名度。

1888年，资生堂发售日本第一款牙膏“福原卫生牙膏”。在此之前，日本只有牙粉，粗糙的颗粒反而会对牙齿产生损伤。资生堂推出的牙膏产品，无需担心对牙齿造成损伤，更能科学地溶解牙石，消除口臭，更可拥有全新的使用感受。虽然定价高昂，约为当时牙粉价格的10倍，但销量一路猛增。由于不会像牙粉一样四处飞散，更得到了海军们的喜爱。

1897年，资生堂进入化妆品行业（“EUDERMINE红色蜜露”发售）。资生堂正式进军化妆品行业的经典之作即为“EUDERMINE红色蜜露”。曾在柏林大学留学的时任东京帝国大学教授长井长义博士，以其研究成果为基础，致力于开发与药品相同高品质的商品。当时的化妆水产品大多以日本风格的名称为主，而红色蜜露的名称取自希腊语，由Eu（美好）和Derma（肌肤）组合而成。玻璃瓶包装十分美丽，瓶中的液体仿若红酒般鲜艳，被称为“资生堂的红色之水”。红色蜜露发售至今已有100多年的历史，作为经久不衰的畅销产品，如今也仍被众多消费者所喜爱。在发售100年后的1997年，法国的形象创意Serge Lutens将传承至今的资生堂美丽意识的象征，打造成为“红色蜜露全球版”在日本及海外同步发售。化妆水配方也得到了进一步的进化，成为一款“可让肌肤远离干燥，保持水润，实现肌肤重生”的高功能化妆水。

1902年，福原有信在店铺内设置苏打喷泉。在日本最先生产并销售苏打水、冰淇淋。资生堂创始人福原有信在1900年赴欧美视察旅行时，发现美国的药店中制造并销售苏打水和冰激凌，便将其引入日本。力求极致的福原有信不仅设置了苏打水制造机，更委托贸易商朋友，从美国进口果汁、杯子、汤匙乃至吸管等全部产品。全日本首个苏打水以及当时十分珍贵的冰激凌纷纷出现在当时日本的各种各样文学作品中，获得了广泛好评，让资生堂“崭新时髦”的印象深深地铭刻在了人们的心中。这一事业在 1928 年进一步发展成为资生堂冰激凌店，并由如今的资生堂饮茶室传承至今。

1915 年，福原有信制定商标“花椿”，从此“花椿”标志就成了资生堂的象征。

2.1.2　1916～1926 年：正式从药店转变为化妆品业务

1916 年，资生堂在竹川町 11 番地（银座 7 丁目）成立化妆品部，又成立创意部、试验室。资生堂成立了独立化妆品部，在与药店隔路相望、一幢临近街区的大楼里，开设了专门从事化妆品销售的化妆品部。在三层砖结构的大楼中，一楼为店铺、二楼为化妆品制造工厂、三楼则为创意部和实验室。创意部主要负责宣传广告、报纸杂志广告的制作、包装设计及店铺设计等。成员多为美术大学的学生及青年画家，他们在参考巴黎时尚杂志的同时，采用优美流畅的线条打造新艺术形式的设计，创造出很多被称为“资生堂风格”的时尚精致设计。初代社长福原信三认识到企业设计的重要性，因此在刚刚涉足化妆品事业不久的资生堂中专门成立了宣传部门。实验室主要负责新产品开发及现有商品的改良。其后，实验室逐渐扩大为研究室、化学研究所的规模，如今已发展成为资生堂研发中心。而在当时，将化妆品作为化学产品，严格保证产品品质的做法十分进步，重视产品品质也成为资生堂的企业理念。

1917 年，资生堂发售“七色粉香粉”。在那个白色香粉充斥市场的时代，七色香粉可谓是极大的创新之举。七色分别为“白”“黄”“肉黄”“玫瑰”“牡丹”“绿”“紫”，针对不同肌肤颜色分开使用，是一款先锋式的产品。因“灯光下显出极美肤色”而在艺术家中口碑相传，其后在 1932 年发售的“摩登彩色香粉”更升级为九种颜色。从当时在欧洲兴起的现代艺术风格中汲取灵感，将瓶身设计为正方形四角被直线切割后的八角形。

1918 年，“资生堂按摩霜”发售。这是日本第一款乳霜“按摩霜”。为了提升肌肤使用效果，添加昂贵原料的“按摩霜”广受好评，大大提高了资生堂化妆品在消费者中的信赖度。圆润的白玉瓶身中，薄膜包覆着瓶盖，并用银线相连。标签采用金色印刷，更加凸显了文字和整体设计。1920 年后半期，其他化妆品公司也纷纷推出按摩霜，但资生堂通过技术革新多次对按摩霜进行改良，作为日本具有代表性的乳霜，40 多年后仍旧经久不衰。

1919 年，开设日本现存最古老的画廊——资生堂画廊。资生堂画廊除了其间因地震、战争、建筑物翻新等情况有断层以外，一直秉承着“发现与创造新的美”为活动理念，始终致力于持续开展各项非营利性质的活动。至今已举办的展览会达 3100 场以上，许多在之后的日本美术史上赫赫有名的作家大师都选择资生堂画廊作为召开首演的场地。从 1990 年开始，画廊以现代美术为中心，积极展示了当时许多前卫与单纯并存的魅力。

1921 年，制定“资生堂五大主义”。品质本位主义，商品品质是企业的生命，要把品质做到最完善。互惠互利主义，将近代组织作为基础，以期相互繁荣。零售主义（1955 年改为“消费者主义”），即企业经营处处以消费者为核心。坚持主义，贯彻以合理主义为根基的科学经营。德义尊重主义，尊重对方，实现正确诚信经营。

1922 年，成立三科，从美国招聘美发科主任。在资生堂创意部成员三须裕的提议下，对位于竹川町十一番地（现银座 7 丁目 SHISEIDO THE GINZA 的位置）的资生堂化妆品部二楼进行改装，设立了美容科、美发科及童装科。美容科招聘专职医师，实施美容技术及开展美容皮肤科。并在日本首次张贴美容皮肤科的广告牌。美发科则邀请了美国的美容师海伦·格罗斯曼。在日本式发型盛行的时代，资生堂首次将卷发带入日本，并引入了头盔式吹风机。此外，作为美发科业务的延长线，还在全国主要城市召开“新发型与美容的演讲及演示会”，演示中展示的“遮耳式”发型更成为风靡全日本的流行发型。童装科则邀请刚从法国归国的武林文子（武林梦想庵夫人），实际业务则由美国归来的西洋裁缝师负责。

1923 年，资生堂发布资生堂化妆品连锁店制度。资生堂化妆品连锁店制度为了让经销店、零售店获得适当的利润，积极推进定价销售，而资生堂在推出该制度之初，得到了行业的冷漠无视。只有资生堂认为降价促销的竞争现状是不会得到改善的。但是零售店对定价销售理念极具共鸣，纷纷与资生堂签订合同，签约零售店远远超越预期，次年更达到了 2000 家。最终，价格竞争得到了控制，正常开展定价销售，而消费者无论到哪一个店铺，都能以相同的价格安心购买资生堂的化妆品。

1924 年，面向化妆品爱好者的文化信息杂志“资生堂月报”创刊（1924 ~ 1931 年）。资生堂月报作为化妆品行业第一家信息杂志，通过资生堂的连锁店铺向全国发布。创刊号中，除了“保持美丽和年轻的健康方法”的美容信息报道之外，还有“泡咖啡的方法”等丰富多彩的信息。当时，月报中经常介绍十分珍贵的巴黎时装或发型的海外流行信息，为打造资生堂高贵品牌形象做出了巨大的贡献。其后在 1933 年改名为“资生堂俱乐部”，1937 年改名为“花椿”后一直沿用至今。“资生堂月报”还刊登有走在银座街头的女性街拍照片，是了解当年风俗的宝贵资料。

2.1.3　1927 ~ 1948 年：开始资生堂独有的价值创造

1927 年，资生堂更名为株式会社资生堂，福原信三就任董事长。福原信三为资生堂创始人福原有信的三儿子，也是资生堂事业的继承人。1927 年资生堂成立股份公司时就任首任社长。少年时代曾立志作为画家的他接受过当时一流艺术家在日本画、水彩画、油画、摄影等方面的指导。由于长兄的生病、二兄的早逝而担负起承担家业的重任，并进入现今的千叶大学药学科学习。取得药剂师资格的福原信三，在有信的劝说下赴美留学，1908 年，25 岁的福原信三进入哥伦比亚大学药学部。毕业后曾在纽约郊外的一家药店及药品制造工厂旗下的化妆品工厂工作 2 年。认真负责的工作态度让福原信三备受好评，得到了制造工厂社长赠送的各种化妆品处方签。对其之后从事商品开发起到了非常大的作用。福原信三结束美国留学后前往欧洲，在巴黎时与年轻日本画家进行了深入交流，用委托 Marion 公司特别定制的照相机 Truppen soho，踏出了作为摄影师的第一步。

同年，资生堂确立日文铅印字印刷。日文 Logo 式样“资生堂”制作完成。1923 年，首任社长福原信三号召“创造店铺文字”，由此资生堂尝试着将报纸和书籍中广泛使用的明朝体字样改为符合资生堂企业形象的专用字体。当时创意部的成员们将数种中国古典经书的字体作为参考，设计出“宋朝风书体”，经过多次改良和修正，终于完成了资生堂日文字体。这一字体不仅用在资生堂画廊的展示牌上、资生堂饮茶室的菜单中、更被广泛使用在报纸杂志广告的艺术字体，作为代表资生堂法人身份的象征起到了巨大的作用。如今，进入资生堂的新人设计师，也需要反复练习直至能够手绘出该字体。对于资生堂的设计来说，这一字体已经成为十分重要的要素。

1928 年，资生堂开设资生堂化妆品部、资生堂冰淇淋 PARLOUR，同年，资生堂确立欧洲文字的印刷铅字。资生堂的设计师将日语公司名称的英文用斜体 logo 的形式进行表示。创意部成员矢部季最早将 SHISEIDO 的两个“S”向右，“O”向左倾斜，以求整体的平衡美感。除“O”以外，两个“S”的斜体化在进行英文 Logo 式样制定的基础上，在设计中起到了决定性的作用。由此推进展开的英文 Logo 式样的制定，在 1928 年落成的位于资生堂化妆品店旁的资生堂饮茶室，其正面展示的公司名称宣告英文表示形式基本得以确立。与日文 Logo 式样相同，英文 Logo 式样也由前田贡亲自书写，由创意部部长高木长叶最终决定。

1931 年，资生堂面向东南亚出口“玫瑰化妆品”。首次在海外正式开展业务。

1932 年，资生堂著名的“de Lu（de Luxe）化妆品”发售。这一年代表资生堂的品牌诞生。即为当时高级化妆“DELUXE”。发售时因与美国肥皂“LUXE”发生商标权的纠纷，因此改为“DELUXE”。发售时共有白粉、抛光乳霜、香皂等 5 款产品。其后又打造了香水及口红，系列产品统一营造出“晶莹、优雅有品位的芳香”。包装采用银底黑色，呈现具有资生堂特色的精致风格。此外还力争最高级的品质，在香皂的商品目录中还标明“即使当作礼物送给法国也绝不会感到害羞”，称得上绝对有自信的一款产品。定价也为资生堂以往产品的 2～4 倍。战争开始后，奢侈品制造一度中止，但经济复兴后的 1951 年又重整旗鼓。如今，陆续开发出的新产品已取代了高级商品的地位，作为品质优良、价格合理的品牌受到人们的喜爱。

1933 年，取代“资生堂月报”的“资生堂画报”创刊（1933～1937 年）。

1934 年，资生堂小姐开始宣传活动。“资生堂小姐”的第一期 9 名成员正式出道。即为店铺内应对顾客美容询问的“美容咨询师”的前身。在“征询良家女子”的报纸广告宣传下，共有 240 名女性报名，最终选取了 9 名资生堂小姐。在为期 7 个月的事前研修中，对美容技术、化妆品学、皮肤科学、生理学、宣传手法、服饰、流行、声乐、西洋画法、社交常识等知识和教养进行了集中的培训。资生堂小姐的第一份工作为在大阪及日本各地举办的“近代美容剧”。通过 5 个场景，将最新的美容方法和美容技术以戏剧的方式加以呈现，独特的方式让观众在开心之余更掌握了各类美容知识。戏剧表演后，她们会马上换上制服，针对客人进行美容咨询，并将手写的美容处方签呈递顾客。针对顾客肌肤类型和喜好介绍美容方法的“店铺活动”也正是由此发展而来。

1937 年，花椿会成立，制作了最早的花椿会纪念品（1937～2003 年）。资生堂为忠实消费者成立了“花椿会”。花椿会将资生堂化妆品的忠实消费者作为会员，旨在普及打造女性美的正确化妆方法，提高近代女性的兴趣和教养。会员不仅可以得到面向客户发行的信息杂志《花椿》（前身为 1924 年发刊的《资生堂月报》）及与美容相关的各种宣传手册，同时还邀请会员参加在日本各地举办的美容演讲会或后援会。此外，对于 1 年内累计消费一定金额的会员，还会赠送纪念品。第一年的纪念品为拥有现代艺术风格的化妆箱、次年为西阵织手包、第三年则为陶瓷带扣。奢华的赠品都为原创设计的限定商品，已经远远超越了促销手段的目的。花椿会力求让会员获得最新的美容文化信息，并力求通过连锁店锁定顾客。花椿会让忠实消费者与连锁店铺、资生堂的联系更紧密。同年，代替“资生堂画报”的“花椿”创刊。

还是在 1937 年，资生堂完成“新资生堂式美颜技术”美容法，开始销售专用化妆品。使用彩色胶片制作同名美容电影。这种新式美颜技术是针对日本女性的肌肤状态，结合当时最新的皮肤科学技术开发的“肌肤美容法”推出市场。这类使用新技术开发而成的特殊商品，是为了美白、治疗肌肤炎症、肌肤粗糙、痘痘及疹子等所研发而成的。此外，宣传手册上还标明饮食及运动的必要性，其美容手法与单一化妆品完全不同，是为了肌肤的健康进行全身的调养。为了推广这种全新的美颜技术，还制作了一部当时在日本十分罕见的彩色电影。根据资生堂的历史记录，由于日本没有可以呈现彩色胶卷的设备，还特意从纽约船运至日本进行播放。1938 年花椿会创立总会上首次播放时，出席者纷纷大为惊讶。“新资生堂式美颜技术”奠定了第二次世界大战后导入的“资生堂式美容法”的基础。

1939 年，成立了资生堂化学研究所。1916 年在资生堂化妆品部三楼设立的“实验室”逐渐发展为研究室、研究部乃至独立。由于第二次世界大战的空袭，当时的设施和资料全部毁于一旦，直至 1948 年得到了重建。重建后邀请了池田铁作博士，积极引入商品安全性检测等，将化妆品制造带入了更为近代科学的领域。进入昭和 30 年代后半期，化妆品技术迎来了空前的发展时期，在以往物理化学研究的基础上，以皮肤科学、毛发研究为中心，对化妆品安全性、有效性、心理学研究、色彩、材料、化妆品分析技术、容器材料研究等展开了综合研究。1973 年，研究所在横滨成立，变更为“资生堂研究所”。其更名为“研发中心”，成为从基础到应用、产品开发研究等具备丰富功能的研究所。

2.1.4 1949～1956 年：跨入新时代

1949 年，资生堂在东京证券交易所上市。1953 年，资生堂开设资生堂美容研究所（之后改为资生堂 Beauty Creation 研究中心）。1956 年，日本最早的美容院——东京·涩谷资生堂美容室开店。

2.1.5 1957～1976 年：战后经济恢复、把业务扩大至全球市场

1957 年，资生堂开始在中国台湾销售其产品。1959 年，资生堂公司开设资生堂美容学校。1961 年，资生堂开展首个化妆比赛活动“candy tone”。这是资生堂举办的首次宣传活动。当时由于日本经济十分稳定，时代处于大量生产、大量消费的入口，国民的生活水准有所提高。在此背景下，资生堂以预测的春季流行色打造了 7 款口红，并开展了“61Candy Tone”的宣传活动。宣传活动与卖场相连，加强产品在消费者心目中的形象。资生堂以此为契机，在每个季节分别展开不同的宣传活动。

1962 年，资生堂出资成立首个海外销售公司资生堂夏威夷公司，同年，资生堂会馆（之后改为资生堂 PARLOUR 大厦）竣工。1963 年，资生堂开始在意大利米兰销售产品，首次向欧洲出口化妆品。1965 年，资生堂在美国成立资生堂 Cosmetics（美国）公司。1966 年，“summer · campaign”（被太阳所爱）在夏威夷进行拍摄工作，这是日本广告首次在海外拍摄外景。1968 年，资生堂在意大利成立资生堂 Cosmetici（意大利）公司。1968 年，位于横滨的资生堂研究所（于 2000 年更名为资生堂研究中心）正式完工。1970 年，资生堂新加坡公司成立。1971 年，资生堂成立了资生堂新西兰公司。1972 年，资生堂泰国公司成立，同年恰逢资生堂成立 100 周年，在 100 周年纪念时成立“资生堂社会福祉事业团”，举办第一届资生堂国际会议“光与皮肤研讨会”。1973 年，“L'OSIER”餐厅开业。1975 年，位于挂川的资生堂挂川工厂竣工。1975 年，“资生堂 The Ginza”正式开业。

2.1.6　1977 ~ 1986 年：资生堂提出新的生活方式

1977 年，资生堂举办时装秀“6 个人的巴黎”，资生堂邀请了来自巴黎的卡斯泰尔巴雅克（Castelbajac）、蒙塔那（Montana）、穆勒（Mugler）等 6 位年轻设计师举行日本首次大规模的时尚秀，并为走秀的模特们提供全部化妆品。让 · 夏尔 · 德 · 卡斯泰尔巴雅克、当 · 贝朗瑞、安妮 · 玛丽 · 贝瑞塔、让 · 克洛德 · 德吕卡、克洛德 · 蒙塔那和蒂埃里 · 穆勒 6 名法国设计师的时装秀引起了巨大的反响。资生堂对设计师所提倡的“自由”“健康”“快乐”以及“纯粹生活”的生活新主张产生了强大的共鸣，以“my pure lady”为标语展开宣传，制造了极大的话题。此外，以此时装秀为契机，让资生堂的技术实力和化妆品品质得到了巴黎的认可，资生堂的发型产品也被用于巴黎时装秀。其后，资生堂的彩妆产品也越来越多地出现在了巴黎及纽约时装秀的后台。

1978 年，挂川资生堂艺术之家成立。之后，趁着 2002 年的重建机会，扩大了其作为美术馆的功能，在收集并保存了近现代的美术作品佳作的同时，还作为普通公众化文化设施，承接举办各种美术品展览会。其藏品的精华，是资生堂文化艺术支援活动一环，在东京银座的资生堂画廊会场举办的“椿会美术展”以及“现代工艺展”中展出的各种绘画、雕刻、工艺品等。资生堂艺术之家的建筑由高宫真介、谷口吉生两位大师设计，1980 年荣获“日本建筑学会奖”。2010 年，正值竣工 25 年之际，还荣获“长久贡献地区环境、遮风挡雪美丽永存、社会意义积极的建筑物”与“用心呵护建筑物的人们”为主题的“JIA25 年奖”（第九届）奖项，充分验证了建筑物本身具备极高的艺术价值。

同年，Serge Lutens 在形象设计人员中被起用。Serge Lutens 是为资生堂进入欧洲提供种种帮助的法国艺术家，在舞台装饰、服饰、发型设计、彩妆、雕刻、金属工艺品、摄影、电影等方面均表现出色，帮助资生堂产品打造了国际化形象。最初设计的“Generic Image”漆黑背景下，仿若环抱红日的游泳女性的广告海报，将太阳和东方哲学作为象征，打造国际化合作形象。沿袭重视一贯性与持续性的方法论，该圆形设计在其后也作为表现基本要素被反复使用，为海外战略成功打造出国际化形象。此后，Lutens 还参与资生堂彩妆的色彩创造，并有效拉升了以保养为主的资生堂在彩妆方面的销售业绩，为实现品牌战略贡献出巨大的力量。

还是在 1978 年，资生堂法国公司成立。资生堂德国公司也是在这一年成立。1981 年，资生堂开始在中国北京销售。1982 年，资生堂澳大利亚公司成立。1983 年，资生堂与北京市签订技术合作合同。同年，资生堂设立“现代诗花椿赏”，并且资生堂的久喜工厂也在这一年完工。1984 年，资生堂首次成功量产生物透明质酸。

1985 年，资生堂举办“The Art of Beauty”展（资生堂广告美术 113 的历程）（纽约时尚理工学院内画廊）。资生堂当时受到纽约州立时尚工科大学（FIT）的邀请，作为资生堂彩妆美国 20 周年的一项纪念活动，举办了“The Art of Beauty”资生堂广告美术展。将创业以来的广告设计及宣传海报、商品包装等加以时代背景的介绍，资生堂宣传制作产品的独特艺术美感受到了广泛的好评。次年，由巴黎广告美术馆主办的“资生堂广告美术展”内容更加充实。资生堂的设计将新艺术形式、现代艺术与日本传统文化相结合，呈现出十分独特的视觉美感，得到了很多法国人的高度评价。此后，陆续举办了各种企业文化展览。例如1997年的“PARIS－TOKYO－PARIS SHISEIDO 1897－1997LA BEAUTE”（巴黎装饰美术馆主办）、1998年的“美与知与文化基因”（资生堂主办、东京）、2000年的“Face to Face：SHISEIDO and Manufacture of Beauty、1900—2000”（纽约大学格瑞美术馆主办）、2007年的“福原信三与美术与资生堂”（世田谷美术馆主办、东京）、2010年的“千姿美人”（资生堂主办、上海）等。此类活动在展现资生堂独特性的同时，也为打造知名化妆品公司的企业形象做出了巨大的贡献。

1986年，资生堂举办“资生堂美与广告1872～1986”展（巴黎广告美术馆）。同年，资生堂制作、提供由盲文制作的美容文字介绍（化妆）。1986年，株式会社IPSA成立。同年，资生堂收购了凯伊黛公司（2014年4月出售），与皮埃尔·法布尔公司成立合资公司——皮埃尔法布尔日本公司；开设了SABFA学校；成立了资生堂英国公司。

2.1.7　1987～1995年：资生堂转向美与健康的综合业务

1987年，资生堂药品株式会社成立，同年“华姿”系列产品在中国北京开始生产、销售。1988年，资生堂收购美国卓多姿公司。1989年，资生堂举办资生堂国际论坛“89 successful aging”（之后每2年一届直至2005），并且在这一年资生堂制定“企业理念”（2011年重新定义资生堂集团企业理念“Our Mission，Values and Way”），也是在这一年，资生堂决定全面禁止气雾剂产品使用氟利昂气体，并且收购了美国都柏林公司。

还是在1989年，资生堂在波士顿与哈佛大学共同开设皮肤科学研究所。马萨诸塞综合医院（MGH）及哈佛医科大学与资生堂在美国波士顿的MGH内设立了CBRC（MGH/Harvard Cutaneous Biology Research Center）。以分子生物学、细胞生物学、临床皮肤科学为首，集结了各种领域专业人员的CBRC中，主要从事疾患状态以及正常状态的皮肤基础研究。其在全球首次发现了通过皮肤中存在的一种免疫细胞“郎格罕细胞”与神经相接处，实现相互作用效果。这一发现发展为论证心脏与肌肤关联性的“NICE 理论”，为皮肤科学的进步贡献了巨大的力量。在此理论的基础上，关注“香氛与心脏及肌肤”关系的新产品品牌“qiora”于 1998 年开始发售。“NICE 理论”是指通过身心网络，舒适的刺激可让心情感到愉悦，并从体内分泌出活化皮肤的物质（内环境恒定）。这一物质可以活化肌肤，打造具有抵抗力和恢复能力的“极具生命力的肌肤”。

1990 年，资生堂完成氟利昂气体的全面弃用，并在法国成立“美丽·声誉·国际 S. A. （B. P. I)”。1991 年，资生堂与中国北京丽源公司合资成立资生堂丽源化妆品有限公司（SLC）。1992 年，资生堂成立艾杜纱株式会社和蒂思岚株式会社，并在欧洲设立首个生产基地，而且在这一年制定了“资生堂环保政策（关于环保的经营方针）”。1994 年，中国地区专供产品 AUPRES（欧珀莱）开始销售，AYURA 实验室株式会社成立。1995 年，资生堂国际株式会社设立。

2.1.8 1996～1999 年：资生堂向进一步全球化发展

1997 年，资生堂制定资生堂企业行为宣言“THE SHISEIDO WAY”、资生堂企业伦理、行为准则“THE SHISEIDO CODE”（2011 年重新定义资生堂集团企业理念“Our Mission，Values and Way”）。同年，举办“PARIS－TOKYO－PARIS SHISEIDO 1897－1997 LA BEAUTE”展（巴黎装饰美术馆）。并且资生堂在韩国成立合资公司“韩国资生堂”。又成立了欧洲株式会社，并且收购了海伦·柯蒂斯日本株式会社。最后资生堂在泰国成立合资公司“Saha 亚太公司”。

1998 年，资生堂在全球进一步扩张。先举办“美与知性的文化基因，资生堂－创造与传递的文化”展（东京，ORIBE HALL），然后在中国香港成立合资公司“资生堂大昌行化妆品有限公司”，并收购美国拉莫尔公司沙龙业务部门，又在中国上海成立合资公司“上海卓多姿中信化妆品有限公司”，紧接着收购了百时美施贵宝公司在日本的沙龙品牌。

2.1.9 2000～2011 年：正式面向 CSR 环境采取对策

2000 年，资生堂在国内外所有工厂取得 ISO14001 认证，然后新设立研究所“资生堂研究中心”，并举办“Face to Face：SHISEIDO and the Manufacture of Beauty. 1900－2000”展（纽约大学，Grey Art Gallery），之后成立欧洲物流中心，并且成功收购法国 Laboratories Decléor 公司（2014 年 4 月售出），又成功收购美国“NARS”品牌，然后在韩国成立合资公司“S&D Cosmetics Co.，Ltd.”，最后，成立了 FT 资生堂株式会社。

2001 年，资生堂设立了草花木果株式会社，并在巴西设立资生堂巴西，在中国成立资生堂（中国）研究开发有限公司。2003 年，资生堂总公司职能转移至汐留办事处，之后在中国上海成立控股公司“资生堂（中国）投资有限公司”。

2004 年，资生堂明确表示参加联合国全球契约组织。旨在强化 CSR 管理（企业社会责任），为了向国际社会表明资生堂作为担负全球责任的企业市民，率先履行社会责任的企业使命，资生堂加入联合国全球契约组织。资生堂将会遵守联合国提倡的关于“人权、劳动、环境及反腐败”的 10 项原则，并誓将其贯彻实践到各项工作中。此外，2004 年以来，资生堂还发行了“（为了人类、社会及美丽）的 CSR 报告书”，具体阐述了 CSR 活动概要。

同年，资生堂 Professional 株式会社成立，并举办了“全球美丽咨询竞赛”。竞赛活动共聚集了活跃在世界各地店铺中的约 13000 名美容咨询师（以下简称“BC”），就平日积累的美容技术和待客能力展开激烈争夺。举办世界规模的美容技术竞赛实属首例，同行业的其他企业鲜有此举。本竞赛 4 年召开一次，换言之即为 BC 的奥林匹克。2008 年规模进一步扩大，共有 19000 名 BC 参加。资生堂旨在通过该活动提升 BC 的工作热情、美容技术力、应对能力，以期为顾客提供更加满意贴心的服务。

还是在 2004 年，资生堂在泰国成立专业美容业务的合资公司“Shiseido Professional（Thailand）Co，Ltd”（SPT）。并且资生堂中国化妆品专卖店事业也在这一年开始。

2005 年，资生堂发表企业形象宣传语“一瞬之美一生之美”。资生堂企业宗旨正是如此，为了真诚回馈世间所有人对“美丽生活”的渴望，为了努力成为以顾客诉求为己任的企业，资生堂用这句话与全社会进行庄重约定。资生堂发展至今，始终致力于缔造人们的美丽生活。今后，资生堂仍将为获得每一名顾客的满意，提供极具魅力的商品及细心周到的服务，并履行对社会的责任。让社会、让每一名顾客、让所有人，一起实现“一瞬之美一生之美”。同年，资生堂成立合资公司“资生堂马来西亚”。

2006 年，资生堂中国化妆品专卖店品牌“urara（悠莱）”开始销售，之后资生堂在欧洲成立研究中心。并且在这一年，资生堂在管理方面正式引入袋鼠式员工体制。

2007 年，资生堂在俄罗斯成立 100% 子公司“Shiseido（RUS），LLC.”，之后又成立了资生堂女研究员科学基金，又在企业内大学启动了“资生堂学校”。

2008 年，资生堂在上海开设资生堂中国培训中心。之后又在中国开始植树造林活动。并且在这一年资生堂集团正式签约成为上海世博会项目赞助商。然后资生堂在越南设立了资生堂越南有限责任公司。

2009 年，中国上海、中国台湾的台北以及高雄设立资生堂“Life Quality Beauty Center”，资生堂在越南的工厂也在这一年竣工。资生堂是化妆品行业首个获得环境省的“第一环保企业”认证。最后在这一年，“资生堂市场史”已作为麻省理工学院（MIT）的教材向世界免费发布。

2010 年，资生堂收购美国 Bare Escentuals 公司。将源自于日本的药妆渠道品牌 DQ（蒂珂）公开销售，之后又开始销售专业美发 SHISEIDO PROFESSIONAL（资生堂专业美发）和 JOICO（嘉珂）的产品。资生堂 HELLAS（希腊）也在 2010 年正式成立。资生堂企业文化展“千姿美人——资生堂至美传承展”也是在这一年在中国上海美术馆举办。同样是 2010 年，由资生堂 100% 出资的资生堂香港有限公司成立（SHK）。

2011 年，恰逢资生堂进入中国 30 周年庆典，“成就梦想育才计划”项目启动。同年，资生堂制定资生堂集团企业理念“Our Mission，Values and Way”。

2.1.10　2012 年：资生堂利用互联网确立新的商业风格

2012 年，是资生堂创立 140 周年，在 140 周年纪念上资生堂启动了“未来椿计划”。同年，Watashi Plus、Beauty & Co 网站开始正式运营。2013 年，首届“资生堂美容专业课程”活动正式开始。2014 年，资生堂制定了中长期发展战略“VISION 2020”。[1]

2.2　繁荣原因

日本资生堂从 1872 年的一家西式药店，经过百年的奋斗历程，逐步成长为世界四大化妆品品牌之一，亚洲第一大化妆品品牌。资生堂的品牌营销之成功早已人尽皆知，它的品牌打造经验也早已不是什么秘密，总的来说，资生堂能取得今天的成功，主要就是产品创新、市场划分和观念导向。

2.2.1　资生堂的产品创新

资生堂共有 800 名研发人员，在日本国内有 3 大研发中心，在海外有 8 个研究所（包括北京在内），在研发经费的投入每年为 160 多亿日元，约占其年销售总额的 2.5%。在日本仅次于花王排列第二位。其研发人员经常发表论文，并多次在国际学术会议上获奖，每年在化妆品领域中申请 200 多项专利，尤其是在护肤方面的研究十分活跃。其研究方向包括基础理论研究、新型有效成分方面的创新以及化妆品配方和工艺的开发和创新。大量的研发成果对资生堂的产品更新换代和产品效果提供了有效的技术支持，其中很多研究成果都是在世界范围内遥遥领先的。

资生堂的研发投入战略选择偏重于消费者群体庞大，成长稳定的护肤和彩妆类产品。在这方面资生堂倾注了大量的科研力量和资金，而在护发洗发领域的研发投入相比较就相形见绌了。因此，资生堂的洗护发产品在市场上并没有什么优势，市场占有率也很一般。这恰恰说明了研

[1] 资生堂中国官方网站：http：//www. shiseidogroup. cn/company/past/history/.

发创新投入对于产品在市场中的地位有很大的影响。[1]

除此之外，资生堂从创业之初就是一个注重创新，以创新求发展的企业。资生堂生产了日本第一管牙膏，资生堂也是日本第一家售卖香皂和其他日用品的商店。作为资生堂进军化妆品界的第一枪，是资生堂自主研发出的化妆水。之后在仅有白色香粉的日本，又是资生堂率先突破传统，开发出多色的香粉，从而引发了日本的一轮新潮流。之后资生堂以自己企业的理念为宗旨，相继自主开发出 Maquillage 彩妆系列、DQ、UALABEL 水之印等新产品。由此可以看出，创新是资生堂的传统理念，也是资生堂百年间能够立于不败之地的基础。资生堂真正做到了创新发展，与时俱进。[2]

2.2.2 资生堂的细致市场划分

资生堂的产品既凸显了东方唯美的韵味，又融入了西方的尖端科技，创造出了属于资生堂自己的特点，那就是资生堂的多元文化性。在资生堂刚刚步入国际市场的时候，资生堂的决策层信奉的是，让产品来说明所有的一切。在这种观念之下，资生堂的主要注意力集中在产品的品质保证上，资生堂认为产品的质量是影响销量的唯一因素，于是资生堂没有细分市场，没有找到不同消费者之间的需求区别，只希望自己的化妆品适用于所有的顾客。20 世纪 80 年代中期，资生堂因此受到重大打击，市场占有率开始下降。资生堂发现问题以后，迅速对营销策略进行了调整。首先资生堂对不同年龄的客户进行区分，提出了新口号叫“体贴不同岁月的脸”。资生堂开始对不同年龄阶段的客户提供不同的化妆品。为十几岁的少女提供的是 RECIENTE 系列，二十岁以上的年轻女性则是 ETTUSAIS 系列，四十岁以上的中年妇女则有对应的 ELIXIR 系列，而五十岁以上的老年人则可以使用防止肌肤老化的返老还童系列 RIVITAL。

除此之外，资生堂还按照消费者的购买能力进行了市场划分。与一般化妆品公司不同，资生堂对其公司品牌的管理采取的是多品牌战略。

---

[1] 杨建中. 资生堂品牌背后的研发与创新 [J]. 中国化妆品（行业），2010（5）.

[2] 潘蓉. 资生堂：缔造世界级品牌 [J]. 经营与管理，2012（2）.

资生堂以自身主品牌为主，为每一个旗下品牌设立一个独立的子公司。这样，每个子公司可以针对不同消费群体的购买能力，设定不同的产品价格和促销策略。同时，公司内部的品牌之间，子公司与子公司的品牌之间也有激烈的竞争。例如，资生堂针对那些年龄较低，购买能力不足，不涉足知名品牌的女性顾客，推出了 ETTUSAIS 系列化妆品。这种品牌的营销策略不同于资生堂的高端品牌，其在东京银座一楼的一家专卖店中，陈列了多种产品，并且产品价格较低，可以当场试用。最重要的是，资生堂在 ETTUSAIS 的包装上不写任何与资生堂有关的信息，让顾客无法察觉到这款产品与资生堂的联系。这样，既让消费者放下戒心，又可以保护资生堂高端品牌的形象。

另外，资生堂还针对不同的国家女性皮肤的不同，专门设计了不同的化妆产品。以中国为例，资生堂专门为中国女性皮肤量身定制的化妆品品牌欧珀莱，深得中国消费者的喜爱，以至于很多中国人至今仍然不知道，欧珀莱是资生堂旗下的品牌。主要原因是资生堂针对中国客户的特点，明确地对欧珀莱和资生堂进行了品牌区分，如资生堂的广告依然保持优雅、前卫、神秘且抽象的日本风格，而欧珀莱则采用青春明亮，简单易懂的明星代言人方式。其次，资生堂选择较高的定价保持自身国际高端品牌的形象，而欧珀莱则采用更贴近中国消费者的平易近人的价格，使得欧珀莱更加适合于中国消费者。[1]

2.2.3　资生堂的审美观念导向

资生堂在其百年历史当中，之所以能够成为世界级的化妆品品牌，不可或缺的一点就是，资生堂不止一次地引领了世界的潮流，资生堂一次次用自己的设计和创新，突破着人们的审美观念，也一次次更新着人们对美，对艺术的认识。

在福原信三成立资生堂设计部的时候，创造了一系列美丽的海报、广告作品和优雅大方的外包装。设计师们用富有独特装饰艺术风格的字母来诠释了资生堂这个名字，并以花椿作为公司的标志，再加上阿拉伯

---

[1] 吴小冰．资生堂的品牌打造［J］．广告人，2002（5）．

风格的彩色花叶阔形来制作产品包装。这就是资生堂最初的品牌形象。

在之后别的化妆品开始充斥着美丽却毫无内涵的美女面孔的时候，资生堂用其独到的审美开始强调女性的内在气质。资生堂当时的广告结合了西方元素和日本的东方元素，并展现了一位全新日本女性的形象。这个女性形象利用了对自身认知和感悟的内在气质，引领了日本女性新的审美潮流。

20 世纪 70 年代，日本人的审美集体偏向西方审美标准，金发碧眼的西方女郎成为日本最抢手的化妆品模特。然而人们忽然发现，资生堂的广告上赫然出现了一个典型的日本美女，所有的人在经历了西方金发碧眼的审美疲劳之后，都被这一清新亮丽的传统日本美女的形象给镇住了。一股重新认识传统美的风潮又在日本风靡起来。

20 世纪 80 年代，资生堂进军法国，在迈入国际市场的关键时刻，资生堂招募了负责给克里斯汀·迪奥进行创意设计的著名设计师 Serge Lutens 来为资生堂进行广告设计。Serge Lutens 将欧洲古典的诗画风格和资生堂的唯美主义相结合，利用他对女性独到的见解，完美地为法国人诠释了资生堂的内涵，使得资生堂的彩妆产品一炮走红，一向以护肤著称的资生堂，彩妆产品的业绩也有了突飞猛进。

资生堂在其一百多年的历史中，通过自身对美的独到见解，一次次刷新了日本时尚界、亚洲时尚界，乃至全球时尚界的审美标准，不仅仅让世界认识到了资生堂眼中的美，也让世界更好地认识了资生堂，使得资生堂成为美的象征和代言。资生堂凭借其多元的文化特色和东西方结合的审美标准，多次引领了时尚潮流，使得其在世界化妆领域、时尚领域和审美领域稳稳地站住了脚跟。❶

2.3 经验借鉴

资生堂作为极为成功的世界百年老品牌之一，其成功的经验已经被无数次搬上世界各地的课堂和教材里，成为许多企业模仿的样本。其中有很多经验值得国内企业借鉴和学习。

---

❶ 吴小冰．资生堂的品牌打造［J］．广告人，2002（5）．

首先，国内企业应该注重创新，注重研发。创新是未来经济的增长点，创新是未来最重要的生产力。哪一家企业创新能力强，哪一家企业就会有无尽的生产力和无限的利润。以世界市值第一的苹果为例，苹果自身就是通过不断地创新才取得了如此大的成功。苹果各种各样的电子产品成本并不高，但是其价格却比成本高出许多，并且还有无数的消费者趋之若鹜，这就是创新的力量，这就是创新的收益。苹果卖的不仅仅是手机、电脑或者其他电子产品，苹果卖的是无数开发人员在这背后的智慧结晶。苹果每年对其产品更新一代，每年的新型号都是在往年基础上的创新。每年的新产品一发布，苹果就会拥有一个全新的市场来购买它的产品。通过创新，苹果收获了无限的利润。只有重视创新，加大创新投入，我们才能找到新的生产力增长点和经济增长点。

其次，国内企业在打造品牌的时候要注意自身的定位和市场的划分。在经历了早期的粗放式发展以后，我们国内的很多企业往往存在一种“一招鲜，吃遍天”的想法。在如今我们国家企业和品牌走向世界的过程中，我们很容易像资生堂在 20 世纪 80 年代一样，因为没有细分市场而遭受沉重的打击。国外市场和国内市场有着很多的不同，无论是消费者自身的特点还是当地的消费习惯、风土人情等，都有其独特的地方。我们在打造世界级的品牌时候，一定要针对不同的消费群体的特点，合理选择自身企业和品牌的市场定位。在进入国外市场时，以因地制宜，对症下药为原则，选择合适的营销策略和促销手段来迎合市场和消费者。

最后，国内的企业在打造品牌影响力时应该注意对消费者观念的引导。以资生堂为例，通过在审美观念方面引领时尚潮流，不仅仅使得全世界的消费者认识了资生堂，更是将资生堂独具特色的审美观念植根于消费者的脑海中，使得消费者认为资生堂就是象征着美的符号和代表，最终消费者会认为购买了资生堂不只是买了一个化妆品，而是购买了时尚和美丽。总的来说，我们国内的企业要想成为国际一流的大跨国企业，以及要想打造享誉世界的知名品牌，仍然有很长的路要走，也有许多的经验值得学习，但是在复制别人成功经验的同时，我们也要坚持自己的特色和理念，真正让能够代表中国特色的品牌和企业在全球市场上树立百年品牌的良好形象。

参考文献

[1] 梁燕君．西门子的成功之道 [J]．国际市场，2001 (2)：51.

[2] 赵丽颖．西门子——看我怎样管理企业 [J]．中外企业文化，2004 (4)：27－28.

[3] 张志雄．不简单的西门子 [J]．管理科学文摘，2001 (12)：18－19.

[4] 潘占福．德国西门子公司的创新与发展 [J]．科学对社会的影响，2002 (1).

[5] 张侃．创新——西门子的发展之路 [J]．中小企业科技，2006 (10).

[6] 杨建中．资生堂品牌背后的研发与创新 [J]．中国化妆品（行业），2010 (5).

[7] 潘蓉．资生堂：缔造世界级品牌 [J]．经营与管理，2012 (2).

[8] 吴小冰．资生堂的品牌打造 [J]．广告人，2002 (5).

后　记

本书以“中外百年品牌发展比较与启示”为主题，编写成员主要来自中国人民大学科学研究基金（中央高校基本科研业务费专项资金资助）项目（13XNI015）课题组、中国人民大学信息资源管理学院、中国人民大学智慧城市研究中心、中国人民大学信息分析研究中心和中国人民大学中国市场营销研究中心。本书尝试在内容设计、栏目设置等方面增强延续性、创新性和可读性，在保留《2013 中国品牌发展报告》《2014 中国品牌发展报告》《2015 中国品牌发展报告》等系列报告原有主要精神的基础上，报告主要分为战略价值政策引领篇、理论源流国际经验篇、国内现状问题对策篇、他山之石百年启示篇四大部分。本书从分析发展品牌对我国的重要价值入手，深入分析我国品牌政策，结合国内外百年品牌的发展理论研究与韩国、日本、德国与美国的实践经验，在全面分析我国百年品牌发展现状与发展问题的基础上，探索我国百年品牌发展与国外存在的主要差距及原因，并提出了振兴百年品牌企业应采取的有效措施。最后，本书延续了往年品牌报告的案例研究思路，整理出了国内繁荣老品牌上海老凤祥与张裕葡萄酒和国外繁荣老品牌德国西门子与日本资生堂四大百年老品牌作为案例，进一步通过案例剖析百年品牌繁荣背后的秘密与经验。我们相信这是一本值得手捧阅读并藏于书柜，待日后回顾和反思的好书。

历经半年多的细致撰写和认真校对，本书于 2015 年 12 月 29 日定稿。首先，衷心感谢冯惠玲教授、卢小宾教授等编委会领导对本书给予的大力支持。同时，还要向报告编撰团队中的每一名成员、提供相关数据和案例素材的企业组织及新闻媒体表达最衷心的感谢。其中，钱明辉副教授与谭新政一起负责全面统筹本书的编撰工作，拟订编撰思路和构建研究框架，并与黎炜祎、马瑞乙一起参与各章节的审校和修订；童楠楠负责第 1 章与第 2 章品牌研究意义与政策分析的研究；王珊负责第 3 章国内百年品牌理论研究与第 6 章我国百年品牌发展中存在的问题部分的研究；王彧负责第 3 章国外百年品牌理论研究与第 8 章我国品牌与国际品牌的差距部分的研究；田园负责第 4 章日本和韩国的发展路径研究；潘迪负责第 4 章德国和美国的发展路径研究；邓睿濛负责第 5 章我国百年品牌发展现状和第 7 章我国品牌发展存在问题的主要原因部分的研究；刘梦怡负责第 9 章我国振兴百年品牌应采取的措施部分的研究；刘文阳负责国内百年品牌典型案例的撰写；徐志轩负责国外百年品牌典型案例的撰写。

本书的顺利完成，还要感谢那些热心读者为本书提供的许多宝贵建议，一些调整正是基于此而做出的，比如结构的调整、篇幅的精简、图表的增加等。同时，也要感谢那些长期以来关注品牌发展报告的所有个人和组织，恳请大家继续指出本报告的不足之处，提出改进意见。

编者于 2016 年 1 月